걸어서 천국까지

Walk to the Kingdom of Heaven

한 건 산 저

Kunsan Han

예진원

년 월 일

_____님께 드립니다

드림

차례

◆ 일러두기 ◆

이 책은 크리스천들을 현혹하기 위한 책이 아닙니다.
탁상공론이 아니며
영과 육이 실제적인 복을 누리게 하는 책입니다
새로운 내용이 적지 않지만
성경 안에 있는 말씀만을 말합니다.

이단과 사이비가
영향력을 확대해 가고 있고
크리스천들을
위협하고 있습니다.

오직 예수 그리스도의 가르침만이
이러한 이리들의 위협으로부터
크리스천들을 보호할 수 있습니다.

이 책은 한 번 읽고 덮어둘 책이 아닙니다.
거듭 읽어서
체질화시켜야 할 귀중한 말씀들입니다
부디 마귀의 일을 멸하는 일에 동참케 되는 자리에까지
나아가시게 되기를 바랍니다.

크리스천 형제자매들과
예수 그리스도의 진리를 알고 싶어 하는 모든 분들께

　지금으로부터 20년 전 1992년에 책 '열매 맺는 삶', 그리고 1995
년에 책 '성경바로알기', '예수바로믿기' 와 '환생은 없다'가 출판된
후, 적지 않은 분들이 본 저자에 대하여 소식을 알 수 없어 궁금해
하셨으리라 생각합니다. 책 '성경바로알기'와 '환생은 없다'는 각각
3판까지 재 인쇄되어 판매되었으나 출판사의 경영난으로 절판되
었고 지금도 각 서점에 책이름만이 올라 있고 공급이 중단된 상태
인 것으로 알고 있습니다.

　2007년 소천하신 임 택진 목사님, 2011년 소천하신 손 택구 목사
님, 그리고 여전히 강건하신 김 덕순 목사님께서 17년 전, 기꺼이
책 '성경바로알기'와 책 '환생은 없다' 등의 출간을 위해 감수하시
고 추천의 글을 써주셨음을 잊지 않고 마음 깊이 감사드리며, 하나
님께 영광을 돌립니다.

　그 후 미국에서 조그만 사업을 시작하여 성경의 말씀대로 정직

하고 성실하게 일하며 10명 안팎의 직원들과 함께 동고동락하는 가운데 벌써 20년의 세월이 흘렀습니다. 하나님의 섭리 가운데 환난과 연단의 과정을 통과해 오며 음부에까지 낮아지고 인내하고 있을 때, 주님께서 부족한 종을 다시 찾아 주셨고, 20년 전에 임하셔서 진리를 가르쳐주시던 그 이상의 강권적인 감화 감동으로 진리의 말씀을 깨닫게 하시고 주님의 사랑하는 자녀들에게, 목자 없는 양과 같이 방황하는 영혼들에게, 무신론과 진화론에 빠져 하나님을 거역하는 이들에게 전하게 하셨습니다.

이 책 본문에서 중요하게 다루고 있는 '육의 양식'과 '영의 양식'은 지금까지 명확하게 선포되지 않았던 중요한 진리입니다. 이 세상을 살아가고 있는 모든 크리스천이 깨닫고 그대로 살아가야 할 진리의 말씀이며, 생명의 말씀입니다. 20년간 광야생활을 하며 깨우치게 하시고 증명하게 하신 진리의 말씀입니다.

이 책의 내용 중에 있는 리처드 도킨스의 '만들어진 신'에 대한 반론에는, 적기에 신학을 하면서 들은 강의들이 큰 도움이 되었습니다. 이 또한 놀라운 하나님의 섭리임을 고백하지 않을 수 없습니다. 영국 옥스퍼드대 석좌교수인 도킨스는 세계적으로 유명한 무신론과 진화론의 옹호자로서, '이기적인 유전자', '눈먼 시계공' 등 베스트셀러를 쓴 저자이기도 합니다. 그러나 그의 모든 주장은 과학이라는 가면을 쓴 허구에 근거되어 있음을, 과학적인 이론을 도입하여 이 책에서 증명하고 있습니다.

이 부족하기 그지없는 종은 그 동안 수 없는 고통스런 문제들에 대하여 씨름해오며, 끝까지 하나님의 약속의 말씀을 붙잡고 살아

온 결과, 지금까지 뿌려온 씨로 말미암아 열매를 거두는 시기로 접어들면서 영적으로나 육적으로나 형통하게 되는 복을 누리게 되었습니다. 환난이 끊이지 않고 일어날 때, "목회를 하지 않아서 모든 문제가 해결되지 않는 것인가?" 갈등하기를 수없이 하였으나, 결단은 늘 한결 같았습니다.

"예수 잘 믿고 하나님의 말씀에 순종하며 죄를 짓지 않고 사는 사람도 물질적으로나 육적으로 형통하며 잘사는 삶을 증명해야, 크리스천들에게 담대히 죄짓지 말고 살라고 권할 수 있다." 이 믿음을 잃지 않고 증명하기 위해 살아온 결과, 놀라운 진리를 깨달을 수 있는 마음의 터전을 일구게 되었고, 보혜사 성령께서 그 터전 위에서 놀라운 진리를 깨닫게 해 주셨습니다.

본 저자가 사용하는 단어들이 지금의 크리스천들에게는 다소 어색하게 느껴질 수 있는지 모르겠습니다만, 사실은 성경적인 단어들이라고 믿습니다. 이제 주님께서는 "선한 목자이신 예수 그리스도의 음성"을 이 부족한 종에게 들려주시고 예수 그리스도의 양들에게 전하여 "예수 그리스도의 음성"을 들리게 하고 가르쳐 지키게 하라 명하셨습니다.

이 땅에 많은 적그리스도들이 나타나 저마다 재림주라 하기도 하고 이단 사이비들이 일어나 주님의 몸 된 교회를 위협하며 괴롭히고 있습니다. 그러나 이러한 일은 결코 공연히 일어나는 일이 아닙니다. 교회가 예수 그리스도의 진리의 말씀을 바로 선포하고 있지 않기 때문입니다. 바야흐로 전 세계 인구의 3분의 1이 크리스천입니다. 각 교파는 싸움을 멈추고 예수 그리스도의 말씀으로 재무장하여 적그리스도의 무리들로부터 하나님의 잃어버린 양들을 되찾아 와야 할 때가 되었습니다.

하나님의 섭리로 인해 수많은 무리들이 복음을 듣고 크리스천이 되었습니다. 그러나 하나님의 나라는 복음만으로 되는 것이 아닙니다. 복음은 양 무리들을 모으는 일에 유용하지만 그것이 전부가 아닙니다. 복음이 선포된 후에는 '마귀의 일'을 멸할 수 있는 경건에 관한 진리의 말씀을 가르쳐서 지키게 하는 것이, 하나님의 섭리이며 계획입니다. 예수 그리스도 안에 거하여 사는 삶을 통하여 온전한 구원을 이룰 수 있음을 깨닫고 실천하게 되어야 하는 것입니다. 이러한 진리는 하나님의 섭리 가운데, 지금까지 이 땅 곳곳에서 깨어 있는 주님의 종들을 통하여 부분적으로나마 전해져 왔으나, 이제는 더욱 널리 선포할 때가 되었습니다. 이제 모든 크리스천들은 힘을 합하여 하나님의 나팔을 전 세계에 울려 퍼지게 해야 합니다.

지금으로부터 24년 전 1988년에, 하나님께서 이 부족한 종을 만나주시고, 하나님의 사랑과 공의를 깨닫게 해 주신 후 24년의 광야 세월 동안 여러 가지 신앙의 단계에 속한 사람들을 보여주셨고, 왜 하나님께 대한 신앙으로 시작된 자들이 적그리스도나 거짓 선지자로 추락하며, 왜 죄의 종으로 몰락하거나 외식하는 삶을 살게 되는지를 가르쳐 주셨습니다. 육체의 정욕이나 안목의 정욕이나 이생의 자랑을 벗어나지 못한 사람들은 여전히 마귀의 종이 될 수밖에 없다는 것이 그 결론입니다.

이제 모든 크리스천들은 이단 사상이나 거짓되고 치우친 가르침으로부터 자신을 지키고 하나님의 진리 앞에 자기를 부인하고, 진리를 바로 깨달아 예수 그리스도의 신실한 양과 목자가 되어, 예수 그리스도의 몸 된 교회의 지체로서 충실한 삶을 살게 되시기를 간절히 바라며 이 책을 드립니다.

문밖에 서서 문을 두드리시는 예수 그리스도의 음성을 듣고 마음의 문을 여는 이들이 복이 있습니다(계3:20).

할렐루야!

워싱턴에서 한 건산 드림.

자비량 전도자(tent-maker for Jesus). 책 '열매 맺는 삶',

'성경바로알기', '환생은 없다', '예수바로믿기' 등의 저자.

크리스천의 목표

다소 식상한 주제인 것 같지만 너무도 중요한 것이므로 먼저 살펴보자.

크리스천의 목표가 있다면 그것은 무엇일까? 천국에 가는 것? 그렇다면 대부분의 크리스천들은 아이러니컬하게도 그 목표가 희미해지거나 사라져버린 채 신앙생활하고 있음을 발견할 수 있을 것이다. 역설적이지만 예수 믿고 사는 크리스천들이 천국에 대한 확신을 가지고 있기 때문에 오히려 이제는 천국에 대한 소망이 흐려진 것이다.

물론 모든 크리스천들이 그러한 상태로 살아가는 것은 아니다. 더구나 예수 그리스도를 영접한 후에 일어난 감격과 감사의 삶이 시작된 이들에겐 대부분 천국에 대한 소망과 목적의식이 뚜렷하다. 그리고 늘 성령 충만하여 사는 이들 중 일부분이 그럴 것이다. 문제는 목표를 의식하고 있는 이들이 극소수에 불과하다는 것이다. 극소수에 불과하다는 말에 이견이 있을 수 있겠지만 진리를 깊이 깨닫고 나면 더더욱 안타까운 현실이 되어 버린다.

무슨 일을 바쁘게 하다가 중간에 방해물이 등장했을 때 그 방해물과 한 동안 씨름하거나 관심을 끄는 어떤 다른 일에 마음을 빼앗기거나 몰두한 후에 '아차!' 했던 경험이 한 두 번은 있을 것이다. 사도 바울은 고린도교인들에게 보내는 서신에서 운동장에서 달음질 할 때 향방 없이 하지 말고 상을 얻기 위해 최선을 다하라고 교훈하고 있다(고전9:24-27). 목표를 향하지 않고 뛰는 자가 결

14

코 승리할 수 없음은 자명한 일이 아닌가?

천국 가게 되는 것은 당연한 일이니 이제는 현실에 대해 더욱 관심을 갖고 연구하며 여가를 즐기며 건강을 위해 운동하고 돈 버는 일에 몰두하며 누리며 살자고 생각한다면 어떻게 될까? 그러한 삶이 치우치지만 않는다면 참으로 바람직한 일이 될 터인데, 목표가 희미해진 크리스천들은 불 가운데 얻는 구원으로 달려가고 있다.

사실 크리스천의 목표는 영광스런 신령한 몸의 부활이다. 빌립보서 3장 10-16절에 보면 사도 바울은 어찌하든지 부활에 이르기 원한다고 했고 그것을 잡으려고 좇아간다고 말씀하며, 푯대를 향하여 그리스도 예수 안에서 하나님이 위에서 부르신 부름의 상을 위하여 좇아가노라고 말씀하고 있다.

그는 부활이 없다면 우리의 믿음도 헛것이며 세상에서 크리스천이 가장 불쌍한 자라고 말씀하고 있다(고전15:12-19). 부활이 없다는 사람들에게 사도 바울은 예수 그리스도께서 분명히 부활하셨고 잠자는 자들의 첫 열매가 되셨다 증거하고 있다.

그렇다. 예수 그리스도께서 부활 하셨듯이 모든 크리스천들이 그리스도 안에서 마지막 날 부활하게 될 것이다. 그러나 부활 때에 우리가 입게 될 신령한 몸의 영광이 천차만별로 틀리고, 또한 불 가운데서 얻는 것과 같은 구원을 얻게 될 자들이 적지 않다는 것이 성경의 진리이다.

겸손한 사도 바울은 모든 빌립보 교인들을 자기와 같은 수준의 신앙인들로 인정하고, 주 예수 그리스도께서 임하실 때에 우리의 낮은 몸을 주님의 영광의 몸의 형체와 같이 변하게 하실 것이라고 말씀하고 있다(빌3:21). 마치 모든 크리스천들이 예수 그리스도와 같은 영광의 신령한 몸으로 부활할 것처럼 생각된다.

그러나 이 말씀에서 '우리'라는 단어를 사용한 것은, 모든 크리스천들을 사도들의 수준으로 보고 대하는 겸손의 표현임을 고려할 필요가 있다. 성경에는 철저히 모순인 것으로 보이는 말씀들이 있지만, 그 모순되어 보이는 말씀들을 함께 놓고 좌로나 우로나 치우치지 않고 보면 숨겨진 진리가 깨달아진다.

고린도전서 15:41-44에 보면 "해의 영광이 다르며 달의 영광도 다르며 별의 영광도 다른데, 별과 별의 영광이 다르다. 그리고 죽은 자의 부활도 이와 같다"고 말씀하고 있다. 그리고 그 부활은 신령한 몸으로의 부활이라고 말한다. 밤하늘에 빛나는 별들도 보름달이 뜨면 그 달빛에 희미해지고 새벽이 되어 해가 떠오르면 강한 별빛은 물론 달빛도 사라진다. 이와 같이 크리스천들이 입게 될 신령한 몸의 부활이 천차만별로 틀리다고 말씀하고 있으며 이것이 진리이다.

예수께서는 부활 때에는 시집도 아니 가고 장가도 아니 가며 하늘에 있는 천사들과 같다고 말씀하셨다(눅20:35-36, 마22:30) 천사들은 천사장으로부터 정사, 권세, 주관자, 일반 천사 등 그 영광이 각기 다르다. 이와 같이 우리의 영원한 삶을 위한 부활의 영광이 다르다는 말씀 속에는 너무도 귀중한 진리가 담겨 있음을 자세히 살펴보게 될 것이다.

현재 교회에 다니는 대부분의 크리스천들은 교회의 일반적인 시스템과 공동체 생활에 익숙해져서, 진리 운운 하는 것에 대해 관심도 없거나 거부감마저 보인다.

그러나 예수 그리스도께서는 말씀하신다.

너희가 내 안에 있고 내 말이 너희 안에 거하면 많은 열매를 맺을 수 있다고(요15:5-8).

너희가 내 말에 거하면 참 내 제자가 되고 진리를 알지니 진리가 너희를 자유롭게 할 것이라고(요8:31-32).

내가 문밖에 서서 문을 두드리노니 누구든지 내 음성을 듣고 문을 열면 내가 그에게로 들어가 그와 더불어 먹고 그는 나와 더불어 먹을 것이라고(계3:20).

마음의 문을 활짝 열어 예수 그리스도의 음성을 듣게 되는 이들이 복이 있다.

우상 숭배

적지 않은 그리스도인들이나 종교인들이 자기 스스로 만든 하나님을 믿고 있다. 그러나 그들은 그러한 사실을 의식하지 못한다. 그들에게 있어서의 하나님은 어떠한 경우에도 자기를 반드시 도와주시는 분이다. 어떠한 경우에도 자기만을 더 사랑하시는 하나님이다. 죄악 가운데에 행할지라도 그 하나님은 오직 자기를 사랑하셔서 무조건 용서해 주시고 품어 주시는 분이어야 한다.

그렇게 믿는 사람들은 우상숭배자가 되어버린 자신을 알지 못한다. 공의로운 하나님은 이제 더 이상 그들의 하나님이 아니다.

성경은 탐심이 우상숭배라고 말씀하고 있다(골3:5). 자기 자신을 위한 욕심이 그와 같은 우상을 만들게 되기 때문이다. 자기중심적이다. 하나님을 섬기는 모양은 있지만 실제로 그 하나님은 자기의 욕심을 만족시켜줄 대상이 되고 말았다. 그러한 하나님, 다시 말해서 우상을 믿는 사람에게는 자신을 인정해주지 않는 어떠한 사람도 용납되지 않는다. 그의 적이 되고 그의 심판의 대상이 될 뿐이다.

거짓말, 시기, 질투, 자고함(교만), 자기자랑, 원망, 모함, 당 짓기, 음행, 술 취함, 원수 맺음, 도둑질, 방탕함, 탐욕, 우상숭배 등 하나님이 하지 말라고 명하신 일에는 별로 관심이 없다. 자기를 도우시는 하나님만이 필요할 뿐이다. 봉사, 구제, 헌금 등을 할지라도 자기만족과 위안을 얻기 위한 목적이 더 크다. 하나님의 뜻을 따라 행한다고 나팔을 불지라도 자기만족과 위안을 추구한다.

여기에서 따라 나오는 것이 외식함이다. 속에는 온갖 더러움으로 가득 차 있지만 남들에게 칭찬을 받기 위한 언행을 터득하는 일에 힘쓰며 관심을 갖는다. 이미 하나님의 나라에서 벗어나 있다. 그는 결코 예수 안에 거하는 자가 아니며 예수를 믿는 자도 아니다. 우상숭배자이다.

마태복음 25:31-46에 보면 "주님께서 자기 영광으로 모든 천사와 함께 올 때 모든 민족을 그 앞에 모으고 각각 분별하기를 목자가 양과 염소를 분별하는 것 같이 하여 양은 오른편에, 염소는 왼편에 두리라" 말씀하고 있다.

그 때에 주님께서 왼편에 있는 자들에게 "저주를 받은 자들아 나를 떠나 마귀와 그 사자들을 위하여 예비한 영영한 불에 들어가라 내가 주릴 때에 너희가 먹을 것을 주지 아니하였고 나그네 되었을 때에 영접하지 아니하였고 벗었을 때에 입히지 아니하였고 병들었을 때와 옥에 갇혔을 때에 돌아보지 아니하였느니라" 하시니, 저희가 대답하여 가로되 "주여 우리가 어느 때에 주의 주리신 것이나 목마르신 것이나 나그네 되신 것이나 벗으신 것이나 병드신 것이나 옥에 갇히신 것을 보고 공양치 아니하더이까?" 반문한다.

왜 이와 같이 반문하게 되는 것일까? 바로 그들이 섬긴 하나님은 자신들이 만든 우상이었기 때문이다. 그들이 하나님을 섬기는 행위로 알았던 것들이 사실은 자기가 만들어 놓은 '어떤 기준이요 가치관'이었기 때문이다. 그들의 각양 욕심을 채워 줄 하나님을 만들어 '우상'으로 섬기는 삶을 살았기 때문이다.

영생은 유일하신 참 하나님과 그의 보내신 자 예수 그리스도를 아는 것이다 (요17:3). 그렇기 때문에, 진리를 따라 살지 못한 자들은 이와 같이 참담한 결국을 보게 되리라는 말씀이다.

완고하여 하나님의 말씀을 듣지 않는 자는 '자기 나름의 어떠한 삶의 틀'을 만들어 놓고 그것을 귀하게 여긴다. 그 틀에서 벗어나는 것은 듣지 않는다. 이와 같은 상태에서 완고해진 그에게는 하나님의 말씀조차도 자기가 만들어놓은 틀에 맞추어 취사선택할 대상이 된다. 그 틀이 바로 우상이요 스스로도 알지 못하는 사이에 자기의 하나님이 되었다는 사실을 깨닫지 못한다.

반석이 되신 예수 그리스도 위에 집을 짓되, 금이나 은이나 보석과 같은 진리의 말씀으로 짓는 것이 아니라, 나무나 풀이나 짚과 같은 '이 세상의 허망한 교훈과 가치관'을 따라 집을 짓게 되는 것이다(고전3:10-15). 결국 불에 태워 버려지는 것이다.

사실 모든 사람들이 자기 나름의 가치관, 처세술, 사상 등 천차만별의 삶의 틀을 만들어 놓고 그것에 따라 살아가고 있다. 그 틀은 선입관, 고정관념, 판단기준, 신앙관 등을 만들어 낸다. 이 틀은 나름대로 편리하고 안전한 듯하다. 그러나 그 틀이 완전할 수는 없다고 느끼는 소수의 사람들은 그 틀을 수시로 개선하고 더 나은 것으로 발전시켜간다.

개선과 발전을 위해서는 어떠한 부담이 따를 수밖에 없다. 그러나 많은 이들이 그러한 부담을 원치 않는다. 그 만들어진 틀을 유지한 채 장식품만 바꾸려 한다. 그리고 그 틀은 점점 더 굳어진다. 그 틀을 고집하고 더 이상 어떠한 변화도 싫어하며 그 안에 안주

하려 하는 이들이 적지 않다. 그들은 더 이상 어떠한 가치관이나 사상이나 믿음 등을 받아들이려 하지 않는다.

그들에게 있어서 새로운 깨달음이나 새롭게 드러나는 진리는 경계의 대상일 뿐이다. 그러한 것에 관심을 보일지라도 자기 자신의 만족을 위하여 또 한 번 그의 우상을 위한 장식품으로 취사선택할 뿐이다. 끝없이 완악해져 간다(마13:14-15).

예수 그리스도를 바라보며 하나님의 진리를 깨달아 가며, 그 진리를 따라 자신의 삶의 틀을 끊임없이 개선해가는 이들이 복이 있다.

묵은 포도주를 마시고 새 것을 원하는 자가 없다

예수 그리스도께서 세리였던 레위(마태)를 제자로 부르셨을 때, 레위가 큰 잔치를 베풀었고 많은 사람들이 함께 앉았다(눅5:27-35). 그 때에 바리새인과 저희 서기관들이 그 제자들을 비방했다. "너희가 어찌하여 세리와 죄인과 함께 먹고 마시느냐." 주님께서 대답하셨다. "건강한 자에게는 의원이 쓸 데 없고 병든 자에게라야 쓸 데 있다. 내가 의인을 부르러 온 것이 아니요, 죄인을 불러 회개시키러 왔노라." 저희가 주님께 물었다. "요한의 제자는 자주 금식하며 기도하고 바리새인들의 제자들도 또한 그리하되 당신의 제자들은 먹고 마시나이다." 주님께서는 "혼인집 손님들이 신랑과 함께 있는 동안에는 금식하지 않으나 신랑을 빼앗기는 그 날에 금식할 것"이라고 말씀하시면서 누구나 익히 잘 알고 있는 새 포도주의 비유를 말씀하신다.

"새 옷에서 한 조각을 찢어 낡은 옷에 붙이는 자가 없나니 만일 그렇게 하면 새 옷을 찢을 뿐이요 또 새 옷에서 찢은 조각이 낡은 것에 어울리지 않을 것이다. 또한 새 포도주를 낡은 가죽 부대에 넣는 자가 없나니 만일 그렇게 하면 새 포도주가 부대를 터뜨려 포도주가 쏟아지고 부대도 버리게 되리라 새 포도주는 새 부대에 넣어야 할 것이니라. 묵은 포도주를 마시고 새 것을 원하는 자가 없나니 이는 묵은 것이 좋다 함이니라"(눅5:36-39)

너무도 중요한 말씀이다. 낡은 시대의 전통과 의식에 얽매여 영적인 진리의 세계에 대하여 알지도 못하고 알려고도 하지 않는 그들을 향하여 하신 말씀이다.

　예수 그리스도께서 하신 이 말씀은 우리가 평소에 알고 있던 이상의 깊은 진리를 함축하고 있다. 낡은 전통이나 의식을 새로운 시대에 적용시킬 수 없다는 교훈으로서, 새 옷이나 새 포도주는 그리스도의 복음을, 낡은 옷이나 낡은 가죽 부대는 유대교의 의식이나 전통을 의미한다고 해석하고 단순하게 넘어간다면, 이 시대를 살아가는 크리스천들에게 전혀 은혜가 되지 않는다.

　세상의 모든 것들이 세대가 흘러갈수록 새로운 것으로 변하고 있고, 발전해가고 있다. 물질의 가장 작은 단위가 분자였다고 믿은 때는 오래 전이고 원자가 정답이 되었다가, 핵과 전자, 그리고 핵을 구성하는 양성자 중성자가 정답이더니, 이제는 양성자와 중성자를 구성하고 있는 쿼크가 정답이 되었다. 세대가 바뀌고 변천해감에 따라 숨기어졌던 많은 것들이 발견되고 발명되고 수정되어 가는 것이다.

　이와 같이 진리의 말씀도 감추어지고 숨겨졌던 진리가 지속적으로 드러나고 있다. 주님께서 '드러내려 하지 않고는 숨긴 것이 없고 나타내려 하지 않고는 감추인 것이 없다(막4:22)'고 말씀하신 것은, 세대가 흘러가면서 각 세대마다 새롭게 드러나는 진리가 있음을 비유로 가르치신 것이다.

　물론 근본 진리는 변함이 없다. 지구가 태양을 돌고 있는 것이 근본 진리일진대, 천동설이 주장되고 있는 세대라고 해서 태양이 지구를 돌게 되는 것이 아닌 것은 너무도 당연한 것이다. 일반적으로 진리를 '참된 이치 또는 참된 도리'라고 말한다. 또한 '우리들의 판단과 실재가 일치함'을 진리라고 말한다. 진리가 변함이 없다는 것은 '참된 이치'며 '참된 도리'가 변함이 없다는 것을 말한다.

그런데 '우리의 판단과 실재가 일치하는 것'을 진리라고 할진 데, 이러한 진리는 세대가 흘러가면서 새롭게 드러나게 되는 것이다. 천동설이 주장되고 그것을 믿었던 중세 사람들 사이에서, "해가 지구를 돈다는 것"이 그 당시 사람의 '판단과 실재가 일치하는 것'이었다. 따라서 "해가 지구를 돈다는 것"이 진리로 간주되어 천동설이 그 당시의 진리였다. 그러나 세월이 흐른 후에는 지동설이 진리가 되었다. 이와 같이 진리는 변함이 없는 것이지만 또한 변하는 것이다. 이것이 진리이다.

천동설이 지동설로 바로 잡히듯이, 새 포도주의 비유가 지금 이 세대에도 유효함을 깨닫는 이들이 복이 있다. 주님께서는 이 비유를 끝맺음 하시면서 "묵은 포도주를 마시고 새 것을 원하는 자가 없나니 이는 묵은 것이 좋다 한다"고 말씀하신다. 너무도 당연한 말씀이어서 그냥 지나치기 쉽다. 그러나 여기에 귀한 뜻이 담겨 있다.

"그 시대의 신앙생활에 익숙해져 있고 만족하고 있는 사람들이 새롭게 드러나는 진리를 원치 않는다"는 뜻이다. 너무도 안타깝지 않은가? 대부분의 크리스천들은 예수 그리스도의 이와 같은 가르침을 그 당시의 유대인들에게만 말씀하시는 것으로 간주하고 자신들과는 상관없는 말씀으로 생각하려 한다. 그러나 사실은 각 세대를 살아가는 크리스천들을 '그 당시의 유대인(신앙인 또는 종교인)'으로, 거듭난 크리스천을 '그 당시에 예수를 믿고 따르던 사람들'로, 예수 믿지 않는 일반인을 '이방인'으로 비유해서 해석해야 성경의 진리를 올바르게 깨달을 수 있다. 주님께서 "깨어 있으라 내가 너희에게 하는 이 말은 모든 사람에게 하는 말이니라" 말씀하시기 때문이다(막13:37). 성경을 볼 때, 이러한 관점은 너무도 중요하므로 다시 한 번 마음에 새기시기 바란다.

진리의 말씀으로 거듭나게 하기 위해 문 밖에 서서 두드리시는 예수 그리스도의 음성을 듣지 못하고 문을 굳게 잠그고 그 안에 안주하려 하는 크리스천들이 얼마나 많은지 상상할 수 있는가? 또는 그 목자 되신 주님의 '음성'을 구분하지 못하고 거짓목자들인 이리들에게 문을 열어준 고로 이단 사상과 뉴 에이지 사상에 빠져 헤매는 사람들이 얼마나 많은가?

"나는 부자라 부족한 것이 없다 하나 자신의 곤고한 것과 가난한 것과 눈 먼 것과 벌거벗은 것을 알지 못하는" 이들에게 "내게서 불로 연단한 금을 사서 부요하게 하고 흰 옷을 사서 입어 벌거벗은 수치를 보이지 않게 하고 안약을 사서 눈에 발라 보게 하라"고 말씀하시는 예수 그리스도의 음성을 듣고 문을 여는 자가 복이 있다(계3:17-20).

사람이 거듭나지 아니하면 하나님의 나라를 볼 수 없다

요한복음 3:1-8을 보면, 바리새인이며 유대인 관원인 니고데모가 예수 그리스도께 나아와 "랍비여 우리가 당신은 하나님께로부터 오신 선생인줄 아나이다 하나님이 함께 하시지 아니하시면 당신의 행하시는 이 표적을 아무라도 할 수 없음이니이다" 말할 때 예수께서 말씀하시기를 "사람이 거듭나지 아니하면 하나님의 나라를 볼 수 없느니라" 말씀하신다.

니고데모: "사람이 늙으면 어떻게 날 수 있삽나이까? 두 번째 모태에 들어갔다가 날 수 있삽나이까?"

예수 그리스도: "사람이 물과 성령(영)으로 나지 아니하면 하나님 나라에 들어갈 수 없느니라 육으로 난 것은 육이요 성령으로 난 것은 영이니 내가 네게 거듭나야 하겠다 하는 말을 기이히 여기지 말라 바람이 임의로 불 때 네가 그 소리를 들어도 어디서 오며 어디로 가는지 알지 못하나니 성령으로 난 사람은 다 이러하니라."

이 말씀에서 물과 성령으로 거듭나야 하나님의 나라에 들어갈 수가 있다고 하셨는데, 여기서 '물'을 '물로 침례(세례)받는 것'으로 풀이해서, 침례 받고 성령 받으면 하나님의 나라에 들어가는 것이라고 해석하는 것은 잘못이다. 이와 같은 잘못된 풀이는 좁은 길을 걸으며 좁은 문으로 들어가라 말씀하시는 예수 그리스도의 가르침을 곡해하게 하고 쉽게 생각하게 하는 크나 큰 잘못을 범하는 것이 될 수 있다. 영적으로 거듭남을 말씀하시면서 하나의 의식에 불과한 회개를 상징하는 침례가 그 조건 중의 하나라고 말씀하실 리가 있겠는가? 만약 그렇다면 침례 받지 않으면 하나님의 나라에 들어갈 수가 없다는 말이 된다. 침례가 의미 있는 의식이긴 하지만, 성경 어디에도 구원의 조건이 됨을 말씀하지는 않으며, 주님께서는 "성령으로 세례"를 주시는 분이라고 말씀하고 있다(막1:8, 요1:33).

예수 그리스도께서 사마리아 여인에게 하신 말씀을 상고해 보자. 요한복음 4장 14절에 "내가 주는 물을 먹는 자는 영원히 목마르지 아니하리니 나의 주는 물은 그 속에서 영원히 영생하도록 솟아나는 샘물이 되리라." 이 말씀과 같은 의미로 7장 37-38절에 "누구든지 목마르거든 내게로 와서 마시라 나를 믿는 자는 성경에 이름과 같이 그 배에서 생수의 강이 흘러나리라" 말씀하신다. 그리고 이어서 "이는 그를 믿는 자의 받을 '성령'을 가리켜 말씀하신 것"이라고 했다(요7:39). 물과 성령으로 거듭난다는 말씀 중 '물'은 '성령'을 의미하는 것이다.

물이 성령을 의미한다면 "성령과 성령으로 거듭난다"는 말이 되는데, 헬라에서 흔히 사용하듯이 뜻을 강조하기 위해 성령을 한 번 더 말씀하신 것인가? 그렇지 않다. "물과 성령으로 거듭난다"는 말씀 중 '성령'이라고 번역된 것은 '영'으로 번역해야 옳다. 왜 그렇게 번역해야 하는지 살펴보자.

모든 성경은 번역상의 오류가 있기 마련이다. 그러므로 성경의 전체적인 진리의 체계를 깨닫지 못하고 함부로 번역하거나 해석하는 것은 위험한 일이다. 일반적으로 헬라 성경에서 '성령'을 말할 때는 '프뉴마(πνευμα, Spirit)' 앞에 반드시 중성 정관사 '토(το)'를 붙여서 성, 수, 격에 따라 어미를 변화시켜 표기한다. 예를 들면 주격과 목적격은 '토 프뉴마(το πνευμα, the Spirit)', 소유격은 '투 프뉴마토스(του πνευματος) 여격은 '토 프뉴마티(τω πνευματι) 등이다. 그리고 정관사 '토(το)'를 사용하지 않고 성령을 지칭할 때에는 '프뉴마(πνευμα)'에 반드시 거룩하다는 뜻을 가진 '하기오스(άγιο ς)'를 붙여서 성, 수, 격에 따라 어미를 변화시켜 표기한다. 물론 '하기오스'와 함께 정관사를 붙여서 성령을 지칭하는 경우도 있다.

그런데 위의 요한복음 3:5에서 사용된 헬라어 단어는 '투'나 '하기우'가 없는 '프뉴마'다. '프뉴마(spirit)'를 단독으로 사용할 때는 귀신, 사람의 영, 바람, 정신 또는 말씀 등을 의미한다. 물론 이러한 '프뉴마'를 한정하거나 수식하여 말할 때는 정관사 '토'를 사용한다. 가장 권위 있는 영어번역성경으로 알려진 KJV나 NKJV에도, 'the Spirit'이라고 하여, 이 요한복음 3:5말씀에 헬라원어성경에는 없는 정관사 the를 넣었다. 선입관이나 고정관념으로 인해 발생한 심각한 오류로 볼 수 있다. KJV 영어성경의 모체라 할 수 있는 Stephens 헬라원어성경에는 the에 해당되는 '투'가 없는 '프뉴마토스(영, spirit)'로 기록되어 있다.

그러므로 이 말씀에서 영은 성령이 아니라 말 그대로 '영'이며, 여기서 말씀하신 '영'은 '생명의 말씀'을 의미한다. 예수 그리스도께서는 "내가 곧 생명의 떡이로라(요6:48)" 하시며 "내가 너희에게 이른 '말씀'이 '영(spirit)'이요 생명이니라" 가르쳐주셨기 때문이다 (요6:63). 사도 베드로는 "너희가 거듭난 것이 하나님의 살아 있고

28

항상 있는 말씀으로 된 것이니라" 선포하고 있다.(벧전 1:23) 주님께서 하신 말씀이 '영(spirit)'이며, 바로 그 말씀(영)으로 크리스천들이 거듭나게 된다. 우리를 거듭나게 하는 것은 '말씀'이라는 뜻이다. 설명이 혹 어렵게 느껴지더라도 주의 깊게 정독하면 "성령과 말씀으로 거듭난다"는 진리를 이해할 수 있으리라 믿는다. 고정관념이 완고한 이들이 있어서 어쩔 수 없이 길어졌음을 양해하시기 바란다.

그러므로 정리하여 말하자면, 사람이 '물'과 '영'으로 거듭난다는 것은 '성령'과 '생명의 말씀'으로 거듭난다는 뜻이다. 사람이 '성령'과 예수 그리스도의 '생명의 말씀'으로 거듭나지 아니하면 하나님의 나라를 볼 수도 들어갈 수도 없다는 말씀이다. 그의 배에서 생수가 강같이 흘러나고 예수 그리스도의 말씀이 그의 삶을 지배하게 될 때에 그는 하나님의 나라를 볼 수 있게 된다.

단순히 성경 말씀을 지식적으로 많이 안다고 되는 것이 아니다. 성령 충만함만으로 되는 것도 아니다. 말씀 안에 거하여 살아야 하고, 성령께서 그 말씀을 깨닫게 해주셔서 진리를 알게 되고 성령께서 인도하심으로 진리를 따라 지키며 인내함으로 살게 될 때에 비로소 하나님의 나라를 볼 수 있게 되고 들어가게 되는 것이다. 예수 그리스도께서 하신 이 진리의 말씀이 '불 가운데 얻는 구원'과 연결하여 이해될 때 더욱 더 심오한 깨달음을 얻게 될 것이다.

불 가운데 얻는 구원

고린도전서 3:10-15에서 사도 바울은 '불 가운데서 얻는 구원'에 대하여 말씀하며 크리스천들이 어떻게 살아가야 할까 심각하게 생각해 보아야 할 것임을 경고하고 있다.

사도 바울이 하나님의 은혜와 계시를 따라 터(foundation)를 닦았는데, 그 터가 예수 그리스도이며 다른 터를 닦아 둘 자가 없고, 각 사람이 그 위에 집을 세운다고 말씀한다. 각 사람이 이 터 위에 집을 짓는데, "금이나 은이나 보석이나 나무나 풀이나 짚으로 이 터 위에 세우면 각각 공력이 나타날 터인데, 그 날에 그 공력을 밝히리니 이는 불로 드러내고 그 불이 각 사람의 공력이 어떠한 것을 시험할 것"이라고 말씀한다. "만일 누구든지 그 위에 세운 공력이 그대로 있으면 상을 받고 누구든지 그 공력이 불타면 해를 입으리니 그러나 자기는 구원을 얻되 불 가운데서 얻은 것 같으리라."

소위 부끄러운 구원을 받는 것을 말하고 있는 것이 아니다. 부끄러운 구원과 불 가운데서 얻는 구원은 말 자체가 뚜렷하게 다를 뿐 아니라 그 의미가 크게 다르다. 부끄러워한다는 말 속에는 그가 당연히 누릴 수 있는 것을 받기에는 자신이 부족하다고 느끼며 쑥스러워하는 겸손의 의미마저 담고 있기 때문이다. 불 가운데 얻는 구원은 그러한 뜻과는 거리가 멀다. 말 그대로 불 가운데 얻는 구원이다.

불순종하던 이스라엘 백성들을 향하여 아모스 선지자는 하나님의 징계를 받아 그들이 불붙는 가운데서 빼낸 나뭇조각같이 되었다고 말씀하고 있다. 불붙는 가운데서 빼낸 나뭇조각은 불에 타서 불에 그슬려 숯검정이 되어 있을 것이다. 어찌 부끄러운 구원이라고 쉽게 말할 수 있겠는가?

숨겨진 비유에서 증명되었듯이 그 날에 공력을 시험하는 불은 크리스천들의 삶의 지침이었던 '예수 그리스도의 진리의 말씀'을 뜻한다. 예수께서 "내 말을 저버리고 내 말을 받지 아니하는 자를 심판 할 이가 있으니 나의 한 그 '말'이 마지막 날에 저를 심판하리라"고 하신 말씀과 같은 뜻이다. '불'이 '하나님의 말씀'을 비유한 것이므로, 그 날에 불이 그 공력을 시험한다는 것은, 예수 그리스도의 터 위에 세워진 집들처럼 예수 믿은 각 사람들이 자신들의 인생을 살되 어떻게 진리를 깨닫고 행하며 살았는가에 대하여 마지막 날에 예수 그리스도의 진리의 말씀에 비추어 판단을 받게 된다는 뜻이다.

양과 염소의 비유에서 보면, 주님께서 왼편에 있는 염소처럼 살았던 자들에게 마귀와 그 사자들을 위하여 예비된 영영한 불에 들어가라 말씀하실 때 그들이 심상치 않은 말을 한다. "주여 우리가 어느 때에 주의 주리신 것이나 목마르신 것이나 나그네 되신 것이나 벗으신 것이나 병드신 것이나 옥에 갇히신 것을 보고 공양치 아니하더이까?" 반문한다. 그들이 주님을 섬기며 살았다고 믿기 때문에 가능한 질문이다. 분명히 그들은 예수를 믿는다며 산 사람들이다. 그러나 마지막 날 진리의 말씀에 비추어 볼 때에 그 공력은 불에 타 없어져 버린 것이다.

고린도전서 5장 1-5에는 또 다른 '불 가운데서 얻는 구원'에 대한 말씀이 기록되어 있다. 자기의 아비의 아내를 범한 자를 사탄에게 내어주었는데, 이는 육신은 멸하고 영은 주 예수의 날에 구원 얻게 하려 함이라 말씀하고 있다. 극도의 패륜을 저지른 자가 사탄에게 넘겨줌을 당하여 죽게 되었을지라도 예수를 믿은 자이기 때문에 그 영이 예수의 날에 구원 얻게 된다는 뜻이다. 불에 타 해를 입을지라도 그가 구원을 얻되, 불 가운데서 구원을 얻게 되는 것이다(고전3:15).

사도 바울은 "우리의 겉사람은 낡아지나 우리의 속사람은 날로 새롭도다" 말씀하면서, "우리가 잠시 받는 환난의 가벼운 것들이 우리에게 지극히 크고 영원한 영광의 중한 것을 이루게 하고 우리의 육체의 장막이 무너지면 하나님께서 지으신 영원한 집을 덧입게 된다"고 말씀하고 있다(고후4:16-18). 그리고 "장막에 있는 우리가 탄식하며 하늘로부터 오는 처소(영원한 집)로 덧입기를 간절히 사모하는데, 이렇게 사모하는 것은 우리가 벗은 자로 발견되지 않으려 함"이라고 말씀한다(고후5:1-3). 만일 우리가 세운 집, 우리가 세운 공력이 불에 타서 없어지면 어떻게 될까? 신령한 몸의 부활에 관한 진리에 대한 깨달음이 없이, 하나님 나라의 가치관을 갖지 못한 채, 하나님 나라를 볼 수 없었던 크리스천들이 하나님의 법을 지키지 않고 향방 없이 달음질 한 후에 얻게 될 구원은 어떠한 구원일까? 너무도 뻔하지 않은가?

크리스천들에게 "불 가운데 얻는 구원"에 대한 말씀은 다소 생소할 수도 있고 이해하거나 받아들이기가 힘들게 생각될 수도 있다. 그러나 지금 우리가 살고 있는 이 세대가 확실한 성경의 진리를 요구하고 있다. 이단과 사이비가 날로 그 영향력을 확대해 가고 있고, 적지 않은 교인들이 유혹을 받고 있기 때문이다.

그러므로 하나님의 법, 진리를 힘써 알아야 한다. 구하고 찾고 두드려야 한다. 그리하여 우리의 육체의 장막이 무너지는 날 하늘로부터 오는 처소로 덧입고 천국으로 들림 받게 되어야 한다. 보석 같은 하나님의 진리로 집을 짓는 자, 영원한 집을 짓는 자가 되어야 한다.

예수 안에 거함으로 말미암아 온전한 구원을 이룰 자들이 복이 있다.

회개하라 하나님의 나라가 가까이 왔느니라

예수 그리스도께서 복음을 전파하시면서 제일 먼저 하신 말씀이다. "회개하라 천국이 가까이 왔느니라."

마태는 '천국(the kingdom of heaven)'이라 했고, 마가와 누가는 '하나님의 나라(the kingdom of God)'라고 기록했다. 이 두 말은 같은 뜻이다. 주님께서는 하나님의 나라가 언제 임하나니까 묻는 바리새인들에게, "하나님의 나라는 볼 수 있게 임하는 것이 아니요 또 여기 있다 저기 있다고도 못하리니 하나님의 나라는 너희 안에 있느니라(눅 17 :21)" 말씀하시며, 하늘나라가 이 세상에 있다고 말씀하신다.

또 마태복음13:24-50에서 주님께서는 천국에 대하여 여섯 가지 비유로 말씀하신다. "천국은 마치 사람이 자기 밭에 갖다 심은 겨자씨 한 알 같으니 이는 모든 씨보다 작은 것이로되 자란 후에는 나물보다 커서 공중의 새들이 와서 그 가지에 깃들이느니라" 말씀하셨고, "천국은 마치 여자가 가루 서 말 속에 갖다 넣어 전부 부풀게 한 누룩과 같다" 말씀하신다. "천국은 마치 밭에 감추인 보화와 같다" 말씀하신다. 그리고 놀랍게도 천국을 어떠어떠한 사람에 비유하여, "천국은 좋은 씨를 제 밭에 뿌린 사람과 같다"고 하시며, "천국은 마치 좋은 진주를 구하는 장사와 같다" 말씀하신다. 한편 더 이해하기 힘든 것은 "천국은 마치 바다에 치고 각종 물고기를 모는 그물과 같다"고 하시고, "그물에 가득하매 물 가로 끌어내고 앉아서 좋은 것은 그릇에 담고 못된 것은 내어버리느니라" 말씀하신다.

이 말씀들을 거듭 살피며, 천국을 무엇에 비유하시는지 그 공통점을 찾아보자. 첫째는 '말씀'이며, 둘째는 '사람'이며, 셋째는 '그물' 즉, '구원과 심판을 이루기 위해 사람을 모으는 것'에 천국을 비유하셨다. 지금까지의 고정관념이나 선입관을 버리고 성령의 인도하심을 의지하자.

첫째, 씨와 누룩 그리고 보화는 진리의 말씀을 비유한다(마 13:18- 23, 마16:11-12, 고전4:5-7, 잠2:1-4). 천국이 진리의 나라임을 비유로 말씀하신 것이다. 그리고 씨와 누룩이 자라고 부푸는 것처럼 이 진리의 나라가 확장된다. 유대인들은 그들이 고대하는 메시야가 이 땅에 오시면 진리로 충만한 나라가 한 순간에 건설될 것으로 믿고 있었다(사11:9). 그러나 그들이 보기에 예수는 그들의 메시야가 아니었다. 예수 그리스도께서 오셔서 비유로 하시는 말씀을 그들은 깨닫지 못했다. 진리 되신 주님께서 메시야로 오셔서 이미 하나님의 나라를 이 땅에 건설하셨고 진리의 성령이 오심으로 진리로 다스리는 나라가 확장되고 있었으나, 육적인 그들은 깨닫지 못했고 여전히 또 다른 메시야를 기다리고 있다.

둘째, 천국은 사람이다. 천국은 좋은 진주를 구하는 장사(사람)와 같다. 천국은 사람들이라는 뜻이다. 어떤 사람들? 진리를 사모하는 사람들이다. 천국은 침노하는 자가 빼앗는다고 말씀하신다 (마11:12). 그들이 모이면 천국이 되고, 이 천국은 확장되는 것이다. 천국은 예수 그리스도의 진리를 사모하는 사람들의 모임이다.

셋째, 천국은 그물과 같아서, 사람들을 모아서 양육하되 좋은 것은 그릇에 담고 못된 것은 버리는 곳이다. 이 천국은 예복을 입지 않은 자가 내어 쫓김을 당하는 곳이다(마22:11-13). 하나님의 진리의 말씀으로 양육 받고 훈련을 받은 후에도 열매가 없고 못된 물고기로 남아 있거나 가라지로 천사들에게 발견된다면 불사르게 단으로 묶임을 당하거나 어두움에 쫓겨나 이를 갚이 있게 되는 것이다(마13:30, 고전5:13, 고전3:15).

이와 같은 천국은 하늘에 있는 것인가? 아니면 이 땅에 이루어진 것인가? 이 땅에 이루어진, 그리고 이루어지고 있는 하나님의 나라임이 명백하지 않은가! 이와 같이 예수 그리스도께서는 이 땅에 오셔서 하나님의 나라를 건설하시고 진리로 충만케 하셨으며 보혜사 성령을 보내사 우리를 도우시며 진리의 성령으로 인도하신다. 주님의 약속대로 지금 당신의 백성들과 거처를 함께하고 계신 것이다.

예수 그리스도께서 말씀으로 다스리는 그 곳이 하나님의 나라이며 하늘나라이다. 사도 바울은 "허물로 죽은 우리를 그리스도와 함께 살리셨고 함께 일으키사 그리스도 예수 안에서 함께 하늘에 앉히셨다"고 말씀하고 있다. 여기에서 '우리'라는 말을 사용한 것은 물론 모든 크리스천들을 사도들의 수준으로 보고 대하는 겸손의 표현이다.

또한 성경은 "너희가 이른 곳은 시온산과 살아계신 하나님의 도성인 하늘의 예루살렘과 천만 천사(히12:22-24)"라고 말씀하고 있다. 이 말씀에서 '너희가 이른 곳'이라고 기록하고 있음에 유의하자. '이르다, 다가오다'의 뜻을 가진 헬라어 '프로세르코마이'의 완료시제 형을 사용하고 있다. 이 땅에 살아 있는 성도들이 이미 하늘에 이르러 있다는 말이다. 살아계신 생명의 말씀이 다스리는 그곳이 하늘나라요, 하나님의 나라인 것이다.

이 하나님의 나라에 들어가려면 회개해야 한다. 회개란 우리의 선한 양심이 하나님을 향해 돌아 서는 것을 말한다. 회개는 좁은 문으로 들어가기 위해, 이 세상 풍속과 공중의 권세 잡은 자 좇는 것을 버리고 온전하신 우리 주 예수 그리스도를 바라보는 것을 말한다. 결코 쉽지 않은 일이다. 마치 모든 것을 포기해야 하거나, 뜬 구름 잡는 일에 자신의 인생을 걸어야 하는가 두렵거나, 인생살이가 너무 재미없고 무미건조해지지 않을까 걱정도 된다. 그러나 이러한 생각들은 마귀가 주는 것이다. 하나님께 돌아서면 사랑과 희락과 화평이 넘치는 하나님의 나라 즉 이 땅에 건설된 하나님의 나라가 바라다 보이고 머지않아 그곳에 거하게 되고 넘치는 기쁨을 누리며 살게 되기 때문이다.

주님 은혜 안에서 회개하는 사람들이 복이 있다.

회개하라. 천국이 가까이 왔느니라!

선악과를 먹지 말라 (선악을 알게 하는 나무1)

여호와 하나님이 사람을 창조하셨다. 그리고 에덴동산을 창설하시고 그 땅에 보기에 아름답고 먹기에 좋은 나무들을 나게 하셨는데, 동산 한 가운데에는 생명나무와 선악을 알게 하는 나무도 있었다.

하나님이 아담을 이끌어 들여 그곳을 다스리며 지키게 하셨다. 그리고 아담에게 지시하셨다. "동산에 있는 각종 나무의 열매를 임의로 먹되 선악을 알게 하는 나무의 열매는 먹지 말라, 먹는 날에는 정녕 죽으리라." 그리고 하나님께서는 아담을 위하여 아내를 짝을 지어 주시며 여자라 칭하셨다.

그런데 어느 날 뱀이 그 여자를 시험한다. 모르는 척, "정말 너희더러 동산 모든 나무의 실과를 먹지 말라 하시더냐?" 여자가 아는 척 하며 말한다. "동산에 있는 나무의 실과는 먹을 수 있지만 하나님의 말씀에 죽지 않으려거든 동산 중앙에 있는 나무의 실과는 먹지도 말고 만지지도 말라 하셨다."

아담에게 하신 하나님의 말씀과는 거리가 멀다. 첫째, 동산 중앙에는 그 열매를 먹으면 죽는 선악을 알게 하는 나무뿐 아니라 생명을 주는 생명나무도 있었기 때문이다. 둘째, 선악을 알게 하는 나무의 열매를 먹지 말라 하셨지 만지지도 말라 하지는 않으셨다. 그 여자의 무식함을 간파한 뱀이 그 나무의 열매를 먹으면 죽는 것이 아니라 눈이 밝아져서 하나님과 같이 되어 선악을 알게 된다고 속여서, 여자를 선악을 알게 하는 나무에게 데리고 갔다. 여자가 그 나무를 보니 먹기에 좋아 보이고 보기에 즐겁고 지혜롭게 만들어 줄 만큼 탐스럽기도 했다. 그래서 그 여자는 그 실과를 따 먹었다. 그리고 하와는 선악과를 먹은 후에도 죽지 않은 자신을 보이고 그와 함께한 아담에게도 주어 먹게 했다.

그런데 아담과 하와가 타락한 후, 창세기 3장 22-23에 하나님께서 말씀하신 것에 유의해야 한다. "보라 이 사람이 선악을 아는 일에 우리 중 하나와 같이 되었으니 그가 그의 손을 들어 생명나무 열매도 따먹고 영생할까 하노라" 하시고, 에덴동산에서 쫓아내시고 에덴동산 동편에 그룹들과 두루 도는 화염검을 두어 생명나무의 길을 지키게 하셨다. 선악을 아는 일에 우리 중 하나와 같이 되었다! 그렇기 때문에 생명나무의 열매를 먹게 해선 안 된다! 무슨 뜻일까?

이 말에서 '우리'라는 단어를 '같은 성품을 가진 동류'라는 선입관을 가지고 대하면 풀리지 않는다. "선악과를 먹으면 하나님처럼 되어 선악을 알게 된다"고 한, 뱀의 말은 거짓말이다. 사탄은 자기를 보여 하나님이라고 하는 자이다(살후2:4). 그러므로 뱀이 한 말은 '선악과를 먹으면 사탄과 같이 되어 선악을 알게 된다'는 뜻이다.

성경에서 언급되고 있는 나무는, 각기 그 나무의 어떤 특성을 가진 사람을 비유로 말씀하고 있는 경우가 적지 않다. 이사야61:3에 '의의 나무'는 '하나님의 영광을 나타낼 사람', 사사기9:8-21에서 가시나무는 아비멜렉을, 에스겔31:3-18에 레바논 백향목은 앗수르 사람, 요한계시록11:4에서 두 감람나무는 두 증인을, 누가복음

23:30-31에서 푸른 나무는 의인, 마른 나무는 의롭지 못한 사람을 각각 비유하고 있다.

예수 그리스도께서는 비유로 말씀하고 창세부터 감추인 것들을 드러내셨다(마13:34-35). 창세의 비밀을 비유로 말씀하시는 메시야 예수 그리스도의 말씀에 귀를 기울여 보자.

"못된 열매 맺는 좋은 나무가 없고 또 좋은 열매 맺는 못된 나무가 없다. 나무는 각각 그 열매로 아나니 가시나무에서 무화과를, 또는 찔레에서 포도를 따지 못한다. 선한 사람은 마음의 쌓은 선에서 선을 내고 악한 자는 그 쌓은 악에서 악을 내나니 이는 마음에 가득한 것을 <u>입으로 말함</u>이니라(눅6:43-45,마12:33-37)."

이 말씀에 보면 나무의 특성과 사람의 성품을 대비하여 말씀하신다. 이 비유에서 '나무'는 '사람'을, '열매'는 그 '사람의 말'을 비유하고 있음을 명백히 알 수 있다. 나무가 사람에 대한 비유임으로, 하와가 보고 반한 '선악을 알게 하는 나무'는 선악을 알게 하는 어떤 '존재(인격체)'이며, 그 열매인 선악과는 '그 존재의 말'임이 분명해졌다.

그렇다면 선악을 안다는 것은 무슨 뜻일까? 히브리어에 잘 표현되어 있는 유대인의 사상은 '행함'이다. 즉 '믿음'이나 '안다'라는 단어 속에는 행함이 포함되어 있다. '안다'는 말은, 동정녀 마리아가 남자를 알지 못한다고 말했을 때(눅1:34) 이는 남자와의 육체적인 관계가 없다는 것을 의미하듯이, 체험적으로 안다는 뜻이 있는 것이다.

그러므로 선악과를 먹고 선악을 알게 되었다는 것은, 선악을 알게 하는 존재의 말을 듣고 선도 행할 뿐 아니라 악도 행하게 되었다는 뜻이다. 그렇다면 선도 행하고 악도 행하는 존재는 누구일까? 그렇다. '선악을 알게 하는 나무'는 사탄이다.

욥기에서 볼 수 있듯이, 사탄은 하나님의 아들들과 함께 하나님 앞에 설 수 있는 자였다(욥1:6). 그리고 사탄은 하나님의 명령에 따라 순종하여 욥의 생명은 해하지 않았다(욥2:6). 성경에서 사탄과 그 무리들이 하나님의 뜻에 복종하여 행하는 것을 어렵지 않게 발견할 수 있다. 이와 같이 하나님의 말씀에 순종하기도 하고 불순종하기도 하는 자, 선도 행하고 악도 행하는 자가 바로 사탄과 그 무리들이다.

선악과, 사탄의 말을 먹지 말라. 마귀의 말을 듣고 인정하여 마음에 새긴다면, 그는 결국 언젠가 죄를 짓게 되고 죄 가운데 죽는다. 사탄의 말을 듣고 행하는 자는 정녕 죽는다.

한편. 사탄의 말 즉 선악과를 만지는 것 즉 마귀의 말을 분석하는 것은 죄가 아니다. 선악과를 만지지도 말라는 것은 하와의 오해다. 하나님께서는 선악과를 먹지 말라 하시지 만지지도 말라 하지 않으신다. 하나님의 백성들은 마땅히 마귀가 어떤 거짓된 진리의 체계를 가지고 유혹하는지 분석할 필요가 있다. 먼저 예수 안에 거하여 살면서 진리로 무장하고, 마귀의 일을 분석하여 마귀의 일을 멸하자(요일3:8, 엡6:10-20, 벧전5:8-9).

선악과를 먹지 않는 이들이 복이 있다.

선을 행하면서 악도 행하는 자가 되지 말라
(선악을 알게 하는 나무 2)

사도 바울은 '크리스천이 선한 일을 위하여 지으심을 받은 자'라고 말씀하고 있다(엡2:10). 회개함으로 새로 지으심을 받은 크리스천들의 마음에는 선을 행하고자 하는 열정이 살아난다. 그리고 하나님의 말씀에 순종하고자 노력한다. 그러나 현실에 부딪히며 살아가다 보면 이구동성으로 하는 말이 "어떻게 죄를 짓지 않고 살수 있다는 말인가?" 탄식하게 된다. 참으로 죄를 짓지 않고 살아가는 것이 불가능하다는 말인가?

그렇지 않다. 사도 요한은 "하나님께로 난 자마다 죄를 짓지 아니하나니 이는 하나님의 씨가 그의 속에 거함이요 그도 죄를 범하지 못하는 것은 하나님께로부터 났음이라(요일3:9)" 말씀하고 있다. 또한 사도 베드로는 "주 앞에서 점도 없고 흠도 없이 나타나기를 힘쓰라(벧후3:14)" 말씀한다. '하나님께로 난 자마다 죄를 짓지 아니한다'는 사도 요한의 말씀과 '선악과(선악을 알게 하는 나무의 열매)를 먹지 말라'는 계명을 함께 살펴보자.

하나님께로 난 자 즉 성령과 진리로 거듭난 자가 죄를 짓지 아니하는 이유가 무엇이라 말씀하고 있는가? 하나님의 씨, 즉 하나님의 말씀이(벧전1:23, 마13:18-23) 그 안에 거하기 때문이라는 것이다. 그렇다면 사람이 죄를 짓는 이유도 분명해지지 않는가? 선악과를 먹어 그 안에 선악을 알게 하는 자의 씨, 즉 사탄의 씨가 거하기 때문인 것이다. 크리스천의 속에 하나님의 씨와 사탄의 씨가 함께 거하고 있다면 그는 언제든지 선도 행하고 악도 행하게 될 가능성을 안고 살게 되는 것이다. 그리고 원하든 원치 않든 악을 행하게 되는 것이다.

사탄은 어떻게 하든지 택한 자라도 유혹하여 넘어뜨리려고 한다(벧전5:8-9). 사탄의 목표는 사람 안에 자기가 심어놓은 씨, 즉 사탄의 말이나 사상 등을 충동하여 그를 죄에 빠지게 하는 것이다. 그러므로 거듭난 하나님의 백성들은 예수 안에 거하여 진리를 깨달아 가며, 진리의 말씀에 근거하여 믿음으로 행하는 경건의 훈련에 힘써야 한다. 처음에는 사탄이 심어 놓은 씨를 하나님의 말씀과 잘 분별하지 못해 사탄의 거짓말을 믿고 실수하는 일이 빈번하다. 또한 사탄은 하나님의 말씀을 좌로나 우로나 치우치게 믿게 하거나, 하나님의 말씀을 거두절미하여 함정에 빠지게 한다. 그러나 낙심하지 않고 인내하며 끝까지 경건의 훈련에 힘쓰는 사람은 마침내 사탄의 씨를 완전히 제거하게 되고 죄를 짓지 않게 되는 것이다.

그러므로 성령과 진리로 충만케 하라. 어린 아이와 같은 신앙의 단계에서 죄를 지으면 종아리 몇 대 맞으면 되지만, 아비가 되어 죄를 짓게 된다면 목숨을 버려야 할 것이다(고전9:27, 히10:26-31). 그러므로 성경은 "때가 오래므로 너희가 마땅히 선생이 될 터인데 너희가 다시 하나님의 말씀의 초보가 무엇인지 가르침을 받아야 할 것이니 젖이나 먹고 단단한 식물을 못 먹을 자가 되었도다 대저 젖을 먹는 자마다 어린아이니 의의 말씀을 경험하지 못한 자요 단단한 식물은 장성한 자의 것이니 저희는 지각을 사용함으로 연단을 받아 선악을 분별하는 자들이니라"(히 5:12-14) 말씀하고 있다.

이 말씀에서 '하나님 말씀의 초보', '젖', '단단한 음식'은 각각 무엇을 비유한 것일까? '하나님의 말씀의 초보'는 율법이며, '젖'은 복음을 각각 비유한다. 사도 베드로가 "갓난아이들같이 순전하고 신령한 젖을 사모하라 이는 이로 말미암아 너희로 구원에 이르도록 자라게 하려 함"이라고 말씀하고 있는데(벧전 2:2), 이 말씀에서 '신령한 젖'은 '복음'을 의미한다(벧전1:18-2:2). "네가 만일 네 입으로 예수를 주로 시인하며 또 하나님께서 그를 죽은 자 가운데서 살리신 것을 네 마음에 믿으면 구원을 얻으리니, 사람이 마음으로 믿어 의에 이르고 입으로 시인하여 구원에 이르느니라(롬 10:9-10)." 이것이 복음이다.

이 복음의 말씀은 크리스천에게 있어서 근간이 됨과 동시에, 신령한 젖이다. 복음이 '영의 양식'의 기본이며 근간이지만, '젖'이다. 이 복음의 말씀만 먹고 사는 크리스천이 적지 않다. 그러나 이 복음의 말씀을 먹고 자라나서 때가 오랜 후에는 단단한 음식을 먹게 되고 마땅히 선생이 되어야 할 터인데, 그렇지 못한 사람이 많은 것이 현실이다. '단단한 음식'이란, 마음에 받아들이거나 행하기에 버거운 진리의 말씀과 경건 훈련에 관한 진리를 비유하는 것이다. 그 말씀들은 크리스천들로 하여금 죄짓지 않게 하며 마귀에게 속지 않게 하는 진리의 말씀들이다. 깨닫기도 힘들고 행하기도 힘들다. 그러나 그 힘든 진리의 말씀을 받아들여 소화해 낸다면 연단과 인내의 과정을 거쳐 하나님 나라의 큰 일꾼이 된다. 담대하고 성결한 마음으로 하나님의 말씀을 받아들이고 그대로 행함으로, 수 없는 시행착오를 거치지만 지각을 사용함으로 연단을 받아 마침내 선악을 분별하게 되는 것이다(히5:14). 성령과 진리로 거듭나고 선악을 분별할 수 있게 되었는데 어떻게 죄를 지을 수 있겠는가? 그러한 자가 스승이요, 아비의 자격이 있지 않겠는가? 그러므로 사도 요한은 "하나님께로 난 자마다 죄를 짓지 아니하나니 이는 하나님의 씨가 그의 속에 거함이요 그도 죄를 범하지 못하는 것은 하나님께로부터 났음이라(요일3:9)" 말씀한 것이다.

선악과를 먹지 않는 사람이 복이 있다.

하나님의 계명을 지키기가 힘들다?

성경은 하나님의 감동으로 기록된 책이다(딤후3:16-17).

그러나 그 성경을 하나님의 말씀으로 믿고 행하기에는 여러 가지 장애가 되는 상황들이 있다. 그 중의 하나가 성경이 성령의 감동으로 기록되었다고는 하지만 동시에 사람의 손에 의해 기록되었다는 사실이다. 책 '열매 맺는 삶'에서 증명한 바 있지만, 하나님께서 인간을 로봇 기계로 만들어 하나님의 말씀을 받아쓰게 하시지 않았으므로, 성경이 그 저자들의 관점이나 지식 등에 의해 영향을 받지 않을 수가 없다. 아무리 성령 충만함을 받은 사람들일지라도 그들로 하여금 동일한 주제에 대하여 서술하게 할 경우 서로 다른 글이 나올 수밖에 없는 것과 마찬가지다. 따라서 성경의 내용이 저자들의 서로 다른 관점이나 지식에 근거하여 서로 다르게 서술된 경우가 적지 않다.

또한 성경이 성령의 감동을 받은 저자들에 의해서 그 원본이 기록되고 성령의 감동을 입은 필사자들에 의하여 그 사본이 전해져 왔다 하더라도 이 전사 과정에서 실수가 발생하지 않았으리라는 보장이 없다. 또한 그 사본이 각 나라의 언어로 번역될 때에도 앞에서 살펴보았듯이 실수가 발생한다. 실제로 경미하기는 하지만 사본들 사이에 또는 번역본들 사이에 첨가되거나 삭제되는 등 서로 다른 부분들이 있다.

성경 저작에 대한 이런 저런 설을 배우거나 들은 사람들은 성경을 하나님의 말씀으로 믿고 그대로 행하기가 힘들어지기도 한다.

성경에 기록된 다양한 사건들과 인물들을 다루며 기록된 성경의 어느 부분이 하나님의 명령이며 또 하나님의 뜻인가? 성경에 서로 모순되어 보이는 말씀들이 적지 않은데 어느 쪽이 하나님의 뜻이며 맞는 말씀인가? 그 모순되어 보이는 말씀들이야 말로 저자들의 관점이 들어가 있어서 생긴 잘못은 아닌가? 어느 말씀을 믿어야 한다는 말인가? 이러한 상황에서 어떻게 하나님의 계명을 목숨 걸고 제대로 지킬 수가 있겠는가 반문한다.

또한 이 험한 세상을 살아가며 지키기에는 너무나 힘겨운 명령들이 기록되어 있는데 어느 누구도 진리를 온전히 깨달을 수 없을 뿐 아니라 하나님의 계명대로 살 수는 없다고 포기하며 스스로 위로하거나 오히려 당연시하며 떳떳해하는 상황에 빠지게 된다.

과연 그럴까? 하나님의 진리를 온전히 깨닫는 것은 불가능한 것인가? 죄짓지 않고 살아가는 것은 불가능한가? 만일 그렇다면 주님께서 하늘에 계신 너희 아버지의 온전하심과 같이 너희도 온전하라 말씀하실 수 있을까? 또한 사도 요한이 하나님께로부터 난 자마다 죄를 짓지 않는다고 말씀할 수 있을까? 이 외에도 이와 같은 의미의 말씀이 성경 여러 곳에 기록되어 있다. 그렇다면 하나님의 뜻을 알고 그 계명을 지키며 죄를 짓지 않고 사는 것이 가능한 것임을 알 수 있다. 어떻게?

다시 태어나면 된다. 그렇다. 성령과 진리의 말씀으로 거듭나기 전에는 결코 하나님의 나라와 그 진리를 볼 수도 깨달을 수도 없다. 유혹의 욕심을 따라 썩어져 가는 구습을 좇는 옛사람을 벗어버리고 오직 심령으로 새롭게 되어 하나님을 따라 의와 진리의 거룩함으로 지으심을 받은 새 사람을 입으면 된다(엡4:22-23).

어떤 부모도 갓 태어난 아기가 말을 하고 부모의 말을 알아들으며 심부름도 잘하기를 바라며 명령하지는 않는다. 그 아이가 성장해 가면서 걸음마를 하게 되고 개구쟁이 사고뭉치가 되었다가 철이 들고 어른이 될 때까지 그 부모는 그 자식에게 각 성장의 단계마다 그 단계에 맞는 삶을 바라며 요구한다.

그렇다. 하나님께서는 거듭난 자들에게, 자기 아이들의 탄생과 성장과정을 지켜보는 부모의 심정으로 대하신다. 그러므로 거듭난 자들은 부모의 품에 안겨 있는 아기처럼 젖을 먹으며 보호하심을 받는다. 자신의 영혼을 혹사시키지 않는다. 그리스도 예수 안에서 평강을 누리며 그 가르침을 따라 한 걸음 한 걸음 전진해 간다. 그는 개구쟁이 사고뭉치의 단계에 있더라도 예수 안에 거하며, 절뚝거릴지라도 예수 안에 거하여 성령의 인도함을 받는다. 사도 바울의 권면과 같이 자기의 믿음의 분량을 알아 마땅히 생각할 그 이상의 생각을 품지 않고 지혜롭게 생각한다.

예수 그리스도 안에 거하기만 하면 때가 되어 걷게 되고 뛰게 되고 어른이 되어 잉태하고 해산하게 된다. 말씀 안에 거하여 살면 제자가 되고 스승이 된다. 예수 안에 거하여 살면 군사가 되고 장군이 되며 왕 노릇하며 철장 권세로 다스리게 된다. 예수 안에 거하여 살면 인내의 기간이 지난 후에 많은 열매를 맺어 하나님께 영광 돌리며 하나님의 백성들을 다스리며 섬기며 보호할 수 있게 된다.

착하고 좋은 마음으로 말씀을 듣고 지키어 인내로 열매 맺는 자들이 복이 있다(눅8:15).

"대저 젖을 먹는 자마다 어린 아이니 의의 말씀을 경험하지 못
한 자요 단단한 음식은 장성한 자의 것이니 그들은 지각을 사용함
으로 연단을 받아 선악을 분별하는 자들이니라"(히5:12-14 중
13-14).

한 알의 밀이 땅에 떨어져 죽지 아니하면 열매 맺지 못한다

이 땅에는 많은 크리스천이 있다. 위키피디아(Wikipedia) 2010 통계에 의하면 23억이 크리스천이다. 전 세계 인구의 3분의 1 가량이 예수 그리스도를 믿는다.

그런데 과연 그들 가운데 얼마나 되는 이들이 예수 그리스도의 진리를 사모하며 그 가르침을 제대로 이해하고 있을까? 과연 그들에게 있어서 삶의 목적은 무엇일까? 또 그 목적을 이루기 위해 무엇을 해야 하는지를 아는 이들은 얼마나 될까?

예수께서는 한 알의 밀이 땅에 떨어져 죽지 아니하면 한 알 그대로 있고 죽으면 많은 열매를 맺는다고 말씀하시며 자기의 영혼을 사랑하는 자는 잃어버릴 것이요 이 세상에서 자기의 영혼을 미워하는 자는 영생하도록 보존할 것이라고 말씀하신다. 부활하기 위해서는 반드시 먼저 죽어야만 한다는 진리가 담겨 있다.

사도 바울은 부활에 대하여 '어리석은 자여 네가 뿌리는 씨가 죽지 않으면 살아나지 못하겠고…'라고 말씀하고 있다(고전15:36). 신령한 몸의 부활을 위해서는 반드시 육체의 죽음이 전제되어야 한다는 뜻이다.

영의 부활도 이와 마찬가지다. 허물과 죄로 인하여 죽었던 우리(엡2:1)가 다시 살기 위해서는 육적인 가치관을 가지고 살았던 그 생명이 죽어야 한다. 그 생명을 미워하지 아니하면 결코 살아날 수가 없다(요12:25). 세상풍속을 좇고 공중의 권세 잡은 자를 따랐던 그 영혼은 예수 그리스도와 함께 십자가에 못 박히고, 영을 좇아 사는 영혼이 그리스도와 함께 부활해야 하는 것이다(엡2:2, 갈 2:20). 하나님나라의 가치관으로 바뀌어야 한다는 뜻이다.

사도 바울은 "육신을 좇는 자는 육신의 일을, 영을 좇는 자는 영의 일을 생각한다"고 말씀하며(롬8:5), "성령을 좇아 행하라"고 말씀하고 있다(갈5:16). "오직 주 예수 그리스도로 옷 입고 정욕을 위하여 육신의 일을 도모하지 말라"고 말씀한다(롬13:14).

그리스도 안에서 옛사람이 죽고 새사람으로 거듭난 자들에게는 하나님의 진리를 목말라하며 그 말씀을 따르고자 하는 강한 열정이 생긴다. 회개케 하는 영이 그를 인도한다. 착하고 좋은 마음으로 말씀을 듣고 지키어 인내로 결실을 하게 된다(눅8:15). 그러한 자가 바로 영적으로 부활한 자이다. 부활의 열매를 맺은 그 영혼은 드디어 30배 60배 100배의 열매를 맺을 수 있게 된다.

영적으로 부활한 자들은 하나님의 말씀을 순종하는 삶을 살게 된다. 그런데 대단히 실행하기 힘들어 보이는 말씀들을 대할 때에 갈등이 생기고 혹 자포자기하려는 자신의 모습을 보며 흔들리게 된다. 무슨 일을 하든 의식주를 해결해야 하는 우리들에게는 그다지 생각하고 싶지 않은 말씀들인지도 모른다.

육신을 입고 이 땅에서 살아가야 하는 우리들이 어떻게 영의 일을 생각하며 영을 좇아 살 수 있다는 것인가? 약육강식과 불의와 거짓이 판을 치는 세상에서 어떻게 성결할 수가 있다는 말인가? 어떻게 거짓말을 하지 않고 바보같이 살아갈 수가 있는가? 내 오른 편 뺨을 치는 자에게 왼 편을 돌려대고, 나도 먹고 살기 힘든데

구하는 자에게 주고 나에게 꾸고자 하는 자에게 거절하지 말라
니…원수까지도 사랑하고 나를 핍박하는 자를 위하여 기도하라는
말씀이 가당키나 한 것인가? 어떻게 그렇게 할 수 있다는 말인
가?

불가능해 보이는가? 그렇다. 참으로 어렵다. 아니 적어도 나에게
는 불가능하다. 이렇게 고백할 수밖에 없는가? 그러나 속지 말아
야 한다.

예수 그리스도께서는 믿는 우리들에게 참된 자유를 주려고 오신
분이지 자포자기하거나 속박 당하게 하려고 오신 분이 아니기 때
문이다. 걸음마하는 아기에게 뛰라고 하는 부모가 없듯이, 하나님
께서도 그와 같이 하신다. 마땅히 생각할 그 이상의 생각을 품지
말고 각자 자기의 믿음의 분량대로 지혜롭게 생각하며 행하라(롬
12:3). 말씀을 지키려고 하는 이들에게는 그 성장의 단계마다 하나
님께서 그 말씀을 지킬 수 있는 능력을 주신다.

걸음마를 하다가 걷기 시작하고 걷다가 넘어지기도 하며, 크게
다치기도 한다. 그러나 어린 아이가 그 부모를 바라보며 부모를 향
하여 걸음마 하듯이, 예수 안에 거하여 살며 말씀대로 살기 위해
최선을 다하다 보면, 젖을 먹는 단계를 지나 세월이 오랜 후에는
단단한 음식도 마음대로 먹을 수 있게 된다(히5:12-14). 처음에는
속기도 하고 사기를 당하기도 하며, 핍박을 받기도 한다(딤후3:12-
14). 그러나 진리의 말씀대로 살며 인내하는 자들은 의의 말씀과
경건의 능력을 경험하며 결국 지각을 사용함으로 연단을 받아 선
악을 분별하게 된다(히6:14, 딤후3:5). 어떤 상황에서 그 상황에 대

처할 수 있는 말씀을 성령께서 떠올려 주셨다는 확신이 들거든, 짝이 되고 보완할 수 있는 말씀을 찾아서 점검하고 지혜를 구하며 그 말씀대로 행하자. 처음에 시행착오를 범할지라도 포기하지 말고 인내를 가지고 지속적으로 행해야 한다.

선을 행하되 낙심하지 말지니 피곤(포기)하지 아니하면 때가 이르매 거두리라(갈6:9).

열매 맺기 위해서는 반드시 일정 기간이 필요하다

우리는 때때로 너무나 조급하다. 씨를 뿌리고는 곧바로 싹이 나오지 않나 궁금해 하고, 싹이 난 다음에는 얼마나 자랐나, 또 빨리 꽃이 피고 열매 맺게 되기를 기다리는 어린 아이와 같을 때가 적지 않다.

B.C. 586년 남왕국 유다가 멸망하기 전에 그 나라에 선지자 예레미야가 있었다. 2차에 걸쳐서 유다 백성들이 바벨론에 포로로 잡혀간 후에, 예레미야는 시드기야 왕과 남왕국 유다 백성들에게 바벨론 왕에게 항복해야 살 수 있다는 것이 하나님의 뜻이라고 예언한다. 그러나 결국 유다 백성들은 예레미야 선지자의 입에서 나온 하나님의 말씀을 듣지 않고 애굽을 선택하고 애굽으로 피신한다. 이 때에 그들이 예레미야 선지자에게 한 말이 심상치 않다.

"우리가 하늘 여신에게 분향하고 그 앞에 전제를 드리던 때에는 우리가 식물이 풍부하며 복을 받고 재앙을 만나지 아니하였더니 우리가 하늘 여신에게 분향하며 전제드리던 것을 폐한 후에는 모든 것이 핍절하고 칼과 기근에 멸망을 당하였느니라"(렘44:17-18)

과연 이스라엘 백성의 불신앙이 극에 달했었구나 생각하며 그냥 넘어갈 수도 있다. 그러나 이 역사적인 말 속에 숨겨진 하나님의 진리를 깨달아야 한다. 그들이 그 당시 자기들의 처한 상황을 돌아볼 때에 과연 그렇다고 생각되었기 때문에 한 말이지 억지 부리느라고 하는 말이 아님을 아는 것이 진리를 깨닫기 위한 키가 된다.

이스라엘 백성들은 하나님이 선택한 백성으로서 하나님께서는 그들의 신앙에 따라 그들을 훈련해 오셨다. 그들이 하나님의 말씀을 따라 순종할 때에는 평화와 번영이 있었고 그들이 타락하여 하나님의 말씀에 순종치 아니할 때에는 이방인들의 침략을 받거나 기근이 임하는 등 그 타락에 상응하는 벌을 받아야 했다고 성경은 말씀하고 있다. 심은 대로 거둔다는 진리는 성경의 중심을 흐르는 중요한 가르침 중의 하나다. 그런데 이스라엘 백성이 예레미야 앞에서 이와 같은 진리와는 상반된 말을 하고 있는 것 같이 보인다. 무슨 까닭일까?

알고 보면 이상한 일이 아니다. 수많은 크리스천들이 자기도 모르는 사이에 이스라엘 백성들과 같이 그러한 말을 하거나 스스로 속고 있기 때문이다. 교회생활 신앙생활 열심히 하고 있는 크리스천이 무심코 내뱉는 말. 하나님의 뜻대로 순종하며 열심히 살고 있는데 이런 환난을 당하게 되다니? 교회에서 몸이 부서지도록 헌신하고 봉사해 왔는데 돌아오는 것은 가난뿐이요 손가락질만 받지 않는가? 새벽기도까지 드리며 열심히 노력하고 있는데 풀리는 일이 없지 않은가? 하나님의 말씀에 순종하며 산다고 해서 하나님께서 도와주시는 것은 아니야 등등.

또는 이와 반대로, 불신앙이라고 할 수 있는 삶을 살고 있는 크리스천이 당당하게 내뱉는 말. 내 신앙이 잘못되었다면 이렇게 만사가 형통할 수 있는가? 신앙생활 열심히 한다고 할 때는 고되기만 하고 되는 일이 없다가 느긋한 마음으로 하니 평안하고 일도 잘 풀리지 않는가? 과연 이와 같은 말들이 진리에 부합되는가?

심은 대로 거두리라는 것은 하나님의 말씀이요 언약과 같은 것이다. 그런데 문제는 씨를 뿌린 후 오랜 후에야 열매를 거둘 수 있듯이 심는 때와 거두는 때의 사이에 반드시 일정한 기간이 존재한다는 점이다. 성경에서 우리들은 이스라엘 백성들이 타락과 회개가 반복되는 삶을 살았음을 알 수 있다. 그들이 하나님의 말씀에 순종할 때에 한동안 고생은 되지만 점점 윤택하고 순탄한 삶을 살게 된다. 그러나 그러한 풍요 속에서 그들은 여지없이 타락하게 되고 한동안 지속되는 풍요 가운데 불신앙으로 살다가 결국 하나님의 징계를 받게 된다. 이스라엘 백성에게 이러한 삶이 반복되었다.

이스라엘 백성들이 예레미야 앞에서 이상하고 어리석은 말을 한 이유가 여기에 있다. 그들이 하늘여신에게 분향하며 제사 드리던 때에는, 하나님의 뜻대로 순종하며 살았던 때에 심은 것을 거두어들이고 있었기 때문에 모든 것이 풍부하며 복을 받고 재앙을 만나지 않았던 것이다. 그리고 그들이 회개하여 하나님께로 돌아온 때에는 하늘 여신에게 분향하고 제사 드리던 때에 심은 것을 거두고 있었기 때문에 오히려 모든 것이 핍절하고 칼과 기근에 망하게 되었던 것이다. 만일 그들이 지속적으로 하나님의 말씀을 순종하는 삶을 살았더라면 이스라엘의 역사는 달라졌을 것이다.

수많은 사람들이 이와 같은 진리를 간과함으로 혼란스러움을 겪게 되거나, 잠간 선을 행하다가 낙심하거나 포기한다. 낙심하지 아니하고 인내함으로 선을 행하면 마침내 그 열매를 먹을 수 있는데 (갈6:9), 조급한 마음에 돌아서게 됨으로써 바로 앞에 다가오고 있는 열매를 먹지 못하게 된다. 그러므로 하나님의 말씀에 순종하며 영육 간에 좋은 것으로 심어야 할 뿐만 아니라, 낙심하지 말고 인내로 기다려서 그 열매를 먹게 되어야 한다.

영적인 것을 심으면 영적인 열매를 거두고 육적인 것을 심으면 육적인 열매를 거둔다.

선을 행하되 낙심하지 말지니 포기하지 아니하면 때가 이르매 거두리라(갈6:9).

어떻게 열매 맺는 삶을 살까?

너무나 유명한 포도나무 비유가 있다. 크리스천이라면 누구나
한 번쯤은 들어보기라도 했을 것이다. 만약 한 번도 듣거나 읽지
못했다면? 자신이 크리스천이라고 말해도 좋을지 생각해 보아야
할 것이다. 예수 그리스도께서는 다음과 같이 말씀하셨다.

"(1) 내가 참 포도나무요 내 아버지는 그 농부라 (2) 무릇 내게
있어 열매를 맺지 아니하는 가지는 아버지께서 이를 제해 버리시
고 무릇 과실을 맺는 가지는 더 열매를 맺게 하려 하여 이를 깨끗
하게 하시느니라 (3) 너희는 내가 일러준 말로 이미 깨끗하여 졌으
니 (4) 내 안에 거하라 나도 너희 안에 거하리라. 가지가 포도나무
에 붙어 있지 아니하면 절로 열매를 맺을 수 없음 같이 너희도 내
안에 있지 아니하면 그러하리라 (5) 나는 포도나무요 너희는 가지
라 그가 내 안에, 내가 그 안에 있으면 이 사람은 열매를 많이 맺
나니 나를 떠나서는 너희가 아무 것도 할 수 없음이라 (6) 사람이
내 안에 거하지 아니하면 가지처럼 밖에 버려져 마르나니 사람들
이 그것을 모아다가 불에 던져 사르느니라 (7) 너희가 내 안에 거
하고 내 말이 너희 안에 거하면 무엇이든지 원하는 대로 구하라
그리하면 이루리라 너희가 열매를 많이 맺으면 내 아버지께서 영
광을 받으실 것이요 너희가 내 제자가 되리라"(요15:1-8)

적지 않은 크리스천들이 이 말씀 중에 있는 '열매'를 소위 말하
는 '전도의 열매'로 풀이한다. 그러나 여기에서 말하는 열매는 전
도의 열매는 아니다. 성경에서 열매는 '행실', '말', 그리고 '부활(영

생)' 등에 비유되고 있다. 위에서 말씀하고 있는 '열매'는, 성경에서 언급되고 있는, 회개의 열매, 행실의 열매, 성령의 열매, 입술의 열매 등 의의 열매를 뜻한다. 이 열매를 많이 맺으면 하나님께서 영광을 받으실 것이요 그들이 예수 그리스도의 제자가 될 것임을 말씀하고 계시는 것이다(7절).

KJV영어성경의 모체라 할 수 있는 Stephens 헬라원어성경에 보면 위의 말씀 중, '열매를 많이 맺는다'는 문장에 쓰인 단어 '과실'이나 '많이'가 단수로 표기되어 있다. 그 '많은 열매'가 수적이요 양적인 것이라면 당연히 복수로 표기되어야 하지만 여기에서의 열매는 질적인 것을 의미하기 때문에 단수로 표현된 것이다. 흔히 성령의 아홉 가지 열매라고 말하는데(갈5:22-23), 사실은 이 때에도 '열매'는 단수로 표기되어 있어서 성령의 열매가 아홉 개로 나누어져 있는 것이 아니라 그 아홉 가지의 선이 함께 나타날 때 온전한 성령의 열매를 맺었다고 할 수 있다. 또한, 주님께서 "한 알의 밀이 땅에 떨어져 죽지 아니하면 한 알 그대로 있고 죽으면 많은 열매를 맺느니라(요12:24)" 말씀하실 때에도 그 '많은 열매'는 각각 단수로 표기되어 있다. 그러므로 우리가 회개의 열매, 행실의 열매, 성령의 열매, 입술의 열매 등 의의 열매를 많이 맺어가며 우리 주 예수 그리스도를 닮아가게 되고, 그 열매는 궁극적으로 주님의 제자들로 하여금 영적 부활의 열매를 맺게 하는 것이다.

바로 이러한 열매를 맺으려면 '생명나무'요 '포도나무'이신 예수 그리스도 안에 거하라고 말씀하시는 것이다. 그렇다면 '예수 그리스도 안에 거하라'는 계명은 어떠한 삶을 의미하는가? 단순히 '예수 잘 믿어라', '교회 생활 열심히 해라', '성경 공부 열심히 해라' 등 신앙생활 열심히 하라는 뜻인가?

책 '열매 맺는 삶', '성경바로알기', 환생은 없다', 그리고 '예수바로믿기' 등에서 구약의 성소제도와 이스라엘의 역사를 살펴보며 누누이 강조하며 밝혔듯이, 너무도 중요함으로 여기 간단하게나마 알아보고 뒤에서 자세히 살펴보기로 하자.

말씀들 중에 '거한다'로 번역된 헬라어 '메노(μενω)'는 잠시 잠깐 거한다는 의미가 아니라 '영원히 거한다'는 뜻을 가지고 있다. 잠시 동안 그렇게 하는 것이 아니라 평생, 아니 영원토록 항상 예수 안에 거해야 한다는 의미다. 주님께서 "내 살을 먹고 내 피를 마시는 자는 내 안에 거하고 나도 그 안에 거하나니(요:6:56)", "나의 양식은 나를 보내신 이의 뜻을 행하며 그의 일을 온전히 이루는 이것이니라 (요4:34)" 하셨는데, 이 말씀들이 그 근거가 된다.

'살'은 '영의 양식인 예수 그리스도의 말씀(요6:55)'을, '피'는 '대속의 은혜'를 의미한다(고전11:25, 눅22:20). 또한 '영의 양식'은 '말씀'뿐만 아니라, 주님께서 말씀하셨듯이 '하나님의 뜻을 행하며 이루는 일'이다. 흔히 하나님의 말씀을 영의 양식이라고 하는데, 그뿐만 아니라 '하나님의 말씀 따라 사는 것'이 영의 양식이 된다고 말씀하신 것이다.

결론적으로, 예수 안에 거한다는 것은 (1) 예수 그리스도의 진리의 말씀을 먹고 (2) 행하며 (3) 대속의 은총 가운데 사는 것을 말한다. 이와 같이 살려면 늘 기도 드리고 성령을 좇아 사는 삶을 살아야 하는데 이와 같이 살아갈 때에 많은 열매를 맺으며 하나님께 영광을 돌리고 영적 부활의 열매와 영광스런 신령한 몸의 부활의 열매를 거두게 되는 것이다.

예수 안에 거하여 살아감으로 열매 맺는 삶을 살게 되는 이들이 복이 있다.

교만은 패망의 선봉이다 (사탄의 성품)

교만한 자의 아비는 사탄이다. 예수 그리스도께서 진리를 받아 들이지 않는 유대인들에게 말씀하신다.

"너희는 너희 아비 마귀에게서 났으니 너희 아비의 욕심을 너희 도 행하고자 하느니라 저는 처음부터 살인한 자요 진리가 그 속에 없으므로 진리에 서지 못하고 거짓을 말할 때마다 제 것으로 말하나니 이는 저가 거짓말쟁이요 거짓의 아비가 되었음이라(요8:44)."

사탄은 어떠한 자인가? 에스겔 28장과31장에서 '두로왕'과 '레바논의 백향목비유를 듣는 바로왕'을 각각 사탄에 비유하고 있다. 이 세상 역사에 실존했던 바로왕과 두로왕이 사탄의 빼어나게 닮은 자식이므로 그 아비 사탄에 비유되고 있는 것이다. 성경은 사탄에 대해 다음과 같이 말씀하고 있다.

사탄은 완전한 인이었고 지혜가 충족하며 온전히 아름다웠다. 그는 하나님의 동산 에덴에 있어서 온갖 찬란한 진리로 치장하고 모든 행함에 완전했다. 그리고 에덴동산의 모든 나무들이 그를 투기할 정도로 아름다운 나무였었다.(겔31:9) 그러나 그가 아름다움으로 마음이 교만하였고 스스로 영화롭게 하기 위해 그 지혜를 더럽혔다. 그가 교만함으로 "내가 하늘에 올라 뭇 별 위에 나의 보좌를 높이리라, 가장 높은 구름에 올라 지극히 높은 자와 비기리라(사14:12-15)" 결심하고 하나님의 독생하신 아드님께 도전장을 던졌다. 사탄은 자기와 교제하고 자기를 따르는 자가 많아지므로 교만하게 되었던 것이다.

이에 대하여 하나님께서는 "네가 죄악이 많고 무역이 불의하므로 네 모든 성소를 더럽혔음이여 내가 네 가운데서 불을 내어 너를 사르게 하고 너를 목도하는 모든 자 앞에서 너로 땅 위에 재가 되게 하였도다" 말씀하신다(겔28:18). 이 말씀의 뜻은 사탄이, 하나님의 성전 즉 성소(고전3:16-17)가 되는 크리스천들로 하여금 선악과를 먹게 함으로 타락하게 하고 있으며, 결국 사탄은 그가 가르치고 유혹하는, 도적질한 진리의 말씀, 즉 그 불로 인해 결국 살라지게 되고 심판을 받아 이 땅 위에 재로 남게 된다는 말씀이다.

이미 그는 예수 그리스도로 인하여 패배하였으나(눅10:18, 마28:18, 계12:9) 그 사탄은 세상 끝까지 그의 사망권세, 공중권세를 가지고 여전히 그를 보여 성전에 앉아 자기를 보여 하나님이라고 할 것이며(살후 2:4), 그 자식들인 적그리스도들을 생산하여 그를 닮게 함으로, 세상 끝까지 재기를 꿈꾸며 천하를 꾀는 자로 남을 것이다.

그러나 예수 그리스도께서는 그의 기름부음 받은 자들을 성령과 진리로 거듭나게 하심으로 이 세상의 제사장이 되게 하시고(벧전 2:9) 사탄의 자식들로부터 당신의 백성들을 지키고 보호하게 하신다.

다윗이 성령의 감동으로 기록한 시편 110편에 "여호와께서 내 주에게 말씀하시기를 내가 네 원수로 네 발판이 되게 하기까지 너는 내 오른쪽에 앉으라 하셨도다 여호와께서 시온에서부터 주의 권능의 규(圭·珪, 홀)를 내보내시리니 주는 원수 중에서 다스리소서" 하신 말씀이 바로 이와 같은 하나님의 섭리에 대한 예언이다.

사도 바울은 이 예언이 이룬 것에 대해 "주님께서 모든 원수를 그 발 아래 둘 때까지 반드시 왕 노릇하실 것(고전15:25)"이라 증거하고 있다.

시편의 말씀처럼 승천하신 주님께서는 '권능의 규'을 내어 보내어 '원수 중에서' 다스리신다. '원수 중에서'라 함은 원수된 사탄이 여전히 그의 자식들을 생산하여 할 수만 있으면 택한 자라도 미혹하기 위해 공중의 권세를 잡고 있는 이 세상을 뜻한다. '권능의 규'는 무엇인가? 왕권을 상징한다. 성령과 진리로 거듭나서 첫째 부활로 나온 자들, 왕과 제사장으로 기름부음을 받은 자들을 뜻한다(벧전2:9, 계1:6). 그들은 이 땅에 이루어진 하나님의 나라에서 왕 노릇하며 백성들을 섬기는 자들이다. 그들은 진리의 말씀으로 목 베임을 받은 자 즉 자기를 부인하는 자들이요, 사탄과 그 우상에게 경배하지 않는 자들이다(계20:4, 요12:24-25) '우상 숭배'에서 밝혔듯이 자기 욕심을 채우기 위해 "자기가 만들어 믿는 하나님"인 우상, 그 우상을 경배하지 않는 거듭난 자들이 살아서 왕 노릇하게 하심으로 하나님의 백성들을 원수 중에서 다스리시는 것이다.

사탄의 특징은 무엇인가? 독생자 예수 그리스도보다 자기를 더 높이려고 한다. 이를 위해 진리를 가지고 거짓을 지어 말한다. 마귀는 '왕의 왕'이 되신 예수 그리스도의 가르침과 그 진리가 부족한 것인 듯 그 위에 앉아, 그 예수 그리스도의 진리에 악한 가르침을 섞거나, 사람의 교훈이나 계명이나 의식이나 전통을 만들어 지키게 하거나, 자기가 만든 진리의 체계나 가르침을 더 우위에 두려고 한다. 마귀를 따르는 거짓 선지자들과 그 무리들도 이와 같다.

그 아비 마귀를 닮아 진리에 대하여 거짓말하는 자들이다. 이러한 자가 바로 적그리스도요 인간 재림주이며 그들의 영을 따르는 거짓선지자요 사람들이다.

하나님의 성전인 사람들의 마음을 미혹하고 속이며 그들을 지배하고 그 위에 앉으려 하거나, 하나님의 진리 앞에서 자기의 생각과 지식을 고집한다. 이러한 사탄의 씨가 마음에 뿌려진 자는 그 누구도 사탄의 교만함을 닮게 되는 것으로부터 자유로울 수 없다. 그러므로 교만은 멸망의 선봉이 되는 것이다.

지금 누구에 대한 말을 하고 있는가? 아무게 장로, 아무게 권사, 아무게 성도에 대해 지적하고 있는 것인가? 하나님의 진리를 아래에 두며 대적하며 높아지고자 하는 교만한 자가 누구인가?

"수고하고 무거운 짐 진 자들아 다 내게로 오라 내가 너희를 쉬게 하리라 나는 마음이 온유하고 겸손하니 나의 멍에를 메고 내게 배우라 그리하면 너희 마음이 쉼을 얻으리니 이는 내 멍에는 쉽고 내 짐은 가벼움이니라" 말씀하신다.

높아지고자 하는 마음을 버리고, 스스로 낮아져서, 온유하고 겸손하신 주님의 음성을 듣는 이들이 복이 있다. 그리하여 그 마음이 쉼을 얻고, 쉬운 멍에와 가벼운 짐을 지고 한걸음 한걸음 하나님의 나라를 향하여 걸어가는 이들이 복이 있다.

본다고 하니 너희 죄가 그냥 있느니라

예수 그리스도께서 어느 안식일에, 나면서부터 소경된 자를 고치셨다. 이것을 본 외식하는 바리새인들이 주님을 판단하여 "이 사람이 안식일을 지키지 아니하니 하나님께로 온 자가 아니다" 말한다. 얼마나 어처구니없는 판단인가? 한갓 인간이 만들어 놓은 의식과 전통에 얽매여 본질을 외면하는 말이 아닌가?

그 후에 주님께서 이 소문을 듣고 바리새인들 앞에서 하시는 말씀이, "내가 심판하러 세상에 왔으니 보지 못하는 자들은 보게 하고 보는 자들은 소경 되게 하려 함이라. 너희가 맹인이 되었더라면 죄가 없으려니와 본다고 하니 너희 죄가 그대로 있느니라(요 9:41)." 하신다. 외식하는 자들을 향한 심판의 말씀이다.

다시 말하자면 외식하는 자들은, 영적으로는 소경이지만 자신이 소경이 아니라고 믿는 사람이다. 성령과 진리로 거듭나지 못한 고로 영적인 눈을 뜨지 못해서 소경이지만, 그들이 스스로 소경이 아니라고 믿는 근거는, 그들이 외식하고 있듯이, 무엇이 옳은 일인지를 알고 있기 때문이다. "하나님을 향한 신앙이 올바르고 그 중심이 의로운 사람이라면 어떠한 모습일 것이고 이러 저러한 언행을 하게 될 것이니, 나도 그렇게 모양을 갖추고 말하고 행동하면 남들이 나를 그렇게 보아줄 것이다.

이러한 생각을 가진 외식하는 사람의 실체를 잘 살펴보자. "하나님을 향한 신앙이 진실하고 그 중심이 의로운 사람이 되는 것"이 선한 일임을 분명히 알고 있다. 그리고 그 의로운 사람은 경건의 훈련을 통하여 영육 간에 변화되었기 때문에 외적으로도 경건하게 보일 수 있다는 사실을, 외식하는 사람들은 알고 있다. 그러나 그렇게 살아가는 일이 어렵고 힘들며 어리석어 보이고 손해보는 일이며 인내해야 하는 고통스러운 좁은 길인 줄 아는 고로, 정작 자기 자신은 그렇게 살기를 거부하고 쉬운 쪽, 즉 외식하는 쪽을 선택한다. 겉으로만 거룩한 척하는 것은 조금만 노력하면 누구나 할 수 있다. 당신의 몸에 못질하는 자까지도 용서하여 달라고 기도하신 주님께서 유독 외식하는 자들만은 저주하셨다.

주님의 말씀대로, 속에는 음란과 도적질과 살인과 간음과 탐욕과 악독과 속임과 음탕과 흘기는 눈과 훼방과 교만과 어리석음 등 악한 생각이 살아 있고(막7:21-23), 독한 시기와 다툼이 있고(약3:14), 거리낌 없이 음행과 더러운 것과 호색과 우상숭배와 술수와 원수를 맺는 것과 분쟁과 분냄과 당 짓는 것과 분리함과 이단과 투기와 술 취함과 방탕함과 그와 같은 것들(갈5:19-21)을 저지르면서도, 교인들 앞에서 좋은 장로, 좋은 집사, 좋은 권사, 좋은 교인으로 인정받고 있다면, 바로 그들이 외식하는 이들인 것이다. 외식하는 이들이 자신의 모습을 볼 수 있게 된다면 가슴을 찢고 회개하여 돌이켜야 한다.

"너희 죄가 그저 있느니라" 하신 주님의 말씀대로 그들의 죄가 사함 받지 못하고 있기 때문이다. 외식하는 이들은 결코 성화될 수 없다. 말씀대로 살기를 추구하지 않기 때문이고, 추구할 수도 없기 때문이다. 주님께서 "너희 죄가 그저 있다" 하셨으니 죄도 사함 받지 못한다는 뜻이다. 아무리 새벽기도회에 참석해서 부르짖으며 기도드린다 해도 그들에게는 사망이나 불 가운데서 얻는 구원이 주어질 뿐이다.

하나님의 백성들이라면 마땅히, 그와 같이 부족한 면들을 가지고 있었다 할지라도 때가 오랜 후에는 정금과 같이 되어야 한다. 장성해 가면서 어렸을 때 하던 불경건의 악습들을 버려야 한다. 그리하여 예수 그리스도의 진리의 말씀 안에 거하여 살아 때가 되면 제자가 되고, 연단과 인내의 과정을 거치며 진리를 알게 되어 자유함을 누리게 되어야 한다.

내 안에 하나님의 씨로 가득 채워질 때, 우리는 죄를 범치 않게 되는 것이며, 사탄의 씨가 하나라도 남아 있다면 우리는 언제든지 죄를 범할 수 있게 되고 죄의 종됨(롬6:16)을 알아서, 내 속에 있는 사탄의 씨 즉, 사탄의 말이나 사탄의 사상이나 사탄이 발붙일 수 있는 모든 악한 감정을 완전히 제거해야 하는 것이다.

교만한 자의 말같이 들리는가? 성경에 없는 말을 하고 있는가? 탁상공론으로 들리는가? 불가능한 일을 말하고 있는가? 자기도 행치 못하고 있는 일을 말하고 있는가? 아니다. 예수 그리스도의 안타까운 음성을 들려주고 있는 것이다.(계3:20)

적지 않은 사람들이 로마서 7:16-25에 죄를 원치 않는 자기 속에 악이 함께 있어 괴롭힘을 당하는 자신의 모습을 보며-소경이 아니므로 볼 수 있음- "오호라 나는 곤고한 사람이로다 이 사망의 몸에서 누가 나를 건져내랴?" 탄식하는 사도 바울의 말씀을 오해해서 사도 바울도 어쩔 수 없이 죄를 범하곤 했는데, 하물며 나 같은 사람들이랴? 자조하며 거리낌 없이 죄를 범하는 크리스천들을 볼 수 있다. 베드로 사도가 말한 대로 사도 바울의 서신서 중에 이해하기 어려운 말을 아전인수 격으로 해석하여 멸망에 빠지는 사람들의 해석인 것이다(벧후3:14-18).

사도 바울은 결코 죄를 짓고 있는 자신의 모습에 대하여 그렇게 표현한 것이 아니다. 만일 그렇다면 그러한 바울이 "죄를 짓지 말라, 죄를 짓는 자는 죄의 종이다 말할 수 있겠는가?(롬6:15-16) '성경을 억지로 풀지 말라' 편에서 더욱 확신하게 될 것이다.

노력하다가 실수하여 손가락질 받을지언정 외식하지 않는 자가 복이 있다.

☞ 이제 잠깐 책을 덮어 두고

휴식하시기 바랍니다

이 책을 단 번에 다 읽겠다고 서두르지 마세요.

한 번에 이 책의 내용을 다 소화하실 수는 없을 것입니다.

쉬었다가 앞의 내용을 다시 한 번 읽어 보고

마음속에 정리하고 넘어가세요.

그리고 생각날 때마다

이 책을 열어 읽어 보세요

지속적으로 생수의 강이 흘러날 것입니다.

이웃과 이 기쁨을 함께 나누시기 바랍니다.

진화론과 무신론에 미혹되어 있는 이웃들이 적지 않습니다.

그들에게도 권할 수 있는 책입니다.

이제부터 살펴볼 내용들은

다소 익숙하지 않은 과학적인 용어들을 사용합니다.

그러나 그 용어들에 대하여도 간략하게 설명하였기에

주의 깊게 정독하신다면

무난히 이해하실 수 있으리라

믿습니다.

'만들어진 신'(THE GOD DELUSION)의 저자
리처드 도킨스의 무신론과 진화론의 허구(1)

    영국 옥스퍼드 대 석좌교수인 Richard Dawkins는 세계적으로 유명한 무신론 및 진화론의 옹호자다. 세계를 두루 다니며 강연을 하고 있는데, '이기적인 유전자', '눈먼 시계공' 등 세계적인 베스트셀러 작가이기도 하다.

    크리스천 대부분이 무신론을 수용하지도, 할 수도 없지만, 적지 않은 이들이 별로 경계심 없이 진화론을 용인하며 심각하게 생각하지 않고 있다. 이러한 상황은 매스컴에서도 발표되고 주변에서도 흔히 확인해 볼 수 있다. 대진화가 과학적인 양 포장되어 각 급 학교에서 가르쳐진 이후 무신론은 진화론을 등에 업고 크리스천들의 마음에까지 침투해 들어오고 있고, 큰 위협이 되고 있다. 진화론을 등에 업은 무신론자들은 창조론을 부인할 뿐만 아니라, 이제 하나님의 인격과 존재마저 부정하기 위해, 성경에 나타난 오류와 비인격적이고 비합리적인 사건들을 문제 삼아 공격을 하고 있다.

    그러나 기독교계에서는 자체 모순에 빠질 염려 때문에 강력한 대응책을 마련하지 못하고 있다. 그들이 지적하고 있는 "성경에 있는 오류나 비합리적이거나 비인격적인 문제들"은 누가 보아도 외관상 너무나 뚜렷하다. 그러므로 기독교계에서 성경무오 설을 옹호하는 한, 그들을 이길 수도 납득시킬 수도 없는 입장이다. 한편, 성경의 오류와 심각한 문제점에 대한 그들의 주장을 인정하게 되면, "성경이 하나님의 감동으로 된 것이기 때문에 오류가 없다"

고 가르치며 "하나님의 말씀을 절대적으로 믿고 순종해야 한다"고 가르쳐 온 기독교의 교리가 뿌리째 흔들릴 수밖에 없게 된 상황이다.

도킨스는 그의 책의 서문에서 "이 책이 내가 의도한 효과를 발휘한다면, 책을 읽기 시작했을 때 종교를 가졌던 독자들이 책을 다 읽은 후에는 무신론자가 되어 있을 것이다" 말한다. 만일 자기 책의 독자가 무신론자가 되지 않는다면 그 독자는 독실한 신앙인으로서 이러한 논리에 잘 면역이 되어 있기 때문이라고 자신 있게 말한다. 과연 그럴까?

그는 자기의 논리가 창조론자의 날카로운 반증에 심각한 타격을 입게 될 것을 알기에, 그 예상되는 반증과 유사한 말을 열거 하면서 그 반증이 어리석은 논리인 양 매도하며 선제공격하는 지혜로움까지 보이며, 자신 있게 그의 허구적인 논리를 펼치고 있다. 그리고 그의 주장 중에 과학적으로 논증되거나 입증되지 못한 사항들은 앞으로 입증될 것이며 그것은 시간을 필요로 할 뿐이라는 억지를 부린다.

그의 논리 중 대부분이 마치 언어의 유희를 즐기는 듯 유려하고 자신만만하게 자신이 터득한 과학적인 지식을 총 동원하고 있다. 그러나 대부분 일방적이거나 자체적으로 모순을 지니거나 적절치 못한 예를 들고 있다. 참으로 반론의 가치조차 없고 시간이 아깝지만 이 논리에 흔들리는 이들이 적지 않다 하니 여기서는 그의 억지 주장에 대해 중요한 몇 가지만 지적하고자 한다.

도킨스가 오로지 신봉하고 있는 다윈의 '자연선택설(theory of

natural selection)'은 그에게 있어서 '하나님'이며 그의 모든 주장의 근거다. 그리고 "종과 종 사에에도 진화가 일어난다는 대진화 가설"이 과학적인 양 가장하고 있다. 각 급 학교에서 조차 '대진화 가설'이 과학적인 이론인 것처럼 인정되고 있기 때문이다. 그러므로 이 '대진화 가설'이 거짓임이 입증된다면 그의 모든 논거는 허무가 된다. 선입관을 버리고 이 이론이 과학적인 사실인지 또는 허구인지를 과학적인 사실에 비추어 살펴보자.

다윈은 1859년 '종의 기원'으로 잘 알려진 '자연선택에 의한 종의 기원에 관하여'라는 논문을 발표한다. 그는 이 논문에서 '자연선택설'을 주된 이론으로 삼는다. 육지와 1000킬로미터나 멀리 떨어져 고립되어 있는 19개의 섬으로 되어 있는 갈라파고스 제도에서 관찰한 결과, 다윈은 서로 다른 환경의 섬에서 생활하는 같은 계통의 생물에서 크고 작은 변이가 있음을 발견한다. 그리고 이것이 다윈이 '종의 기원'이라는 논문을 쓰는데 결정적인 영향을 주게 된 것이다.

'자연선택설'은 어떤 생물이 가지고 있는 형질이 후대로 전해 내려 올 때, 자연 선택을 통하여 그 생물이 생활하고 있는 환경에 가장 적합한 형질만이 선택되어 살아남아 내려옴으로써 진화가 일어난다는 논리다. 이 때 주위 환경의 자원은 한정되어 있기 때문에 같은 종이나 다른 종의 개체와 경쟁하여 우월한 것은 살아남고 부적합한 것은 멸망해버린다는 생존경쟁의 이론도 주장한다. 이것은 하나의 가설임에도 불구하고 그 당시에는 거의 전례가 없던 독창적인 것으로서 주목을 받게 된다.

'종과 종 사이의 진화'를 가정할 때 이것을 '대진화'라 하고, '같은 종 내에서 진화'하는 것은 '소진화'라고 한다. '종과 종 사이의 진화'란, 쉽게 예를 들어 고양이가 호랑이로 진화하거나, 멧돼지가 코끼리로 진화할 수 있다는 이론이다. 한 편 '같은 종 내에서의 진화'란 코끼리 종류 내에서 어떤 진화가 있을 수 있다는 이론이다. 진화론자는 종이 서로 다른 어떤 생물들이 서로 비슷하게 생긴 기관들(상동기관)을 가지고 있을 경우 그 생물들이 공통조상으로부터 진화한 것을 증명한다고 주장한다. 물론 이 상동기관에 관한 이론은 "같은 종 내에서의 소진화"에 관련해 논할 때에는 그 소진화를 뒷받침하는 과학적인 이론이 된다. 그러나 그렇다고 해서, 대진화 즉 종과 종 사이의 진화에 있어서도 마찬가지가 되는 것은 아니다. 만일 대진화에 대한 가설이 과학이며 진실임이 증명되려면 두 가지의 과학적인 사실이 뒷받침되어야 한다.

  첫째, '대진화의 가설'이 과학적인 이론이 되려면 종과 종 사이의 진화를 증명하는 화석이 존재해야 한다. 그러나 이러한 화석은 '빠진 고리'라고 하여 지금까지 발견되지 않고 있다. 현재 존재한다는 화석들에 근거하여 만들었다는 복원도들은 뼈 몇 조각을 가지고 일러스트들이 그려낸 상상화에 불과하다. 태곳적부터 지금까지 오랜 기간 동안 자연선택에 의해 서서히 진화한다는 '대진화의 가설'을 과학적인 이론으로 인정하자면, 현재 지구상에는 종과 종 사이에 비슷하게 생겼으나 조금씩 진화되어 차등화된 수많은 생물들이 차례로 무수히 존재해야 하는 것이다. 그러나 이러한 동물들은 존재하지 않는다.

또 한 가지는 '생명체의 자연 발생'을 증명해야 한다. 진화론자들은 아메바와 같은 저급의 생명체가 자연 발생하여 점차 종에서 종으로 진화하여 고등동물까지 진화해왔다고 주장하는데, 과학이 최고조로 발달한 지금까지도 '생명체의 자연발생'을 실험을 통해 증명하지 못하고 있다. 더구나 다윈이 종의 기원을 발표한 2년 뒤인 1861년 프랑스의 화학자 파스퇴르(Louis Pasteur)가 S자 형 플라스크를 만들어 미생물조차도 그 어버이가 없으면 스스로 생길 수 없음을 증명했음에도 불구하고, 여전히 생명체가 자연발생했다고 주장하고 있다.

진화론을 신봉하는 과학자들이 인위적인 방법을 총 동원하여 생명체가 발생할 수 있는 최적의 환경을 만들어 2012년 현재까지 150년 동안 실험해 오고 있으나 '인위적인 환경 속에서의 생명체 발생'조차 실패함으로, 그들의 '자연발생설'을 증명하지 못하고 있다. 이에 대해 도킨스는 "자연발생이 있을 수 없다"는 사실을 믿을 수 없으며, 실험실에서 이러한 연구를 위해 돈을 쓰는 것은 분명히 가치 있는 일이라고 말한다. 진화론의 허구(2)에 연결해 보자.

'만들어진 신'(THE GOD DELUSION)의 저자
리처드 도킨스의 무신론과 진화론의 허구(2)

　진화론의 허구(1)에서 다윈의 가설 중 그 근간이 되는 '대진화의
가설'이 과학적으로 뒷받침되고 있지 않음을 간략하게 살펴보았다.
또한 도킨스가 그의 모든 주장의 근거로 삼고 있는 논리 중의 하
나인 '자연선택설'은 '소진화'에 국한된 것임을 논하였다. '자연선
택'이, "진화가 같은 종 내에서만 일어난다는 소진화"에 국한되기
때문에, 도킨스가 논박하는 '하나님의 천지창조'는 오히려 진리로
받아들일 수밖에 없다.

　놀랍게도 이미 1980년 시카고에서 열린 세계진화론자 학회에서
소진화의 증거가 곧 대진화의 증거가 될 수 없음을 분명히 했다.
그곳에는 진화론과 관련된 생물학, 분자생물학, 진화 유전학, 화석
학, 해부학 등 세계적 권위를 가진 진화론자 160명이 참석했다. 그
들의 대표로, 진화론자인 R. Lewin 박사가 이 시카고 학회에서 논
의된 결과를 요약하여 '사이언스(Science)'지에 기고했는데, 그 원
문 중에 다음과 같은 내용이 있다.

　"시카고에서 열린 컨퍼런스에서 가장 중요한 질문은 이것이었
다. 소진화를 일어나게 하는 메케니즘을 이용(추론)하여 대진화 현
상을 설명할 수 있나? 그 모임에 참석한 많은 학자들의 지위를 무
너지게 할 수 있음에도 불구하고, 이 질문에 대한 답은 분명한
"No"라고 할 수 있다"고 말했다. 대진화의 증거를 아직까지 발견
하지 못했다는 뜻인데, 진화론자들의 양심선언이었던 것이다.

소진화만이 과학적인 이론으로 인정되고 있지만, 도킨스는 자연선택이 대진화에도 일어나는 것처럼 당연하고 뻔뻔하게 숨기고 있다. 그는 또 다음과 같이 거짓을 말한다.

"생물의 사체들 중 화석으로 남는 것은 극히 일부에 불과하며, 지금처럼 중간단계의 화석들(빠진 고리)을 많이 발견한다는 것 자체가 우리에겐 행운이다. 화석이 아예 없을 수도 있지만, 여전히 분자 유전학과 지리적 분포 같은 다른 원천들로부터 얻은 진화의 증거들은 압도적일 정도로 강력하다."

얼마나 뻔뻔한 거짓말을 과학이란 미명하에 하고 있는가? 수없이 오랜 세월 동안 자연선택을 통하여 조금씩 진화되었다면 반드시 한 종에서 다른 종으로 진화되기 위하여 거쳐야 하는 조금씩 차등 있는 무수한 동물이나 식물들이 그 화석이 발견된 지질대에서 발견되어야 하고, 현재에도 그야말로 셀 수 없을 정도로 그러한 동식물이 존재해야 한다. 결과적으로 화석이 발견되는 곳에서는 이러한 현상의 그림자라도 보여져야 하는데, 그러한 표본이 전혀 없다. 그런데 도킨스는 소진화를 보여주는 소수의 화석을 마치 대진화를 증명하는 중간화석 즉 '빠진 고리'인 양 속이고 있으며, 또한 그 증거들이 많은 것처럼 말하고 있다.

다시 강조하거니와 그의 모든 주장의 근거가 되는 '자연 발생설과 대진화 가설'은 150여 년 동안 과학적으로 관찰되거나 측정 또는 실험을 통해 증명되지 못한 가설로 남아 있을 뿐이며, 명백한 허구다. 그럼에도 불구하고 도킨스는 집착에 가까운 주장을 한다. 만일에 대진화가 없다고 할지라도 창조론이 그 대안이 될 수는 없다는 것이다. 다른 그 어떤 것이 있을 수 있다는 논리다.

그의 억지 주장을 하나 더 살펴보자. 뛰어난 물리학자이자 우주론자인 영국의 프레드 호일(Fred Hoyle)이 그의 '보잉 747 비유'와 '시조새 화석 사기사건'을 언급한 것에 대해, 마치 '자연선택'에 대해 기본도 이해하지 못한 어린애 취급을 하며, "자연 선택을 진정으로 이해하려면 그 안으로 뛰어들어 깊이 몸을 담그고 수영을 해보아야 한다"고 비아냥거린다. 그의 하나님인 '자연선택설'에 비이성적으로 깊이 빠져보라는 말을 하고 있는 것이다.

그러나 고맙게도, 도킨스의 주장이 '자연선택설과 연계한 대진화의 가설'이라는 허구에 근거를 두고 있음을 깨닫는 순간, 독자들은 그가 열거한 반론들이 여지없이 하나님의 창조를 뒷받침하는 진리에 관한 논리들로 원용될 수 있다는 사실에 놀라게 될 것이다. 하나님은 악을 선용하시는 분이심을 알 수 있지 않은가?

한편 도킨스는 '구약성서' 편에서 인간의 이성으로는 도저히 용납할 수 없는 잔혹하고 비 지성적인 일들이 신앙이라는 이름으로 자행된 기록이 적지 않음을 지적하고 있고, '신약성서'는 이보다는 개선된 면이 있으나 여러 가지 인위적으로 그 기록이 조작된 증거들이 있다고 그 내용들을 나열하고 있다.

2007년 초판이 발행된 리처드 도킨스의 '만들어진 신'보다, 15년 전인 1992년에 출간된 '열매 맺는 삶'과 1995년에 출간된 '환생은 없다'에서 밝혔듯이, 성경에는 가시덤불과 엉겅퀴와 같은 기사(story) 속에 하나님의 진리가 비유로 감추어져 있다는 사실을, 무신론자인 도킨스는 간파하지 못하고 있는 것이다. 이에 대하여는 본 책 '성경에 있는 가시덤불과 엉겅퀴'에서 설명하고 있다.

도킨스가 심혈을 기울인 그의 책 'THE GOD DELUSION(만들어진 신)'에서 단 하나 의미 있는 말을 했는데, 마르틴 루터가 "이성은 신앙의 가장 큰 적이다. 그것은 영적인 것에 결코 도움이 되지 않는다. 크리스천이 되고자 하는 사람은 누구든 이성으로부터 시선을 돌려야 한다"고 말한 '치우친 주장'을 지적한 일이다. 하나님은 지성적이시며, 회개한 자에게는 당신의 진리를 이성적으로 깨닫도록 성령으로 인도하시는 분이기 때문에 마르틴 루터의 주장은 틀린 것이다.

하나님의 진리는 결코 비이성적인 것이 아님을 깨닫는 이들이 복이 있다. 진화론의 허구(3)으로 넘어가 보자.

만들어진 신'(THE GOD DELUSION)의 저자
리처드 도킨스의 무신론과 진화론의 허구(3)

도킨스의 억지 논리, 상대방에 대한 비아냥거림과 그의 무지는,
그의 책 중의 '인본원리 행성 편'에서도 빛을 발한다.

생명체가 존재할 가능성이 있는 영역인 골디락스 영역에 지구와
같은 행성이 존재할 확률과 SETI의 역할에 대해 논한다. 우리 은
하에는 10억 내지 300억 개의 행성이 있고 우주에는 이와 같은 은
하계가 약 1,000억(10^{11})개가 존재하고 있다고 도킨스는 말한다. 그
러나 아시다시피, 일반적으로 천체물리학에서는 무엇이 옳다는 정
설이 없을 정도로 그 숫자에 대한 주장이 분분하며 보다 더 많아
질 가능성도 배제할 수 없다.

필자는 한 은하계에, 도킨스의 주장보다도 더 많은 1,000억(10^{11})
의 행성이 있고, 온 우주에 1,000억(10^{11})의 은하계가 존재한다는
주장에 근거를 두고 말하려 한다. 이 숫자는 도킨스가 말한 최대
숫자의 3배 이상 되는 것이니 독자들도 만족하리라 믿는다. 골디
락스 영역이란 '너무 차갑지도 않고 뜨겁지도 않은, 적당한 온도의
지대'라는 뜻으로 '생명체가 거주할 가능성이 있는 영역(Habitable
Zone, 이하HZ라 한다)'을 뜻한다. 도킨스는 보수적인 측정값을 산
출하기 위해 0을 몇 개 떼어 내고 우주의 쓸 만한 행성의 수를 줄
여서 1000만 조(10^{19})개로 잡는다고 거들먹거린다. 그러나 우주에
있는 행성의 수는 더 많아서 10^{11}에 곱하기 10^{11} 해서 10^{22}이나 된
다. 도킨스가 거들먹거리며 줄인 숫자의 1000배가 되는 수다.

프랭크 드레이크(Frank Drake)는 미국의 천문학자이자 천체물리학자다. SETI를 창설하고 드레이크 방정식을 만들었다. 그는 외계에 인간과 같은 지성을 가진 생명체가 존재할 것으로 확신하고, 그 외계인이 존재할 확률이 얼마나 될지 산출하기 위해 한정요소(parameter)를 정하고 공식을 만들었다.

은하계의 별들의 숫자10^{11}에다가 태양만한 별(항성)들이 존재할 한정요소의 확률을 0.5%로 하여 곱하고, 여기에다가 행성을 지닌 항성들의 확률 10%를 곱하고, 계속해서 HZ(생명체가 거주할 수 있는 영역) 안에 있는 행성 중 생명체가 발생하여 진화할 확률 50%, 지능을 가진 생명체가 있을 확률 20%, 지능을 가진 생명체가 외계와 통신 가능한 기술을 획득할 확률 20%, 통신 가능한 문명이 지구의 문명과 동시에 존재할 확률 20%를 모두 차례로 곱하면 그 값이 10이 된다. 즉 한 은하계에 드레이크 방정식을 만족할 만한 행성이 10개 정도가 되고 거기에 외계의 생명체가 존재할 수 있다고 본 것이다.

그러나 그가 정한 한정요소는 일반적으로 천체물리학자들이 잡는 한정요소에 비해 너무 적다. 한정 요소가 적을수록 그 산출된 값 즉 외계에 생명체가 존재할 확률은 커질 수밖에 없다. 또한 그가 정한 한정요소들의 확률 또한 비 이성적으로 대단히 높다. HZ 안에 있는 행성 중 생명체가 발생할 한정요소의 확률을 50%나 잡은 것에서 볼 수 있듯이 그의 선입관이 터무니없는 방정식을 만들게 된 것이다. 그의 방정식에 따르면 10^{11}개의 은하계가 존재하므로 그 방정식을 만족할 만한 행성은 10개에 곱하기 10^{11} 해서 10^{12}

이나 되어 온 우주에 외계인들로 가득해야 한다.

　그러나 반면에 지구와 같이 생명체가 존재할 수 있는 행성은 매우 드물다고 주장하는 행성천문학, 지질학, 고생물학과 우주생물학 등 분야의 학자들이 있는데, 그들의 논리를 "희귀한 지구 가설"이라 부른다. 그 중에 캐나다의 휴 로쓰(Hugh Ross)가 있다.

　그는 드레이크 방정식과 유사한 방식으로, 지구와 같은 행성이 존재하기 위한 한정 요인을 74개로 정하여 각각 과학적인 근거를 따라 그 확률을 정하고 곱하여 지구와 같은 행성이 존재하기 위한 확률을 산출해 내었는데, 그 결과가 10^{-99}이 나왔다. 마이너스 99제곱이다. 10^{-99}는 우주에 존재하는 10^{22}의 행성으로는 도저히 감당할 수 없는 수치며, 만약 한정 요인의 확률을 높인다고 해도 지구와 같은 또 다른 행성이 존재할 가능성이 없음을 증거한다.

　휴 로쓰의 한정 요인 중 중요한 몇 가지를 살펴본다면 다음과 같다.

　행성인 지구가 있는 태양계 그리고 그 중심에 있는 항성인 태양이 은하계의 중심부를 벗어나서 HZ에 있어야 한다. 은하계 중심으로 갈수록 초거성들이 지속적으로 폭발하기 때문에 각종 전자기파가 엄청난 양이 방출되므로 생명체가 살아남을 수 없기 때문이다. 이와 같이 항성이 HZ에 있을 한정요소의 확률은?

　지구가 속한 태양계에서는 거대한 목성이 있어서 지구에 보호막 구실을 해주고 있다. 목성이 그 인력으로 우주공간을 떠도는 운석을 잡아당겨 떨어지게 하지 않는다면 지구는 그 위험에 항상 노출될 수밖에 없다. 이러한 목성을 보호막으로 갖고 있을 한정요소의 확률은?

대부분의 행성들은 타원형의 궤도를 가지고 있으나, 지구는 태양의 주위를 원에 가까운 궤도를 그리며 공전하고 있어서 HZ를 벗어나지 않는다. 이 한정요소의 확률은?

지구에 달이 없다면 지구는 자전축이 없어서 하루는 북극이 남극이 될 수도 있고 그 다음날에는 적도로 변할 수 있다. 이와 같이 행성의 자전을 잡아줄 달과 같은 위성이 존재할 한정요소의 확률은?

지구상에는 맨틀의 움직임으로 지각변동(지진)이 일어나곤 하지만, 이 맨틀의 움직임으로 인해 전자기장이 지구를 덮어서 태양으로부터 오는 해로운 방사선을 막아줌으로써 생명체들이 살아남을 수 있다. 이와 같은 전자기장이 존재할 한정요소의 확률은?

지구에는 생명체를 이룰 원소들이 풍부하다. 이와 같이 풍부한 원소들을 갖게 될 한정요소의 확률은? 물을 갖고 있을 한정요소의 확률은? 대기를 일정온도로 유지하는 이산화탄소가 존재할 한정요소의 확률은? 등등 74개의 한정요인이 있다.

이러한 한정요소들과 그 확률을 이성을 가지고 살펴본다면 그와 같은 조건을 모두 다 한꺼번에 만족시킬 수 있는 확률이 너무나 낮아질 수밖에 없음을 알 수 있다. 아직도 도킨스의 마법에 걸려 하나님의 창조가 믿어지지 않는다면 진화론의 허구(4)로 넘어가 보자.

'만들어진 신'(THE GOD DELUSION)의 저자
리처드 도킨스의 무신론과 진화론의 허구(4)

도킨스의 오만은 그의 책 중에 '인본원리 우주 편'에서도 나타난다. 여섯 가지 근본 상수란, 물리법칙과 그 물리 공식에 들어가는 여섯 가지 상수를 말하는데, 이 상수들이 조금만 달랐어도 우주는 생명체가 생기기에 아주 불가능한 곳으로 발달했을 것이라고 물리학자들은 말한다. 이 근본 상수들은 결코 우연히 생겨날 수 없다는 것이 물리학자들의 견해다.

도킨스는 마틴 리스(Martin Rees)의 근본 상수 여섯 가지에 대한 그의 견해를 밝히면서, 물리학자들이 생물학자들과는 달리, 자연선택과 비개연성을 통한 의식 각성을 통하지 않았기 때문에, 여섯 상수의 실제 값이 골디락스 값의 범위 내에 들어간다고 주장한다고 비아냥거린다. 마치 자연선택이라는 신을 믿지 않아서 회개하지 않았기 때문에 그와 같이 믿는다는 것이다.

도킨스는 "유신론자들은 신이 이 여섯 개의 상수를 조율하여 우주를 창조했다고 믿겠지만, 그 신은 어떻게 존재하게 되었느냐"는 그의 평소의 고집스런 주장대로, "신의 존재를 설명할 수 없는 그들의 말을 받아들일 수 없다"며, 그렇기 때문에 도킨스는 "이런 주장들이 더 큰 문제를 야기하므로 폐기한다"고 말한다. 어찌 일개 학자에 불과한 자가, 영국을 대표하는 우주론자이자 천문학자로 영국 트리니티 대학의 교수이며 세계적인 학술기관인 영국 왕립협회 현직 의장인 마틴 리스를 비롯한 저명한 물리학자들의 논증과,

그 논증에 근거하여 하나님의 창조를 말하는 사람들의 말을 폐기한다는 것인가?

빅뱅에 의해 생겨난 우주를, 덤프트럭에서 쏟아 부은 모래 더미와 자갈에 비유해 보자. 그 모래 더미와 자갈에서 무슨 공식을 발견할 수 있겠는가? 여섯 가지 상수가 자연선택에 의해서 저절로 생겨났다는 도킨스의 말은 과연 이성적인가? 어떻게 무작위로 던져진 모래와 자갈 같은 항성과 행성으로 가득한 우주에 물리적인 법칙이 생겨날 수 있으며, 그 법칙을 따라 우주가 운행되고, 이 운행을 위한 변치 않는 상수가 존재할 수 있다는 말인가?

도킨스는 그의 저서 '이기적인 유전자'에서도 유전자가 마치 지정의를 가진 존재인양 그 이기적인 유전자가 살아남기 위하여 생물들을 생기게 하고 진화하게 하는 인격체인 양 다루고 있다. 이러한 이상한 논리에 진화론자들이 환호하며, 하나님의 존재를 인정하고 싶지 않은 사람들이 가세하고 있으니, 참으로 어처구니없는 일이 아닌가?

그러한 그가 전 세계를 돌아다니며 강연을 하고 있다. 얼마 전 미국 메릴랜드 대학에서도 강연을 했는데, 그의 오만하고 당당한 강연에 많은 청년들이 환성을 지르며 즐겼다는 말을 사랑하는 딸에게서 들었다. 그 강연에 넘어가고 있는 아들딸들이 얼마나 될까?

"천지를 창조한 그 하나님은 어떻게 생겨났느냐, 혹은 누가 만들었느냐?"는 질문에 대한 답이 있다. 이 질문은 호기심이 있는 어린 아이들도 가질 수 있는 의문이므로 짚고 넘어가야겠다. 성경은 그 하나님이 스스로 있는 분이라고 말씀하고 있다(출3:14). 시작도 없고 끝도 없는 그 하나님은 가까이 가지 못할 빛에 거하시고 아무 사람도 보지 못하였고 또 볼 수 없는 분이며(딤전6:16), 그에게는 하루가 천년 같고 천 년이 하루 같다고 성경은 말씀하고 있다(벧후3:8).

영원세계에는 시간 개념이 없다. 시간 개념은 천지가 창조됨과 동시에 함께 창조된 것이고 우주의 마감과 함께 시간도 사라질 것이다. 시간 세계에 사는 우리의 한정된 사고로는 언제나 시작과 끝의 개념을 가지고 사물을 본다. 하나님은 언제 생겨났을까 하는 생각을 할 수 밖에 없는 것이다. 그러나 성경은 하나님께서 스스로 계신 분이며 보이는 세계와 보이지 않는 영원한 세계를 창조하셨다고 말씀한다(히11:3).

사도 바울은 "하나님을 알만한 것이 사람 속에 보일 뿐만 아니라, 창세로부터 그의 보이지 아니하는 것들 곧 그의 영원하신 능력과 신성이 그 만드신 만물에 분명히 보여 알게 되나니 그러므로 저희가 핑계할 수 없으며, 하나님의 진노가 불의로 진리를 막는 사람들의 경건치 않음과 불의에 대하여 하늘로 좇아 나타난다"고 말씀하고 있다(롬1:18-20).

지구의 위성이 되어 돌고 있는 달을 보라. 지구의 4분의 1의 크기인데 지구에 붙잡혀 돌고 있다. 그러한 큰 위성은 지구를 지나가다가 잡힐 수가 없다는 것이 과학자들의 말이며 아직도 그 기원이 미스테리로 남아 있다. 이 달이 없다면 지구의 자전축이 형성될 수가 없어서 지구는 제멋대로 자전하게 되고 어느 날은 남극이 북극이 되었다가 다음에는 적도가 되는 등 생물체가 살아남을 수 없다.

일식과 월식을 생각해 본 적이 있는가? 어떻게 지구의 그림자가 달을 잡아먹되 같은 크기의 동그라미를 겹쳐 잡아먹을 수 있으며, 어떻게 달이 정확한 크기의 덮개가 되어 태양을 덮어 잡아먹을 수가 있을까? 어떻게 크기가 다른 3개의 항성과 행성과 위성이 함께 연출하여 그런 장관을 만들어 낼 수가 있단 말인가? 서로간의 거리가 조금만 멀어지거나 가까워져도 불가능한 일이 아닌가? 이것도 자연선택인가? 하나님의 신성이 그 만드신 만물에 분명히 보여 알게 되나니 핑계할 수가 없는 것이다.

만들어진 신'(THE GOD DELUSION)의 저자
리처드 도킨스의 무신론과 진화론의 허구(5)

도킨스는 그의 책 중에 '과학자 논증'에서 서두에 버트런드 러셀의 말을 인용한다. "지적으로 저명한 인물들 중 대다수는 기독교를 불신하지만 그들은 대중에게 숨긴다. 혹시 수입원을 잃지 않을까 두렵기 때문이다." 러셀이 살던 때에는 기독교가 유럽을 지배하던 시기였기 때문에 나올 수 있는 말이다. 그러나 나는 이 말을 이렇게 바꾸고 싶다. "자연선택을 믿는 진화론자들 모두는 대진화를 증명할 수 없지만 그들 대다수는 대중에게 숨긴다. 혹시 수입원을 잃을까 두렵기 때문이다." 사실 21세기 크리스천 과학자들의 말 못할 고민은 그들이 크리스천인 것이 드러나면 정부의 지원이 끊어지거나 불이익을 당할 텐데, 지금 그 사실을 밝힐지 은퇴 뒤로 미룰지 결정하는 일이다. 실제로 많은 크리스천 과학자들이 자신이 크리스천임을 밝히는 일을 은퇴 뒤로 미루고 있다.

19세기에 창조론이 진화론에 타격을 받게 된 동기를 살펴보자. 13세기까지 유럽을 지배하고 있던 교황청은 타락할 대로 타락해 있었고, 성경을 그 진리대로 가르치지 않고 왜곡할 뿐만 아니라, 설상가상으로 성경해석에 대한 교황청의 절대적인 권위를 주장하고 있었다. 14-16세기 르네상스 시대가 도래하여 인간의 존엄성이 강조되고, 예술 문화 면에 일대 혁신이 일어나고, 18-19세기 산업혁명이 일어나 지동설이 과학적으로 입증이 될 때까지도 그들은 여전히 천동설을 주장하고 있었다. 결국 과학의 발달로 교회의 무지가 드러나게 되고 19세기에 발표된 '종의 기원'이 창조론을 무색하게 하면서부터 교회가 그들의 권위의 근거로 삼았던 성경은 덩달아서 '비과학적인 책'이라는 수모를 당하게 된다.

그 후에는 과학과 신학 사이에 이견이 있을 경우 과학을 인정하게 되었고 신학에서는 과학을 이단시하기도 하는 등 웃지 못 할 풍조도 생겨나게 된다. 창조론은 과학적인 것이 아니고 진화론은 과학적인 양 인정된 것도, 역시 이러한 조류와 맥락을 같이 했기 때문에 일어난 것이다. 그러나 20-21세기의 과학은 오히려 창조론과 성경을 뒷받침할 수 있는 자리에까지 발전하게 되었다.

도킨스가 무시하고 반론하며 예를 들었던 '환원 불가능한 복잡성'이란 무엇인지 살펴보자. 1996년에 출판된 책 '다윈의 블랙박스'의 저자인 생화학 교수 마이클 베히(Michael Behe) 박사가 그의 책에서 사용한 '환원 불가능한 복잡성'이라는 이론은 생물학 분야에서 생명이 점진적으로 진화되었다는 다윈의 주장을 반박하는 매우 강력한 이론이다. 이 부분을 살펴볼 때 처음에는 이해가 힘들지만 비유적인 예를 읽을 때에 여러분은 "아하!" 하며 손뼉을 치게 될 것이다.

본론으로 들어가자. 생물의 어떤 단일한 시스템이 어떤 기능을 가지고 있을 때, 이 시스템이 그 기능을 수행하기 위해서 상호 작용하는 몇 부분들로 이루어져 있고, 이 부분들이 서로 잘 들어맞고 있는 경우에는 그 기능을 수행할 수 있지만, 그 중 어느 한 부분을 제거하면 사실상 그 시스템이 기능을 수행하지 못하게 되어 정지한다. 그런데 아무리 하등생물일지라도 최소한의 기능을 갖기 위해서는 여러 시스템이 함께 그 기능을 하지 않으면 불가능하게 되어 있다. 그러므로 그 생물이 진화할 경우 그 생물을 구성하고 있는 어떤 시스템의 한 부분만 진화하고 나머지는 그대로 있게 된다면 그 생물은 살아남을 수 없다.

어떤 생물이 진화하기 위해 그 시스템들이 하나도 기능을 잃지 않고 동시에 한 방향으로 진화하는 것은 불가능하다는 것이 생화학자 마이클 베히의 견해며, 고등동물들은 무수히 많은 시스템으로 구성되어 있으므로 종에서 종으로의 진화 즉 대진화는 불가능하다는 것이다. 이것이 환원 불가능한 복잡성이다.

자동차를 생물이라 생각하고 비유적으로 살펴보자. 엘란트라가 있고 소나타가 있다. 엘란트라가 그 기능을 온전히 수행하기 위해서는 부품들이 제 위치에 있고 그 부품들이 제 기능을 잃지 않고 있어야 시스템들이 제대로 작동한다. 스타트 모터에 이상이 있어도 안 되고 중요한 벨트가 끊어져 있어도 안 되며 제어판의 회로에 이상이 있어도 안 된다. 뿐만 아니라 모든 부품과 시스템에 이상이 있으면 자동차의 기능을 온전히 수행할 수 없다.

어찌되었든 이 엘란트라가 모든 시스템이 제대로 작동해서 도로를 달리고 있다고 하자. 어느 날 갑자기 진화가 일어났다. 엘란트라의 중요 시스템의 부품 중 일부가 쏘나타의 부품으로 바뀌었다. 다행히 서로 대체해도 이상이 없는 부분이어서 엘란트라가 달릴 수 있다. 더 시간이 흘러가는 가운데 어느 날 대체 불가능한 부분들에 진화가 발생한다. 이 경우 그 부품에 관련된 시스템이 작동되지 않아서 엘란트라는 달릴 수 없다. 그런데 어느 날 갑자기 환원 불가능한 복잡성을 가진 엘란트라의 모든 부품과 시스템이 동시에 쏘나타의 부품과 시스템으로 바뀌고, 쏘나타가 되어서 도로를 달릴 수 있게 되었다. 이러한 사건이 일어날 가능성이 있을까? 그 확률이 얼마나 될까? 제로다. 이러한 비유는 환원 불가능한 복잡성을 이해하는데 도움을 줄 것이다.

엄청난 시스템을 가진 고등동물의 시스템들이 모두 그 기능을 상실하지 않은 채 어떤 한 방향으로 진화한다는 것은 상상조차 할 수 없는 것이다. 이것을 믿는다면 그것이 망상이다. '환원 불가능한 복잡성'의 경우는 인간의 신체 구조와 세포뿐 아니라 자연에서 무수히 발견할 수 있다. 마이클 베히는 환원 불가능한 복잡성에 대하여 많은 예를 들었고, 섬모, 세포 내 운송시스템, 혈액 응고 시스템, 면역시스템 등의 생화학 시스템이 지적으로 설계되었음을 증거하고 있다. 진화론에서 아직도 헤어 나오지 못하는 독자들이 있다면, 마이클 베히의 '다윈의 블랙박스', 윌리엄 뎀스키(William A. Dembski)의 '지적 설계 (Intelligent Design)' 그리고 마틴 리스의 '여섯 개의 수'를 필독서로 강권하고 싶다.

다윈은 "만약에 많은 횟수의 연속적이고 사소한 변화에 의해 형성될 수 없는 '어떤 복잡한 기관의 존재가 증명된다면' 나의 이론은 무너지고 말 것이다"라고 말했다. 과학의 발달로 분자생물학과 생화학에 큰 진전이 있는 오늘날에, '환원 불가능한 복잡성'을 가진 기관들이 '무수히' 발견되고 연구되고 있다.

그들이 믿는 선지자 다윈이 이미 환원 불가능한 복잡성을 가진 존재가 증명된다면 그의 이론이 무너질 것이라고 말했는데, 오늘

날까지 자연발생과 자연선택의 망상에서 벗어나지 못하고 있는 리처드 도킨스와 진화론자들은 도대체 무엇을 위해 어디로 달려가고 있는 것일까? 창조론을 인정한다고 하여 과학 발전에 지장이 생길 이유는 전혀 없는데, 그들의 죄를 심판한다는 인격적인 신의 존재를 없애기 위해 애쓰는 모습이 가련하기까지 하다. 머지 않는 훗날 저들이 핑계할 수 없음은, 천지 만물이 하나님의 살아계심을 생생하게 증거하고 있음이라(롬1:18-20).

진화론의 망상에서 벗어나 천지를 창조하신 하나님을 바라보는 이들이 복이 있다.

만들어진 신'(THE GOD DELUSION)의 저자
리처드 도킨스의 무신론과 진화론의 허구(6)

올해, 2012년 2월 23일 영국 옥스퍼드대에서 토론회가 열렸다. 리처드 도킨스가 질문하고 영국 성공회의 리더 격인 로완 윌리엄스 대주교가 대답하는 형식이었다. 허구에 근거를 둔 진화론이 대부분의 지식인들에게 진실이며 과학적인 양 인식되도록 힘을 실어 준 토론회였다고 본다. 리처드 도킨스의 날카로운 질문에 윌리엄스는 평범한 기독교의 교리적인 대답을 할 뿐 시원한 답변을 하지 못했다. 도킨스는 "신이 모든 것을 주관한다면 왜 날마다 이렇게 좋지 않은 일들이 일어나는가?" 질문했지만, 윌리엄스는 확실한 답을 줄 수 없었다.

다소 긴 설명이 요구되는 답이긴 하지만, 도킨스의 질문에 대한 답을 간단하게 줄이자면 다음과 같다.

이 세상을 다스리는 권세는 인간에게 주어져 있고(창1:28), 그 인간들이 역사를 이끌어 간다. 그 인간들은 하나님의 영의 터가 되든지 마귀의 영의 터가 되게 되어 있다. 하나님께서는 인간에게 자유의지를 주셨다. 누구의 말을 듣거나 결정하는 등 모든 언행심사는 인간들에게 달려 있다. 인간은 욕심으로 인해 마귀에게 속아 죄를 범하게 됨으로써 육신은 살았으나 그 영이 죽었고, 하나님의 영과 교통하기 힘들게 되었다(사59:2, 창2:17, 참조; 고전14:13-15). 그러나 하나님은 사랑으로 그들을 부르시고 천사들과 만물을 통하여 끊임없이 말씀해 오셨다.

그리고 마침내 독생자 예수 그리스도를 이 땅에 보내어 육성으로 천국의 진리를 선포하시고 가르쳐 주셨다. 하나님께서는 모든 인간들이 예수 그리스도의 피로 속죄함을 받고 성령과 진리로 거듭나서 성령의 인도함을 받게 되어 이 세상을 변화시키기를 원하신다. 그러나 육신의 정욕이나 안목의 정욕이나 이생의 자랑에 빠진 인간들이 그 욕심을 따라 마귀의 일에 동참하고 있다. 그러므로 세상이 혼란스러울 수밖에 없는 것이다.

그러나 이러한 혼란도 정한 기한까지다. 때가 되면 하나님을 아는 지식이 충만한 시대가 오게 되고 사람들은 더 이상 마귀에게 속지 않게 될 것이다. 그 때가 되면 마귀는 자기의 지지자들을 잃게 되고 그의 터를 잃게 되므로 그의 세상에 대한 통치는 끝나게 된다. 마침내 이 땅에 이루어지고 있는 천국은 땅 끝까지 확장되므로 하나님의 통치가 이루어지게 되는 것이다. 이것이 성경이 말씀하고 있는 진리다.

다시 한 번 선언하건대, 진화론은 그 이론이 발표된 이래 150년간 과학적으로 증명된 사실이 없는 하나의 가설일 뿐이다. 그 근간이 되는 자연발생설과 대진화를 증명하기 위해 막대한 자금을 쏟아 부었지만 아직도 여전히 증명하지 못하고 있다. 그런데도 도킨스는 뻔뻔하게도 그 토론장에서 "다윈은 인류에게, 무에서 모든 것이 창조되었다는 이해할 수 없는 생각(창조론)에서 벗어날 수 있는 용기를 주었다"고 말했다.

기독교를 비롯한 모든 종교에도 거짓말쟁이들이 적지 않고, 과학계에서도 거짓말쟁이들이 적지 않다. 그들의 지위를 유지하고 살기 위하여 마귀의 일을 따르고 있지만, 결국 그들은 영생을 잃게 될 것이다. 이 혼란스러운 세상에도 양심을 지키고, 자기들의 소신을 밝히는 사람들이 있음을 진화론의 허구(2)에서 전술한 바 있다. 1980년 시카고에 모여 양심선언을 한 세계적인 권위를 가진 160명의 진화론자들이 바로 그들이다. 그 때는 이미 대부분의 교육을 받은 사람들에게, 진화론이 과학적인 양 세뇌되어 있던 때였기 때문에 더욱 의미가 있다.

여기에 그 참석자 중의 대표로 사이언스지에 기고한 Roger Lewin박사의 원문 중 5번째 단락(paragraph)을 싣는다. 이 부분은 원문 전체의 흐름에 위배되지 않는다.

"The central question of the Chicago conference was whether the mechanisms underlying microevolution can be extrapolated to explain the phenomena of macroevolution. At the risk of doing violence to the positions of some of the people at the meeting, the answer can be given as a clear, NO. What is not so clear, however, is whether microevolution is totally decoupled from macroevolution: the two can more probably be seen as a continuum with a notable overlap."

이 부분의 내용을 해석하면 다음과 같다.

"시카고에서 열린 컨퍼런스에서 가장 중요한 질문은 이것이었다. 소진화를 일어나게 하는 메케니즘을 이용(추론)하여 대진화 현상을 설명할 수 있나? 그 모임에 참석한 많은 사람들의 지위를 무너지게 할 수 있음에도 불구하고, 이 질문에 대한 답은 분명히

"No"라고 할 수 있다. 그러나 이렇게 분명하지는 않지만 소진화가 대진화와 전혀 관련이 없는가? 라는 문제가 있는데, 이 둘 사이에는 필시 주목할 만한 겹침이 있는 연속체로 보일 수 있다는 점이다."

둘 사이에 주목할 만한 부분이 있다고는 하지만 소진화를 가지고 대진화를 증명할 수 없음을 분명히 밝힌 것이다. 대진화가 과학적인 양 각 나라의 교과서에 실려 교육되고 있는 현실에서, 원문에서 밝혔듯이 자기들의 지위를 무너뜨릴 수도 있는 상황에서 발표한 양심선언이므로 더욱 값어치가 있다. 더구나 소진화와 대진화에 주목할 만한 겹침이 있는 연속체로 보일 수 있다는 사실이 현대인들이 대진화가 과학적인 양 보일 수 있게 하는 요인이 되고 있음을 밝힌 것이다.

혹자는 "지금으로부터 32년 전에 발표된 것인데 그 이후에 달라지지 않았겠는가?" 말한다. 그러나 도킨스가 한 다음과 같은 말이, 그 후로도 달라진 것이 없음을 증명한다. "나는 (자연발생설을 증명하기 위해) 실험실에서 생명의 자연발생을 재현하려는 시도에 돈을 쓰는 것은 확실히 가치가 있다고 생각한다." 2006년 10월 2일 출간된 "THE GOD DELUSION"의 '인본원리 행성 편'에서 바로 도킨스가 한 말이다.

150년간이나 자연발생설조차 증명하지 못하고 있는 진화론의 허구에 속은 것도 부끄러운 일인데, 더 이상 무엇을 위해서 창조주 하나님을 부인할 수 있다는 말인가? 다시 강조하건대 창조론과 과학은 서로 위배되지 않는다. 창조론을 인정한다고 해서 과학이 발전할 수 없는 것이 결코 아니다. 체외수정이 예수 그리스도의 처녀 잉태에 대한 진실을 뒷받침할 수 있게 되고 음성녹음, C.C.T.V., 전파와 인터넷, 인공위성…등등이 영의 세계와 성령이 하시는 일에 대한 이해를 도울 수 있다. 결국 과학은 하나님께서 창조하신 것을 발견해 가는 과정이기 때문이다.

창조론을 부인하는 이유는, 그들의 죄를 추궁하며 심판할 하나님은 없다고 간주하고 좀 더 마음 편하게 살고 싶기 때문일 것이다. 도킨스가 이번 토론회에서 "왜 신이라는 혼란스러운 개념 때문에 세상을 복잡하게 봐야 하는가"라고 한 말이 이것을 뒷받침한다. 그러나 성경은 다음과 같이 말씀하고 있다.

"하나님의 진노가 불의로 진리를 막는 사람들의 모든 경건치 않음과 불의에 대하여 하늘로 좇아 나타나나니 이는 하나님을 알만한 것이 저희 속에 보임이라 하나님께서 이를 저희에게 보이셨느니라 창세로부터 그의 보이지 아니하는 것들 곧 하나님의 영원하신 능력과 신성이 그 만드신 만물에 분명히 보여 알게 되나니 그러므로 저희가 핑계하지 못할지니라"롬1:18-20)

손바닥으로 하늘을 가릴 수는 없는 것이다.

머리를 들고 일어나 주님을 바라보는 이들이 복이 있다.

성경에 있는 가시덤불과 엉겅퀴(1)

성경에는 여러 가지 원인으로 인해 틀리게 기록된 부분이 있다. 그런데 대부분의 크리스천들은 성경에 일점일획이라도 틀린 부분이 없다고 믿어야 옳은 신앙인 것으로 교육을 받거나 강요를 당해왔기 때문에, 성경의 가시덤불과 엉겅퀴에 대하여 논하는 것을 터부시한다.

성경에 가시덤불과 엉겅퀴가 있게 된 근본적인 이유는 사람(아담)이 타락하여, 하나님이 그들로 하여금 하나님의 진리를 쉽게 알 수 없도록 섭리하셨기 때문이다(창3:17-24). 그러나 진리는 본래 그다지 어려운 것도 아니며, 복잡하지도 않다. 세속에 찌든 마음, 즉 육신의 정욕이나 안목의 정욕이나 이생의 자랑으로 인해 어두워진 마음 때문에 진리 깨닫기가 어려워진다. 그러므로 각종 욕심을 버리고 사랑과 공의의 마음으로 성실하게 말씀 안에 거하여 살기를 노력하다 보면 진리를 깨닫게 된다. 그런데 그 어렵지 않은 진리가 성경을 기록하거나 연구하는 사람들에 의해 왜곡되거나 꼬이기도 하는 과정을 거쳐 복잡하고 어렵게 느껴지게 된 것이다.

둘째 이유는 다음과 같다. 각 사람이 제각기 상이하고 다양한 삶 속에서 살며 복잡다단한 사건이나 만남 속에 살게 된다. 진리는 이러한 삶의 문제를 해결해주는 것이다. 그러므로 당연히 진리가 복잡하고 어려울 것같이 생각되는 것이다. 그러나 복잡한 문제일수록 그 실마리를 잡으면 쉽게 풀 수 있다. 그 실마리는 "공의와 사랑"이라는 기둥 되는 진리 안에 있다. 그 기둥 되는 진리를 따라 세분화 되어 있는 진리의 체계를 터득하고 적용해 가다 보면, 드디어 대낮과 같은 밝은 빛 가운데 깨닫고 행하게 되는 것이다(요 8:31-32, 히5:13-14).

리처드 도킨스가 그러했듯이, 성경에 대해 어느 정도 아는 무신론자들이나 진화론자들은 성경의 풀기 어렵거나 부정적인 면들을 공격 대상으로 삼는다.

성경에 가시덤불과 엉겅퀴가 나타나는 경우는 대략 다음과 같다. 성경이 성령의 감동으로 기록되었지만, 성경 저자들이 로봇이 된 상태에서 하나님이 불러주는 말씀을 "받아쓰기 한 것이 아니라는 점"을 이해해야 한다. 책 '열매 맺는 삶'에서, 성경에 틀린 부분이 있게 되는 원인에 대하여 다섯 가지로 나누어, 성경의 틀린 부분 15쌍을 예로 들어 상세히 설명하였으나, 여기서는 지면 관계상 두 가지 원인만 예를 들어 보자.

첫째, 저자들의 관점이 틀리거나 그들의 견해나 지식수준에 문제가 있어서 틀리게 기록되는 경우가 있다. 십자가상의 강도들에 대하여 마태는 "강도들도 욕하더라"(마27:44)고 기록했는데, 누가는 한 강도는 욕하고 한 강도는 주님께 자신을 의뢰했다(눅23:39-43)고 기록했다. 창세기 4:26과 출애굽기 6:3에서 하나님의 이름이 여호와라고 불리어진 시기가 각각 틀리다. 또한 동일한 사건에 대해 사무엘하 24:1-25에는 칠 년 기근, 역대상 21:1-30에는 삼 년 기근이라고 기록되었다. 예수 그리스도의 족보에 대한 기록에 대하여도 마태와 누가는 크게 다르게 기록하였다. 리처드 도킨스가 그의 책 '만들어진 신'에서 신약성서를 비난할 때 이 족보의 상이 함도 지적하였다.

두 번째로, 틀린 부분과 심각한 왜곡이 나타날 가능성이 있게 되는 원인은, 성경저자들의 의견, 또는 사건을 보는 관점이나 신앙관 등이 반영되는 경우다. 이러한 문제 때문에 사도 바울은 오해를 방지하기 위하여 사견(personal opinion)을 말할 때에는 토를 달기도 하는데, "이는 주의 명령이 아니다"(고전7:11-12), "나의 의견을 고하노니"(고전 7:25-26) 라고 말씀하고 있다.

또한 디모데전서 2:8-12에서는 여자들이 빠지기 쉬운 사치에 대하여 경계하고 있으나, "땋은 머리와 금이나 진주나 값진 옷으로 하지 말라"는 등 세대에 따라 변할 수밖에 없는 것을 구체적으로 지적하고 있어서, 그 후 세대를 살아가는 사람들이 지킬 수 없어서 공연히 부담을 갖게 되는 부분도 성경에 있게 된다.

또한 구약성경 저자의 기록들 중에는 매우 심각한 경우도 있게 되는데, 그 시대의 지식수준이나 저자들의 신앙관, 관점 등이 기록에 반영되기도 했기 때문이다. 도킨스가 악의적인 의도로 지적한 노아의 홍수, 입다가 자기 딸을 불살라 제사한 사건(삿11:29- 40), 폭도들에게 자기의 첩을 내어주어 성적 폭행을 당하고 죽게 한 레위인(삿19:23-26), 우상 섬기는 백성을 질투하고 살륙하시는 하나님, 가나안 일곱 족속을 어린 아이에 이르기까지 하나도 살리지 말고 죽이라고 명했다는 하나님 등등 인격적인 면을 도무지 찾아볼 수 없는 기사들이 적지 않다. 그러나 노아홍수는 그 당시의 시대상을, 입다나 레위인의 첩 사건은 그 당시의 무지한 신앙인의 모습을 각각 기록한 것이며, 후대의 신앙인들에 교훈을 주기 위한 기록으로 보아도 무방하다. 또한 '하나님의 질투'는 하나님의 계명을 지키지 않고 이방신을 섬기는 백성에 대한 하나님의 마음을 비유한 것이다.

그런데 가나안 일곱 족속을 모두 죽이라는 명령에 대한 기록이야말로 성경저자의 신앙관이나 관점이 반영된 것이다. 여기에는 부연 설명이 필요함으로 '성경에 있는 가시덤불과 엉겅퀴(2)'로 넘어가 보자.

성경에 있는 가시덤불과 엉겅퀴(2)

하나님의 계시의 말씀에 자기의 관점이나 신앙관 등을 넣어 기록하게 되는 경우와 그로 인해 나타나는 문제점들을 살펴보기로 하자. 비유를 들어, 어떤 회사의 회장이 일선에서 업무를 책임지고 있는 부하 간부에게 일을 지시했고 그 간부는 그의 부하 직원들에게 전달 지시했는데, 그 직원들이 회장의 뜻과는 달리 좋지 않은 수단을 동원해서 경쟁 회사를 누르고 목표한 성과를 거두었다고 하자. 이것을 기록으로 남겨야 하는 총무과의 과장이, 부하직원들이 회장이 지시한 대로 했을 것이라 간주하고, 회장이 시킨 대로 어떠어떠한 수단을 동원해서 그와 같은 좋은 성과를 거두게 되었다고 기록했다. 사실은 회장이 그 일을 성취할 때 어떤 좋은 방법을 동원하여 선의의 경쟁을 통해 추진할 것을 함께 명하였음에도 불구하고, 그 일을 추진하는 간부가 그 회사의 목적 달성과 그의 맡은 바 임무를 이루기 위해서 부하직원들에게 수단 방법을 가리지 말고 목적 달성하는 것이 회장의 뜻인 양 지시했던 것이다.

바로 위에서 비유를 든 인물들이 각각 성경에서 누구를 비유하는 것인지 독자들은 이미 파악했을 것이라 믿는다. "가나안 땅을 정복하기 위해, 가나안 일곱 족속을 어린 아이에 이르기까지 진멸하라"는 하나님의 명령은, 이러한 인간의 생각으로 날조된 것이었음을 살펴보기로 하자. 성경 저자가 자기의 신앙관을 가미하여 어떤 사건을 기록할 수도 있음을 알게 될 것이다.

그 성경 저자의 눈으로 볼 때 가나안 족속들이 믿는 종교가 음란하고 퇴폐적인 것이었고 자녀를 불에 살라 제사 드리는 등 사악하였으므로 그러한 그들을 진멸하는 것이 하나님의 뜻이라는 신앙관을 가지고 있었는지도 모른다. 어찌되었든지 하나님의 뜻은 그들을 모두 죽이는 것이 아니었으며, 이것을 뒷받침하는 하나님의 명령이, '가나안정복을 위한 최초의 명령'에 잘 드러나 있고 이 명령이 변질된 과정을 성경에서 발견할 수 있다.

최초의 명령은 다음과 같다. "내가 내 위엄을 네 앞서 보내어 너의 이를 곳의 모든 백성을 파하고('혼란스럽게 하고'라는 뜻) 너의 모든 원수로 너를 등지게 할 것이며 내가 왕벌을 네 앞에 보내리니 그 벌이 히위 족속과 가나안 족속과 헷 족속을 네 앞에서 쫓아내리라 그러나 그 땅이 황무하게 되어 들짐승이 번성하여 너희를 해할까 하여 일 년 안에는 그들을 네 앞에서 쫓아내지 아니하고 네가 번성하여 그 땅을 기업으로 얻을 때까지 내가 그들을 네 앞에서 조금씩 쫓아내리라"(출23:27-33). 이 명령의 어디에서 가나안 족속을 진멸하되 어린 아이까지 살려두지 말라는 의미를 찾아볼 수 있는가? 이 말씀의 앞 23절에 "나의 사자(천사)가 네 앞서 가서 너를 아모리 사람과 헷 사람과 브리스 사람과 가나안 사람과 히위 사람과 여부스 사람에게로 인도하고 나는 그들을 끊을 것(분리해 낼 것)"이라고 말씀하고 있다. 이 말씀에서 발견할 수 있는 하나님의 뜻은 하나님의 천사를 먼저 가나안 족속들에게 보낼 것이며 이스라엘 백성이 그 땅에 들어가 정착해서 살게 할 터인데, 들어가서 그들의 종교나 행위를 본받지 말고(24절), 그 가나안 땅에 정착하도록 하라는 것이다. 그렇게 하여 백성들이 정착하게 되면 서서히 하나님께서 가나안 족속들로 하여금 그들을 등지고 떠나게 할 터인데, 이 모든 일을 급히 하지 말라고 말씀하고 있다. 이 말씀에서 왕벌은 천사를 비유한 것이고(출23:23), 들짐승은 쫓겨난 가나안 족속을 비유한 것이다.

출애굽기 33:2에도 "사자(천사, 왕벌)를 앞서 보내어 그들을 쫓아내실 것"을 말씀하고 있고, 34:11-17에도 같은 말씀을 하시며, 이스라엘 백성들의 신앙이 변질될 것을 염려하여 가나안 족속들의 우상을 훼파하고 그들과 혼인하지 말라고 말씀하고 있다. 모조리 다 진멸하는 것이 하나님의 뜻이라면 이러한 명령은 하실 필요가 없다. 이러한 뜻의 말씀이 신명기7:18-20과 18:9-12에도 반복된다.

그런데 이 말씀이 갑자기 변질되어 신명기20:16-18에서는 "가나안 족속들을 진멸하되 호흡이 있는 자는 하나도 살리지 말라"고 명한 것으로 기록되어 있다. 모세가 가나안 정복을 앞두고 백성들에게 명한 것을 기록한 신명기의 앞부분과 뒷부분에서 어떻게 서로 상반된 내용의 명령이 각각 기록된 것일까?

전통적으로는 신명기가 모세가 기록한 것으로 말하지만, 사실은 구전되어 온 내용이나 문서들을 어떤 저자가 조합했음을 보여주고 있다. 알다시피 신명기 34장은 모세가 죽은 후의 일들을 기록하고 있으므로 모세의 저작이 아니다. 신학자 중에서는 그 앞부분은 모세가 기록하고 34장만 다른 저자가 덧붙였다고 주장하는데, 이는 창세기도 두 사람 이상의 저자가 쓴 내용을 조합한 것임을 알지 못하기 때문에 하는 말일 것이다.

창세기 1:1-2:3까지는 하나님을 '엘로힘'이라 부르는 저자가, 창세기 2:4-4:26은 하나님을 '여호와'라고 부르는 저자가 기록한 부분이며, 이러한 방식의 기록이 반복되어 있다. 이와 같이 하여 성경에는 성경 저자에 의해 가시덤불과 엉겅퀴로 덮여 있는 부분이 있게 된 것이다.

성경에 있는 가시덤불과 엉겅퀴(3)

그렇다면 어떻게 이러한 가시덤불과 엉겅퀴를 제거하면서, 농사를 짓고 집을 지을 수 있을까? 어떤 말씀이 알곡이고 어떤 말씀이 가시덤불이며 엉겅퀴인가? 그것은 어떻게 보면 결코 쉽지 않은 일이다. 그러나 한편 그것은 그리 어려운 일이 아니다. 먼저는 회개하는 일이 선행되어야 한다. 회개하지 않고는 결코 아무 것도 보이지 않기 때문이다. 회개하는 자만이 좁은 문으로 들어갈 자격을 얻게 되는 것이다.

성경에 있는 가시덤불과 엉겅퀴는 크리스천들로 하여금 하나님의 뜻을 잘못 판단하게 하거나 감추는 역할을 한다. 누구든지 밝은 눈으로 읽지 않으면 성경을 읽더라도 하나님의 뜻을 깨달을 수 없을 뿐 아니라 자유를 누릴 수가 없다. 하나님의 말씀이 오히려 거쳐 넘어지는 것이 되고 빛이 아니라 빛 속의 어두움으로 보일 뿐이다.

일반적으로 신학교에서 성경론을 배우거나 접한 이들 중에는 아이러니컬하게도 성경이 하나님의 감동으로 기록된 책임을 믿지 못하게 되는 이들이 있다. 가시덤불과 엉겅퀴가 그 마음의 밭을 덮어버리기 때문이다. 성경말씀 한 구절 한 구절마다 보이지 않는 하나님의 손길이 숨겨 있음을 깨닫지 못하게 된다. 이미 알려지고 드러나 있는 조직신학의 틀 안에 갇혀 각 세대마다 지속적으로 드러나는 하나님의 진리의 말씀을 깨달을 수도 받아들일 수도 없게 되는 이들이 적지 않다.

육신의 정욕과 안목의 정욕과 이생의 자랑을 버리지 못한 사람은 하나님의 뜻을 깨달을 수도 행할 수도 없다(요일2:16-17). 그들에게 하나님의 말씀은 시험하는 불이 될 뿐이다.

회개한 이들은 그리스도 예수 안에 거하여 사는 법을 터득해 나가야 한다. 그들은 날마다 말씀을 먹고 묵상하며, 말씀을 지키어 행하고 대속의 은총 가운데 살아야 한다. 또한 이와 같이 살려면 늘 기도 드리고 성령을 좇아 사는 삶을 살아야 한다. 그리고 예수 그리스도의 온전하신 뜻이 무엇인지를 늘 상고하며 주님의 임하심을 고대하는 삶을 살아야 한다. 이와 같이 살아갈 때에 그 세대에 임하시는 온전하신 말씀을 영접하게 되는 것이며 그 말씀 안에서 연단과 인내의 과정을 통과 하게 된다, 그리고 마침내 더 이상 가시덤불과 엉겅퀴로 인해 고생하는 일이 없어지고, 거쳐 넘어지는 일도 없어지는 것이다.

그런데 사탄은 그의 자식인 적그리스도와 이단을 통하여 "성경의 지엽적인 말씀들과 가시덤불과 엉겅퀴를 잘 조합한 말씀의 체계"를 가지고 택한 백성들까지 무너뜨리려 한다.

그리고 그들의 말을 듣고 따르는 거짓 선지자들은 기존의 교인들이 듣지도 보지도 못한 "거짓된 진리의 체계"를 가지고 도전해 온다. 회개하지 않은 이들은 그들의 거짓된 진리의 체계를 구별할 수 없으며, 그 체계가 자신들에게 궁금증을 풀어주어 지혜롭게 할 만하며 인생의 성공과 참된 자유를 줄 것같이 보인다.

그리고 그들의 거짓된 진리의 체계는 성경에 그 논거를 두고 있으므로 성경의 풀리지 않는 문제를 가지고 고민해 보았거나, 교회에 불만을 가지고 있거나, 진리의 지식을 사모하는 교인들을 유혹하기에 안성맞춤이다. 그러나 그들의 목표는 그 영혼들을 종으로 만들어 젖을 짜는 것이요, 거기에 걸맞게 육적인 교훈들에 치우치게 하며 육신의 정욕을 제어하지 않아도 된다고 가르치는 것이 특징이다.

이에 대하여 사도 베드로는 "거짓 선생들이 멸망케 할 이단을 가만히 끌어들여 자기들을 사신 주를 부인하게 하고 임박한 멸망을 스스로 취하는 자들인데, 여럿이 저희 호색하는 것을 좇으리니 이로 인하여 진리의 도가 훼방을 받을 것이요 저희가 탐심을 인하여 지은 말을 가지고 너희를 이익의 재료로 삼는다"(벧후2:1-3)고 경계하고 있다. 이미 그 당시에 이단은 존재했고 지금도 여전하다.

오직 하나님의 말씀은 순결하며(시19:8), 살았고 운동력이 있어 우리의 심령과 골수를 찔러 쪼개어 회개하게 하며 성화되게 하고, 모든 것을 하되 자유롭게 하며, 죄로부터 우리를 보호한다. 그 말씀으로 인한 경건의 삶은 능력이 있다. 사도 바울은 "경건의 모양은 있으나 경건의 능력은 부인하는 자들에게서 돌아서라"고 말씀하고 있다. 외식하는 자들을 일컬어 경계하고 있는 것이다.

사도 요한은 말하기를 "너희는 주께 받은 바 기름부음이 너희 안에 거하나니 아무도 너희를 가르칠 필요가 없고 오직 그의 기름부음이 모든 것을 너희에게 가르치며 또 참되고 거짓이 없으니 너희를 가르치신 그대로 주 안에 거하라"고 말씀한다(요일2:27). 성령의 인도함을 받으며 성령을 좇아 살라고 말씀하고 있는 것이다. 우리의 삶 속에서 가시덤불과 엉겅퀴를 부지런히 제거하며 살아갈 때에 경건의 삶이 능력을 발하게 되고, 결국 죄짓지 않는 삶을 살게 되는 것이다. 거듭 들어도 좋은 말이다. "하나님께로부터 난 자마다 죄를 짓지 아니하나니 이는 하나님의 씨가 그의 속에 거함이요 저도 죄를 범치 못하는 것은 하나님께로부터 났음이라"(요일 3:9)

성경에 있는 가시덤불과 엉겅퀴(4)

본래 구약성경은 히브리어로 쓰여 졌고 일부가 아람어로 기록되었으며, 신약성경은 헬라어로 기록되었다. 구약이나 신약 성경 모두 원본은 알 수 없으며, 없다고 보아야 한다. 원본에 그것이 원본이라고 씌어져 있지 않으니 필사본과 구별이 어렵기 때문이고, 일부 성경은 저자의 이름은 물론 언제 썼는지 조차 불분명한 책들이 적지 않다.

또한 지금 현재 지구상에서 읽혀지고 있는 성경은 각 나라와 민족들이 읽을 수 있도록 번역된 '번역 성경'이다. 그러므로 성경 원본이 오랜 동안 필사본을 거쳐 번역본에 이르기까지 오는 동안, 온전하게 그 뜻이 전달될 수 있으리라는 보장은 어디에도 없다. 번역본에 있어서는, 각 나라와 민족의 문화와 언어 그리고 삶의 자리 등이 공통으로 이해될 수 있는 부분도 있지만 추상적인 개념이나 언어표현 등에 있어서 각기 다른 부분이 있기 마련이어서 성경의 말씀이 온전히 전달되었다고 보기 어렵다.

게다가 성경 원본에 저자의 지식수준이나 관점이나 신앙관 등이 반영된 것을 볼 때에, 신학에서 성경론을 배웠거나 성경에 대한 연구를 한 사람들이 오히려 성경 말씀을 의심하거나 하나님의 감동으로 기록된 책임을 받아들이지 못하고 갈등을 겪는 경우가 적지 않다는 사실을 이해할 수 있다.

그러나 성경의 내적 증거는 분명하다. 성경이 스스로 하나님의 감동으로 기록되었음을 증거하고 있을 뿐 아니라, 그 필사와 번역의 과정에서도 하나님의 손길이 관여해 주셨음이 분명하다. 따라서 위와 같은 과정을 거치는 동안에도 성경의 진리를 깨닫지 못하게 하거나 하나님의 진리를 손상시킬만한 '큰' 오류는 일어나지 않았음이 확실하다.

일시적인 오류나 가시덤불과 엉겅퀴에 의해서 성경의 진리가 가려지고 숨겨졌을지라도 각 세대마다 새롭게 드러나고 밝혀져서 마침내 환하게 밝혀지는 진리의 시대가 오게 될 것임을 성경이 증거하고 있기 때문이다.

본 책에서 새로운 관점에서 풀어지고 드러나는 진리들도, 성경이 하나님의 감동으로 기록되었음을 증거하고 있다. 하나님의 감동과 섬세한 섭리가 없이는 이렇게까지 놀랍도록 성경 66권이 하나의 진리의 체계로 일관되게 연결되어 풀어질 수는 없기 때문이다. 서로 직업이나 지식수준이나 신분이나 세대 차가 날 수밖에 없는 40여명의 저자가, 1,600여 년에 걸쳐 기록한 성경이 어떻게 이렇게까지 서로 연결이 되어 하나의 통일성을 보일 수 있다는 말인가? 성경 66권의 책이 서로를 증거하고 보완하고 하나가 되어 하나님의 영적인 세계를 드러내며, 왕들을 세우며 백성들을 보호하고 인도할 수가 있다니 놀라울 뿐이다.

예수 그리스도께서 창세로부터 감추인 비밀을 비유로 말씀하심(마13:35)이 신비에 가깝지 아니한가? 주님께서 제자들에게 "이를 것이 많으나 지금은 감당치 못할 것이라" 하시며 "진리의 성령을 보내주시리라"(요16:12-13) 말씀하신 대로, 창세에 감추어졌던 생명나무와 선악을 알게 하는 나무의 비밀이 풀어지며, 사탄의 비밀과 적그리스도와 사탄의 자식들에 대하여 깨닫게 해주심이 놀랍지 아니한가? 예수 그리스도의 이름이 전 세계에 높이 들리기까지 '복음의 진리'만이 강조되고 이로 인해 급속도로 땅 끝까지 전파되게 하신 후, '경건 훈련의 진리'가 풀어지고 가르쳐지게 하심으로 그 점령한 나라를 튼튼히 세우고자 하신 하나님의 놀라운 섭리가 기이하지 않은가?

"사람이 물과 성령으로 나지 아니하면 하나님의 나라에 들어갈 수가 없다"는 말씀이 때가 이르기까지 감추어질 수밖에 없는 이유가 여기에 있는 것이다. 예수 믿는 것이 쉽게 생각되게 하심으로 복음을 믿고 예수 그리스도를 구주로 믿는 자들이 전 세계 인구의 3분의 1 가량이 되게 하심이 악도 선용하시는 하나님의 섭리 가운데 되어 진 일임을 믿는다. 19세기 과학의 발달로 말미암아 '대진화의 가설'로 인해 궁지에 몰렸던 창조론이, 이제 21세기의 천체물리학을 비롯한 여러 분야의 저명한 과학자들에 의하여 증거되는 세상이 되었다.

본 저자는 1992년 책 '열매 맺는 삶'을 출간하면서 저술 기간 내내 나의 손과 발과 눈과 언행을 제어하시고 인도하시고 감동시키셨던 것을 잊을 수가 없다. 성경이 하나님의 감동으로 기록된 하나님의 말씀일 수밖에 없음에 감격했었고, 1995년 '성경바로알기'와 '환생은 없다'를 출간했을 때에도 그러했다.

그 후 20년이 지난 오늘날까지 작은 사업을 통한 삶의 현장에서 크리스천이 겪을 수밖에 없는 온갖 환난과 갈등과 아픔과 약한 것과 곤란과 낮아지게 하심(고후12:10)을 체험하면서, 왜 하나님의 자녀들이 영육 간에 치우치는 삶을 살고 있으며, 왜 사탄을 닮은 삶을 살아갈 수밖에 없는지를, 그리고 영육 간에 복을 받아 누리고 살 수 있는데 왜 한 쪽 밖에 누릴 수 없는지도 깨닫게 되었다. 그리고 하나님께서 다시 한 번 감동하심으로 더욱 깊이 있게 깨달아진 진리의 말씀을 체계 있게 정리할 수 있게 되었다.

이 책을 접하는 크리스천들이 진심으로 예수 그리스도를 사랑하는 마음으로 하나님의 공의와 사랑이 무엇인지를 알고자 한다면 성령께서 그를 진리의 세계로 인도하여 주시고 영원한 생명과 참된 자유를 허락해 주시리라 믿는다.

성경을 억지로 풀지 말라

사도 베드로는 그의 두 번째 편지에서 다음과 같이 권면하며 경계하고 있다. 구절마다 심사숙고해야 하므로 ( )로 절을 표시해서 살펴보기로 한다.

"(14) 그러므로 사랑하는 자들아 너희가 이것을 바라보나니 주앞에서 점도 없고 흠도 없이 평강가운데서 나타나기를 힘쓰라 (15) 또 우리 주의 오래 참으심이 구원이 될 줄로 여기라 우리 사랑하는 형제 바울도 그 받은 지혜대로 너희에게 이같이 썼고 (16) 또 그의 모든 편지에도 이런 일에 관하여 말하였으되 그 중에 알기 어려운 것이 더러 있으니 무식한 자들과 굳세지 못한 자들이 다른 성경과 같이 그것도 '억지로 풀다가' 스스로 멸망에 이르느니라 (17) 그러므로 사랑하는 자들아 너희가 이것을 미리 알았은 즉 무법한 자들의 미혹에 이끌려 너희 굳센 데서 떨어질까 삼가라 (18)오직 우리 주 곧 구주 예수 그리스도의 은혜와 저를 아는 지식에서 자라가라 영광이 이제와 영원한 날까지 저에게 있을 지어다"(벤후3:14-18)

이 말씀은 "성경을 함부로 해석하지 말라"고 경계할 때 많이 인용되지만 종종 그 내용이 왜곡된 채 인용되고 있다. 심지어는 이 말씀을 인용하면서 "성경에서 해석하기 어려운 것은 애써 알려고 할 필요 없다" 또는 "그러다가 이단에 빠진다"는 등 그야말로 위에 있는 성경말씀을 왜곡하는 경우가 있다.

사도 베드로가 위의 말씀을 한 이유는 다음과 같다. 14절에 '그러므로'라고 한 말씀은 그 앞 11-13절에 "거룩한 행실과 경건함으로 하나님의 날이 임하기를 간절히 사모하라고 말씀한 대로"라는 뜻이다. '그러므로' 주의 임하심을 바라보며 점도 없고 흠도 없이 주님 앞에 서기를 힘쓰라는 권면의 말씀을 하고 있는 것이다. 15절 하반절에는, "사도 바울도 이러한 내용과 마찬가지의 뜻을 담은 편지를 너희에게 썼는데, 사도 바울이 각 교회에 보낸 편지에 쓴 말씀 중에는 알기 어려운 것이 더러 있다"고 말하고 있다. 사도 베드로가 교인들에게 점도 없고 흠도 없이 살라고 말씀하는 것과 같이, 사도 바울도 그와 같이 썼다고 말씀하고 있는 것이다.

"하나님 앞에 죄를 짓지 말라, 죄를 짓는 자는 죄의 종이다(롬 6:15-16)", "너희가 육신대로 살면 반드시 죽을 것이로되 영으로써 몸의 행실을 죽이면 살 것이다(롬8:13)", "육체의 일은 현저하니 곧 음행과 더러운 것과 호색과 우상숭배와 술수와 원수를 맺는 것과 분쟁과 시기와 분냄과 당 짓는 것과 분리함과 이단과 투기와 술 취함과 방탕함과 또 그와 같은 것들이라 전에 내가 너희에게 경계한 것같이 경계하노니 이러한 일을 하는 자들은 하나님의 나라를 유업으로 받지 못할 것이다(갈5:19-21)", "오직 사랑 안에서 참된 것을 하여 범사에 그에게까지 자랄지라 그는 머리니 곧 그리스도라(엡5:15)" 등등 점도 없고 흠도 없이 살라고 사도 바울이 말씀하고 있다.

그런데 사도 바울의 말씀 중에 다음과 같이 알기 어려운 내용도 있는데 이러한 말씀을 왜곡하여 풀다가 멸망에 이른다고 경계하고 있는 것이다. 오해하기 쉬운 말씀들을 몇 가지 살펴보자. "사람이 의롭다 하심을 얻는 것은 율법의 행위에 있지 않고 믿음으로 된다"(롬3:28), "오호라 나는 곤고한 사람이로다 이 사망의 몸에서 누가 나를 건져내랴, 내 자신이 마음으로는 하나님의 법을 육신으로는 죄의 법을 섬기노라"(롬7:24-25), "아비의 아내를 취한 자를 사단에게 내어주었으니 이는 육신은 멸하고 그 영은 주 예수의 날에 구원 얻게 하려 함이라"(고전5:5), "모든 것이 가하나 내게 유익한 것이 아니요 모든 것이 내게 가하나 내가 아무에게든지 제재를 받지 아니하리라(고전6:12)" 등등 오해하기 쉬운 말씀들이 적지 않다.

이러한 말씀들을 잘못 해석해서, 자기 마음대로 살며 죄를 마구 지어도 구원받는 것과는 상관이 없고, 믿음을 가지고 기도드리면 죄를 아무리 지어도 다 용서해 주신다고 믿게 하거나, 예수 믿고 구원받는 일이 쉬운 것처럼 왜곡할 만하지 않은가? 사도 베드로는 바로 이러한 알기 어려운 부분들이 사도 바울의 서신서에 있다고 경계하고 있는 것이다. 아비의 아내를 범한 자까지도 예수의 날에 그 영이 구원받는다고 하니, 이해하기 어렵지 않은가? 그러나 이는 불 가운데 얻는 구원에 대한 말씀인 것이다.

그런데, 진리의 기초조차 알지 못하는 무식한 사람들과 신앙이 불안정한 사람들이 이러한 말씀을 억지로 풀다가 즉 왜곡하다가 멸망에 이른다고 교훈하고 있는 것이다. 이 말씀은, 의심나거나 어려운 성경 말씀을 풀려고 애쓰지 말고 그냥 넘어가라는 뜻과는 거리가 먼 것이다.

사도 베드로는 성경풀이에 대하여, "우리에게 더 확실한 예언적인 말씀이 있어 어두운 데 비취는 등불과 같으니 날이 새어 샛별이 너희 마음에 떠오르기까지 너희가 이것을 주의하는 것이 가하니라"(벧후1:19) 말하고 있어서, 그러한 왜곡된 말과는 정반대의 입장을 취하고 있다. 오히려 확실하게 깨달아 지지 않는 성경말씀이 있다면 이러한 말씀을 마음에 새겨 두어서 깨닫게 되기까지 주의하는 것이 마땅하다는 말씀인 것이다.

"예수 그리스도의 말씀 안에 거하라"는 명령도, 예문 18절에 "주님의 은혜와 저를 아는 지식에서 자라가라", 베드로후서 1:19절에 "말씀에 주의하라(마음에 담아두고 지켜보라)"는 사도 베드로의 권면을 뒷받침하는 말씀이다. 또한 17절에서는 "이제 이러한 경계를 너희에게 주었은즉, '하나님의 법'인 진리를 따라 살지 않고 제 멋대로 사는 자들의 미혹에 이끌려 너희 굳센 데서 떨어질까 삼가라"고 말씀하고 있다.

거짓된 가르침을 순종할 것인가, 아니면 예수 그리스도의 말씀을 들을 것인가?

예수 그리스도의 말씀 안에 거하여, 온전한 진리를 깨닫는 이들이 복이 있다.

영적인 종양을 수술하시는 하나님

히브리서4:12-13의 말씀이다.

"(12)하나님의 말씀은 살았고 운동력이 있어 좌우에 날 선 어떤 검보다도 예리하여 혼과 영과 및 관절과 골수를 찔러 쪼개기까지 하며 또 마음의 생각과 뜻을 감찰(판별)하나니 (13)지으신 것이 하나라도 그 앞에 나타나지 않음이 없고 오직 만물이 우리를 상관하시는 자의 눈앞에 벌거벗은 것같이 드러나느니라"

너무도 많이 인용되는 말씀이고 또한 중요한 말씀이다. 살아 계신 하나님의 말씀이 모든 피조물에게 어떻게 상관하시고 역사하고 있는가에 대해 설명해주고 있기 때문이다. 예수 그리스도의 말씀은 살았고 운동력이 있어서, 영과 혼과 몸을 수술하시고 생명을 주시는 좌우에 날 선 검이다.

하나님께서는 썩은 부분을 도려내시고 수술하시는 분이다. 무엇으로 수술하신다고 말씀하고 있는가? 성령의 검인 하나님의 말씀으로 수술하신다(엡6:17). 하나님의 말씀은 인격이시다. 바로 그 말씀이 수술을 하시는 것이다. 사람이 사탄의 박테리아와 종양으로 썩어 가고, 가정과 사회와 나라가 부패하며, 종교가 썩어갈 때에 하나님의 말씀이 살아서 그 썩은 부분을 도려내고 하나님의 살아 있는 말씀으로 채워 회복시키신다는 뜻이다.

이 말씀은 각 사람의 영과 혼과 몸에 각각 적용된다. 신학자들이 만들어낸 삼분법을 논하고 있는 것이 아니다. 한 인격 안에 함께 존재하고 있으나, 역할이 다른 영과 혼과 몸에 대해 말하고 있는 것이다. 사람의 정신(혼)과 몸이 아무리 강건하다고 해도 영이 살지 못한다면 그는 죽은 것이나 다름이 없다. 성경은 육적으로 살아 있고 강건한 사람일지라도 그가 죄로 인해서 죽었다고 말씀한다(엡2:1). 하나님의 말씀은 바로 그 영과 혼과 몸에 생명을 주시고 강건함을 주시며, 때로는 수술도 하신다. 하나님의 말씀이 온 육체의 건강이 된다(잠4:22). 인간 육체의 질병도 고치시는 것이다. 또한 인간의 병든 혼에 새로운 기운을 불어 넣어주시고 새로운 지식을 주신다. 또한 죄로 인해 죽었던 우리 영을 살리시고 성령으로 우리의 영과 교통하시며 탄식도 하시고 살펴주시고 인도해 주신다.

말씀의 불이 우리 안에 살아 있으면 웬만한 사탄의 씨는 불 태워 버릴 수 있는 면역 체계가 왕성하게 작용한다. 예수 안에 거함으로 병들지 않고 왕성하게 성장하며 그리스도의 장성한 분량에 이르기까지 자라갈 수 있다(엡4:13). 그러나 걱정이나 근심이나 두려움이나 재리의 유혹이나 일락(쾌락)을 추구하는 마음이나 각종 욕심의 박테리아와 바이러스들이 침입해 들어와 면역체계가 점점 약해지면 결국 병에 걸리게 된다.

때로는 우리의 영혼에 사탄의 씨가 점점 퍼져서 하나님의 씨를 점령해 들어감으로써 우리의 생명까지 위협하게 될 종양으로 자랄 수도 있다. 하나님의 말씀이 이와 같은 영혼의 상태를 판별하시면(12절 하반절), 하나님께서는 우리로 하여금 좌우의 날 선 검으로 수술을 받게 하신다. 어떻게? 무슨 도구로 수술을 하시는가? 계속 말하고 있듯이 하나님의 말씀으로 수술하신다. 그렇다면 그 병든 자가 하나님의 진리의 말씀을 들을 수 있어야 한다. 그런데 병들어 죽어가고 있는 자가 어떻게 하나님의 음성을 들을 수가 있단 말인가? 하나님의 나팔을 부는 자들로부터 들을 수가 있다. 하나님의 살아 있는 말씀의 불을 던지는 자들로 말미암아 수술을 받게 하시는 것이다. 성경은 오히려 수술을 받게 된 자들에게 소망을 주고 있다. 멸망의 가증한 것이 거룩한 곳에 선 것을 보거든 산으로 도망하라고 말씀하고 있다(마24:15-16). 참된 영적인 지도자들의 말씀을 들으라는 비유의 말씀이다.

영혼의 수술을 받을 때, 하나님께서는 마취주사를 놓아 주시지 않는다. 얼마나 아픈지 이루 형용할 수가 없다. 영혼은 묶여 있고 도망치려고 해도 도망칠 수가 없다. 7년 대환난과 같은 완전한 환난이다. 의사에게 부르짖는다. 제발 그만하라고. 그러나 중간에 그만 두면 그는 그대로 영원히 죽는다. 의사이신 주님께서 인내하라고 말씀하신다. 끝까지 참아야 한다고. 수술이 끝난다. 하나님의 영, 하나님의 씨 즉, 하나님의 말씀이 그 도려낸 부분에 채워지고 봉합이 된다. 회복 기간이 지나 퇴원하면 그는 다시는 면역체계를 약화시키지 않으리라 다짐하고, 다시는 죄를 짓지 않을 것을 결심하고 절제하고 애쓰며 기쁨으로 살아간다. 새 생명을 주신 주님께 감사하며 다시는 죄를 범하지 않겠다고, 다시는 사탄의 씨가 내 몸에 퍼지지 못하도록 하겠다고 늘 깨어 근신하는 마음으로 살게 되고 마침내 영광의 부활로 나오게 되는 것이다.

누가 안약을 발라 자신의 영혼을 보려 하는가? 누가 M.R.I. 로 자신의 내부를 보겠는가? 누가 자신의 병든 영과 혼과 몸을 하나님의 수술대 위에 눕히는 복을 얻을 것인가? 들을 귀 있는 자가 복이 있다.

"들을 귀 있는 자들은 들으라!"

☞ 이제 잠깐 책을 덮어 두고
휴식하시기 바랍니다.

이제부터 살펴볼
육의 양식과 영의 양식은
그동안 명확하게 선포되지 않았던
진리의 말씀입니다.
부디 정신을 맑게 하시고 정독하시기 바랍니다.

육의 양식과 영의 양식(1)

다음은 예수 그리스도께서 하신 말씀이다.

"(32) 내가 진실로 진실로 너희에게 이르노니 모세가 너희에게 하늘로부터 떡을 준 것이 아니라 내 아버지께서 너희에게 하늘로부터 참 떡을 주시나니 (33) 하나님의 떡은 하늘에서 내려 세상에게 생명을 주는 것이니라"(요6:32-33)

32절을 뒤에 나오는 48-50절과 연결하여, 진리를 이해하기 쉽게 해석한다면 "내가 진실로 진실로 너희에게 이르노니 모세가 너희에게 준 떡은 하늘로부터 온 것이 아니다. 그러나 내 아버지께서 너희에게 주는 참 떡은 하늘로부터 온 것이다"라고 하면 좋은데, 영어로는 다음과 같다.

"Most assuredly, I say to you, Moses did not give you the bread from heaven, but My Father gives you the true bread from heaven."(John6:32, NKJV)

이 말씀을 48-50절의 말씀과 연결해 보자.

"내가 곧 생명의 떡이로라 (49) 너희 조상들은 광야에서 만나를 먹었어도 죽었거니와 (50)이는-생명의 떡은- 하늘에서 내려오는 떡이니 사람으로 하여금 먹고 죽지 아니하게 하는 것이니라" 하신다. 무슨 말씀을 하고 계신 것인가? 어떻게 이스라엘 백성들이 광야에서 먹었던 '육적인' 양식 만나와 주님의 '영적인' 생명의 말씀을 대조하여 말하실 수가 있을까? 예수를 믿는 이들도 육적인 양식을 먹고 살다가 육적으로는 결국 죽으니, 만나를 먹고 살다가 죽은 이스라엘 백성들과 다를 바가 없다.

그러므로 이 말씀에서 '만나'는 말 그대로 사람들이 먹고 배설하는 육적인 양식을 의미하지 않음을 간파해야 한다. 주님은 여기서 영적인 말씀을 비유로 하고 계심이 분명한 것이다. 모세가 이스라엘 백성들에게 광야에서 준 떡이 무엇인가? 만나가 아닌가? 그런데 주님께서는 "이 만나가 하늘로부터 온 것이 아니"라고 말씀하고 계시다(32절). 이 만나는 모세의 '율법'을 비유한 것인데, 주님께서는 지금 "모세가 준 떡인 만나를, 너희 조상들이 광야에서 먹었어도 죽었거니와 내가 주는 생명의 떡을 먹으면 살아! 그런데 모세가 너희에게 준 떡은 하늘로부터 온 것이 아니야! 모세가 너희에게 준 율법은 생명을 주는 것이 아니라니까!" 이렇게 말씀하고 계신 것이다.-뒤에 여기에 대하여 지속적으로 설명함-

이스라엘 백성들은 모세가 준 만나 즉 율법이 하늘로부터 온 것인 줄로 믿고 거기에 생명을 걸었다. 각종 의식과 율법을 지키는 데에 목숨을 걸었고, 심지어 주님께서 안식일에 불치의 병자들을 고쳐주시는 것이 안식일을 지키라는 율법을 범하는 일이라고 믿었다. 그런데 지금, 모세가 그들에게 준 떡 즉 율법이 하늘로부터 온 것이 아니며, 자신들이 믿고 살아 온 모세와 그 율법이 참 생명을 주는 것이 아니라고 말하시는 주님의 말씀을 듣고, 얼마나 당황했을까?

따르던 많은 제자들이 이 말씀을 듣고 "이 말씀은 어렵도다 누가 이해할 수 있느냐?"하며 마음에 걸려서 수군거렸다(요6:60-61). 모세가 하나님 다음인 줄 알고 살아온 그들이 어떻게 주님을 따를 수가 있었겠는가? 그래서 66절에 보면 "이러므로 제자 중에서 많이 물러가고 다시 그와 함께 다니지 아니하더라" 기록된 것이다. 주님께서 67절에 열 두 제자에게 말씀하신다. "너희도 가려느냐?" 제자들이 대답하되 "영생의 말씀이 주께 있사오니 우리가 누구에게로 가오리까?"

사도 바울도 로마서 7장에서 주님의 이러한 가르침을 대변하고 있다. 그 말씀의 요지는 이렇다. 사람이 율법과 계명을 모를 때는 살아 있지만 이 율법과 계명이 다가오면 죄가 살아나고 사람은 죽는다(9절). 죄가 율법과 계명을 이용하여 사람을 속이고 율법과 계명들로 말미암아 죽게 만든다(11절). 그러나 율법과 계명은 거룩하고 선하고 의롭다(12절). 사도 베드로가 말한 대로 이해하기 어려운 말인지도 모른다. 그러나 영적인 '육의 양식'과 '영의 양식'에 관하여 앞에서 살펴본 대로, 요한복음 6장에 기록된 주님의 말씀을 대변하고 있는 것으로 보고 읽으면 이해가 쉽다.

율법은 죄와 사망의 법으로서 영적인 '육의 양식'이며 먹어도 죽는다. 그러나 주님의 말씀은 생명의 법으로서 '영의 양식'이다. 그러므로 마침내 사도 바울은 "그리스도 예수 안에 있는 생명의 성령의 법이 죄와 사망의 법에서 나를 해방하였다"(롬8:2)고 선언한다. 여기에서 죄와 사망의 법은 물론 율법을 가리킨 것이다.

구약 성경을 잘 이해하면 그 말씀들이 영적인 '육의 양식'이 되어, 이 세상에서 육적으로 부요하고 지혜롭고 건강한 삶을 살게 된다. 물질의 복과 건강의 복과 그에 따른 것들을 얻게 되는 것이다. 대부분의 유대인들이 부요하고 건강하게 누리고 사는 현실이 이것을 대변한다. 그러나 구약 성경에는 이 땅에 이루어진 하나님의 나라에서 살 수 있는 '영의 양식'은 풍부하지 못하다. "지혜자의 말씀들은 찌르는 채찍들 같고 회중의 스승들의 말씀들은 잘 박힌 못 같으니 다 한 목자가 주신 바이니라" 말씀하고 있듯이(전12:11), 이 세상의 모든 현자나 선각자들의 "선하고 유익한 가르침"이 육적인 삶을 풍요롭게 할 수는 있으나 결국 영생을 줄 수는 없는 것과 별반 다르지 않다. 그러므로 이러한 말씀들에 치우쳐 사는 사람들은 결국은 다 죽는다. 영원히 죽지 않는다면 죽었다가 산다. 불 가운데 얻는 구원이다.

이와는 대조적으로 신약 성경에는 영원한 생명을 얻게 하고 이 땅에 이루어진 하나님의 나라에서 살게 하는 '영의 양식'이 풍부하다. 영적인 풍요로움을 누리게 된다. 그러나 신약에 치우치게 되면 물질과 건강의 복을 소홀히 하게 되어 가난과 질고에 시달리게 될 수 있다. 그러나 그들은 영원히 산다. 그러므로 성경은 좌로나 우로나 치우치지 말라 말씀하며, 심은 대로 거두리라 말씀하고 있는 것이다(갈6:6-10).

육의 양식과 영의 양식(2)

구약의 말씀은 "육적인 안목에서 바라보고 기록한 영적인 말씀"
이기 때문에 영적인 '육의 양식'이라고 할 수 있고, 신약의 말씀은
"영적인 안목에서 바라보고 기록한 영적인 말씀"이기 때문에 '영
의 양식'이라고 할 수 있다. '영적인 말씀'이라 함은 구약과 신약
모두가 하나님의 감동으로 기록되었음을 뜻한다. 그러나 율법을
비롯한 구약은 대부분 육적인 안식을 추구하게 하는 '육의 양식'이
며, 신약은 영원한 안식, 즉 영생을 추구하게 하는 '영의 양식'이
대부분이다.

그러나 구약성경이 '육의 양식'이요 신약성경이 '영의 양식'이라
는 말을 곡해해서는 안 된다.

한 자루의 콩과 한 자루의 진주가 있다. 콩이 들어 있는 자루는
마루의 왼쪽 끝에서, 진주가 들어 있는 자루는 마루의 오른쪽 끝에
서, 자루 속에 있는 콩과 진주를 서서히 마루 위에 쏟아 부어 보자.
왼쪽 마루에는 콩이, 오른쪽 마루에는 진주로 깔리고 그것들이 만
나는 지점에는 서로 뒤섞이게 될 것이다. 이와 마찬가지로 구약성
경에는 전적으로 육의 양식만 있고, 신약성경에는 영의 양식만 있
는 것이 아니다. 구약성경에도 영의 양식이 있고 신약성경에도 육
의 양식이 있다. 그러나 구약이나 신약 어느 한 가지만 가지고는
영육 간에 서로 크게 부족한 부분이 있기 때문에 편식하는 것이
되므로 신약과 구약의 말씀을 치우침이 없이 먹고 행해야 한다.

구약성경만으로는 '이 땅에 이루어진 하나님의 나라'에서 살 수

있는 온전한 가르침을 얻을 수 없고, 신약성경만으로도 '이 세상'에서 살아갈 수 있는 온전한 가르침을 얻을 수 없다. 구약성경에 있는 육의 양식으로 이 세상에서 살아갈 수 있는 가르침을 얻고, 신약성경에 있는 영의 양식으로 하나님의 나라에서 살아갈 수 있는 가르침을 얻을 때에 영육 간에 복을 누리며 살게 되는 것이다.

예수 그리스도께서 오셔서 영의 양식을 말씀하시기 전에는 유대인들에게 '영의 양식의 개념'이 없었다. 하나님의 나라, 천년 왕국에 대한 개념도 육적으로 풀고 있었다. 사람이 죽으면 흙으로 돌아간다고 믿었던 사람들에게 '영의 양식의 개념'이 있을 수 있겠는가?

주님께서 천국 즉, 하나님의 나라에 대하여 가르치시면서, 제자들에게 다음과 같이 말씀하신다. "너희 눈은 봄으로, 너희 귀는 들음으로 복이 있도다. 내가 진실로 너희에게 이르노니 많은 선지자와 의인이 너희 보는 것을 보고자 하여도 보지 못하였고 너희 듣는 것을 듣고자 하여도 듣지 못하였느니라"(마16-17) 그렇다. 구약시대의 선지자들조차 '이 땅에 임한 천국' 즉, '이 땅에 임한 하나님 나라'에 대하여 듣지도 보지도 못했다. 그러므로 그들이 기록한 구약성경에는 이 땅에 임한 천국에 대하여 설명하는 말씀이 부족할 수밖에 없다.

물론 성경이 하나님의 감동으로 기록되었기 때문에, 선지자들이 이 땅에 임한 하나님의 나라 즉, 천국에 대하여 영적인 것으로 알지 못했을지라도, 메시야의 강림으로 이 땅에 이루어질 왕국에 대해 영적으로 예언하고 있다. 그 메시야의 왕국은 그들이 '육적인'

관점에서 고대하는 바였지만, 성령의 감동으로 '영적으로' 기록되었는데, 인자로 오신 예수 그리스도로 말미암아 이루신 하나님의 나라를 비유로 표현하고 있다. 이것에 대하여는 제 2권의 '천년왕국의 비유' 편에서 다루게 될 것이다.

어찌되었든 구약성경에는 하나님 나라의 '그림자요 모형'에 해당하는 말씀이 주로 기록되어 있으며, 그 '그림자요 모형'인 "선민 이스라엘이라는 나라(땅)"에서 살 수 있는 '육의 양식'이 주로 기록되었다. 구약성경에 기록된 말씀 중 아담이 타락하기 전의 에덴동산, 시편의 일부, 선지서를 제외한 대부분의 말씀들이 '육의 양식'이다. 이 말씀들을 잘 이해하고 삶에 적용시킨다면, 물질의 복은 물론 건강의 복을 누릴 수 있다. 각양각색의 사람들과 사건들이 기록된 말씀 속에서 삶의 처세술을 익힐 수 있고, 무엇을 먹어야 하는지 또는 무엇을 먹지 말아야 하는지를 규정하고 있어서 건강을 위한 방법을 얻을 수 있다. 특히 잠언은 삶의 지혜를 얻을 수 있고, 시편은 정신적인 안식과 위로를 얻게 하며 영을 새롭게 한다.

신약성경은 예수 그리스도께서 선포하시고 이루신 하나님의 나라 즉, 천국에 대한 말씀이다. 천국에 들어가려면 회개하라고 말씀하신다(마4:17). 성령과 진리로 거듭나라고 말씀하신다(요3:5). 천국백성은 착한 일을 행하도록 지음을 받은 자니 착한 행실로 하늘에 계신 아버지께 영광을 돌리게 하라 말씀하신다(마5:16). 원수를 사랑하며, 너희를 핍박하는 자를 위하여 기도하라 하신다(마5:44). 너는 구제할 때에 오른 손이 하는 것을 왼손이 모르게 하라 하신다(마6:3). 너희는 먼저 그의 나라와 그의 의를 구하라 그리하면

이 모든 것을 너희에게 더하시리라 하신다(마6:33). 좁은 문으로 들어가라 하신다(눅13: 24). 자기의 생명을 사랑하는 자는 잃어버릴 것이요 이 세상에서 자기의 생명을 미워하는 자는 영생하도록 보존하리라 말씀하신다(요12:25). 육신을 좇는 자는 육신의 일을 영을 좇는 자는 영의 일을 생각하나니, 육신의 생각은 사망이요 영의 생각은 생명과 평안이니라 하신다(롬8:5-6). 음란과 부정과 사욕과 악한 정욕과 탐심 등 땅에 있는 지체를 죽이라 말씀하신다(골3:5). 신령한 몸의 부활을 목표로 전진하는 삶을 살라 하신다(빌3:11-14) 신약성경에는 이와 같은 영의 양식이 풍부하다.

그러나 크리스천들이 '영의 양식'을 치우쳐 추구하다 보면, 가난해지거나 건강을 잃게 될 수도 있다. 반면에 '육의 양식'을 치우쳐 추구하다 보면, 물질과 건강의 복을 누릴 수 있을지 모르나 '영적으로' 피폐해져서 유럽 사람들의 신앙 행태와 같이 몰락하게 될 수 있다.

좌로나 우로나 치우치지 않는 크리스천이 복이 있다.

육의 양식과 영의 양식(3)

육의 양식과 영의 양식은 천사들과 예수 그리스도의 차이만큼이나 다르다. 히브리서1:1-13에서 예수 그리스도는 천사들과는 차원이 다른 분임을 말씀하고 있다. "여러 시대에 걸쳐서 여러 가지 방법으로 우리 조상들에게 말씀(구약)하신 하나님이 이 모든 날 마지막에 말씀(신약)하셨는데, 이 아들을 만유의 상속자로 세우시고 저로 말미암아 세계들을 지으셨다"(1-2절). "예수 그리스도는 영존하시는 분이며(11절), 하나님의 아들이시며(5 절), 원수로 발판이 되게 하기까지 아버지 하나님의 우편에 앉으신 분이다"(13절). 그러나 "모든 천사들은 부리는 영으로서 구원 얻을 후사들을 위하여 섬기라고 보냄을 받은 존재들이다"(14절).

물론 이 14절의 말씀은 천사들이 인간들보다 못한 존재라는 의미는 결코 아니다. '부리는 영'이라고 할 때에 '부리는'으로 번역된 헬라어 '레이투르기코스'는 '공적으로 섬기다, 봉사하다'는 의미가 있다. 예를 들자면 "경찰이 시민들을 위해 봉사하며 섬긴다"라고 말할 때와 같은 의미다.

또한 14절 하반절에 '구원 얻을 후사들을 섬기다'의 '섬기다'로 번역된 헬라어 '디아코니아'는 " 직무상의 봉사자로서 섬기며 사역한다"는 뜻이다. 예를 들자면, "어떤 가정의 집사나 가정교사가 그 집안의 아이들을 돌보고 키우는 사역을 담당하는 것"을 예로 들 수 있다. 한마디로 천사들은 이 땅에 이루어진 하나님의 나라의 백성들을 공적으로 섬기며, 백성들의 구원을 이루게 하기 위해 섬기며 사역하는 자들이라는 의미인 것이다. 이것은 주님께서 "나는 섬기는 자로 너희 중에 있노라"(눅22:27) 하신 말씀과 같은 맥락에서 이해되어야 한다. 이 말씀에도 헬라어 '디아코니아'가 사용된다.

설명이 다른 데로 흐르는 듯하지만, 육의 양식과 영의 양식의 차이점을 살펴보기 위해서, 이와 같은 이해가 전제되어야 한다.

이어지는 히브리서 2:1-4절 말씀에서 "(1)그러므로 모든 들은 것을 우리가 더욱 간절히 삼갈지니 혹 흘러 떠내려갈까 염려하노라 (2)천사들로 하신 말씀이 견고케 되어 모든 범죄함과 순종치 아니함이 공변된 보응을 받았거든 (3)우리가 이같이 큰 구원을 등한히 여기면 어찌 피하리요 이 구원은 처음에 주님께서 말씀하신 바요 들은 자들이 우리에게 확증하는 바니 (4)하나님도 표적들과 기사들과 여러 가지 능력과 및 자기 뜻을 따라 성령의 나눠주신 것으로써 저희와 함께 증거하셨느니라" 말씀하고 있는데, 여기에 중요한 진리가 담겨 있다.

헬라어 원문에 근거하여 이 말씀을 쉽게 풀이해 보면 다음과 같다. "(1절) 전술했듯이 예수 그리스도의 신분과 천사들의 신분은 천양지차다. 그러므로 모든 들은 것들 즉, 천국복음의 진리의 말씀을 우리가 더욱 간절히 유념해야 한다, 왜냐하면 흘려듣다가는 그냥 지나치게 되고 구원에서 멀어지게 되기 때문이다. (2절) '천사들로 하신 말씀(행7:53)' 즉 율법을 비롯하여, 1장 1-2절에 언급한 대로 여러 시대를 걸쳐서 여러 가지 방법으로 천사들을 통하여 전하신 말씀인 '육의 양식'이 견고케 되고 판단기준이 되어 모든 범죄함과 순종치 아니함이 공의로운 보응을 받았거든, (3절) 하물며 우리가 주님께서 직접 전한 이같이 큰 '천국복음의 진리의 말씀' 즉 '영의 양식'을 등한히 여기면 어찌 피하리요 (4절) 이 '천국 복음의 진리의 말씀'은 처음에 예수 그리스도께서 말씀하신 바요 사도들과 주님께 들은 자들이 우리에게 확증하는 바니, 하나님도 표적들과 기사들과 여러 가지 능력과 성령의 은사로써 저희와 함께 증거하셨느니라"

2-3절에서 보면 율법은 천사들로 하신 말씀, 즉 천사들을 통하여 하신 말씀이고(행7:38, 갈3:19) 천국에 관한 진리의 말씀은 주님께서 친히 주신 말씀이다. 이 말씀은 "육의 양식과 영의 양식(1)"에서 전술한 내용을 뒷받침하는 말씀이다. 모세가 준 만나 즉 '육의 양식'과 예수 그리스도의 영생의 말씀 즉 '영의 양식'이 "땅과 하늘의 차이만큼이나 크다"는 비유의 말씀을 확증하고 있는 것이다(요6:31-68).

이어서 히브리서 3:1-6에서는 모세와 예수 그리스도를 비교한다. 모세는 하나님의 집에서 충성한 종(사환; servant)이며, 예수 그리스도는 하나님의 집을 짓고 맡아 충성한 아들이며 하나님이시다. 이와 같이 모세의 율법 즉, '육의 양식'과 예수 그리스도의 천국복음의 진리의 말씀 즉, '영의 양식'은 천양지차인 것이다. 육의 양식을 먹은 자는 죽었고 영의 양식을 먹는 자는 영원히 산다. 그런데 '육의 양식'을 먹은 자들이 죽었다는 것은 또한 비유의 말씀이며, '영생을 얻지 못했다, 또는 천국에 들어가지 못했다'는 뜻이다. 죽은 그들이 살아서 하나님이 예비하신 한 성에서 그들에게 영원한 생명을 주기 위해 오실 메시야를 바라보며 기다리고 있었기 때문이다(히11:13-16, 마22:31-32). 주님께서 "너희 조상 아브라함은 나의 때 볼 것을 즐거워하다가 보고 기뻐하였느니라"(요8: 56) 하신 말씀도 이것을 뒷받침한다.

메시야가 오시기 전 믿음의 조상들은 보이지 않는 천국에 대한 증거는 받았지만 약속은 받지 못하였으므로 천국에 들어가지 못하고 있었다(히11:39). 이들에 대하여는 '부활'에 관한 말씀에 상술하고 있으므로 참조하시기 바란다. 육의 양식과 영의 양식을 골고루 먹고 행하는 이들이 복이 있다.

육의 양식과 영의 양식(4)

하나님의 말씀은 영어로는 'the word of God', 한글로는 '하나님의 말씀'으로 한 가지로 표기된다. 그러나 헬라어는 하나님의 말씀을 3가지로 표기하고 있다. '로고스', '레에마', '로기온' 등이다. 형이상학적인 단어를, 헬라어만큼 구체적으로 분류하여 표현하는 언어는 없다. 신약 성경이 헬라어로 기록되게 하신 것도 하나님의 놀라운 섭리 가운데 이루어진 것임을 알 수 있다.

'로기온(λογιον)'은 '육의 양식'을 말하는데, 유대인들에게 주신 하나님의 말씀 즉 구약성경이다(롬3:2). '로기온'이라는 단어는 신약에서 4군데에 사용되고 있다(행7:38, 롬3:2, 히5:12, 벧전4:11). 사도행전 7:38에 스데반집사가 성령 충만하여 유대인들에게 설교하던 중, 모세에 대하여 "생명의 도를 받아 우리에게 주던 자"라고 말하고 있다. 여기서 '생명의 도'는 '살아있는 하나님의 말씀(living oracles)'이라는 뜻인데, '도'는 '로기온'이다.

사도 바울은 로마서 3:2에서 유대인들이 '하나님의 말씀'을 맡은 자들이라고 말한다. 여기에 '하나님의 말씀'으로 번역된 헬라어가 '로기온'이다.

히브리서 5:12에서는 "때가 오래 되었으므로 너희가 마땅히 선생이 되었을 터인데 너희가 다시 '하나님의 말씀'의 초보에 대하여 누구에게서 가르침을 받아야 할 처지이니 단단한 음식은 못 먹고 젖이나 먹어야 할 자가 되었도다"고 말씀하고 있는데, 여기에서 '하나님의 말씀'으로 번역된 헬라어도 '로기온'이다. 물론 이 '하나님의 말씀의 초보'는 율법이며 육의 양식을 의미하고, 젖은 순수하고 기초적인 복음을 비유한 것이다(벧전2:2). 젖이나 먹어야 하는 신앙의 단계는 율법과 복음의 관계를 깨닫고 죄가 얼마나 무서운 것인지를 다시 한 번 깨달아야 할 필요성이 있는 단계임을 말하고 있는 것이다. 죄는 피를 요구하며, 죄를 짓는 자는 죄의 종이 되고 반드시 죽는다는 것과 이 죄의 종 된 우리를 자유하게 하기 위해 주님께서 십자가에서 피 흘려 죽으셨음과, 믿음의 사람들은 죄에 대하여는 죽고 의에 대하여는 살아야 함을 다시 배워야 한다는 뜻이다.

'로기온'은 하나님의 백성들이 지켜야 할 하나의 규범과 같은 것이다. 그것을 지키며 살 때에 이 땅에서 하나님께서 허락하신 복을 누릴 수가 있다. 그러나 이 '로기온'은 사람을 거듭나게 하는 힘이 없다. 그러므로 모든 사람이 죄를 지어 하나님의 영광에 이를 수가 없었다(롬3:23). 그 말씀(로기온)을 따라 잘 지켜서 이 땅에서 복을 누린 자일지라도 결국 영생을 얻지 못하고 다 죽었다.

지금 이 시대에도 이와 같은 일은 반복되고 있다. '로기온'은 '육의 양식'이 되는 하나님의 말씀이다. 이 땅의 선각자들과 현인들의 가르침과 대동소이하다. 그 말씀 따라 살면, 물질의 복과 건강의 복을 누릴 수 있다. 그러나 결국 그는 죽는다. '영의 양식'을 치우침 없이 함께 섭취해야 육적인 복과 아울러 영생의 부활을 함께 이룰 수 있다.

'영의 양식'은 영생의 말씀인 예수 그리스도의 가르침과 주님의 대속의 피다(요6:54-55).

예수 그리스도의 말씀이 '로고스(λογος)'인데, 이 말씀은 '영생의 말씀'을 뜻하며(요일1:1), '영의 양식'이다(요6:68). 사도 요한은 예수 그리스도께서 '로고스'이며, '하나님'이라고 말한다(요1:1). 로고스'는 예수 그리스도의 인격 그 자체이며, 살아 있고 능력 있는 하나님의 말씀이다. 그 하나님의 말씀을 듣지 않는 자는 하나님을 믿지 않는 것이요 이미 심판을 받은 것이다(요3:18). '로고스'에는 능력이 있고 생명이 있으며, 죄를 씻어내는 힘이 있다(요15:3). 한 백부장이 주님께 나아왔다(마8:5-13). "내 하인이 중풍병으로 누워 몹시 괴로와하나이다." "내가 가서 고쳐 주리라." "주여 내 집에 들어오심을 감당할 수 없사오니 다만 '말씀'으로만 하옵소서." 이 백부장이 구한 '말씀'이 '로고스'다. 주님께서는 백부장의 믿음을 칭찬하시며, "네 믿음 대로 될지어다" 말씀하셨고, 그 하인이 그 즉시로 나았다. 로고스는 능력이며 생명이다. 그 영의 양식을 먹는 자는 영원히 산다.

이 '로고스'가 말하여 지는 상태가 '레에마(ρημα)'다

'레에마'는 '발언, 말함, 논제' 등의 뜻이 있는데, 주님께서 하신 말씀이 '레에마'로 주어질 경우, 이것은 "살아서 역사하는 능력 있는 하나님의 말씀"이라는 의미가 더해진다. 주님께서 "내가 너희에게 이른 '말'은 영이요 생명이라(요6:63)" 하신 말씀 중에 '말'이 '레에마'다. 이 '레에마'는 우리의 삶 가운데 불붙는 하나님의 말씀이다. 우리의 삶의 문제를 해결하여 주고, 진리의 세계로 인도하여 주는 말씀이다. 그러므로 주님의 음성(레에마)을 들을 때에, 죽은 자들이 살아나고 영생을 얻는다(요5:24-25). 이 '레에마'는 화염검

이요 성령의 검이 되어 마귀의 일을 진멸한다. 영생의 말씀인 '로고스'를 먹고 장성한 자들은 '레에마'로 역사하시는 성령의 인도함을 받을 수 있다.

말씀의 불이 타오르게 하라. 그 말씀을 마음에 두고 생각에 기록하라(히10:16). 주님의 음성을 들을 수 있도록 예비하라. 죄를 지으면서 성령의 음성을 올바로 들을 수 있다고 착각하는 자에게 화가 있다. 그러므로 늘 예수 안에 거함으로 주님의 음성을 듣고 행하며 정죄함을 받지 않고 살아가는 자가 복이 있다(롬8:1-2).

여호와 증인과 영혼멸절 설, 그리고 안식일

여호와 증인을 비롯하여 안식일 교인 등은 영혼멸절 설을 믿는다. 그리고 그들은 소위 세대주의자들로서 성경을 문자 그대로 믿는다.

그들에게 있어서 영(spirit)은 '호흡, 생명력(생기), 그리고 달리 표현하면 인간이 죽을 때 하나님께로 돌아가는 '그 무엇'이며, breath of life이다(창2:7). 문자 그대로 성경을 읽으니, 주님께서 가르쳐 주신 천국비유를 깨달을 수 없고, 영의 세계에 대하여는 무지하다. 또한 영의 세계에는 악한 영들이 들끓는다고 생각하는 듯하다.

영적인 부활의 세계에 대하여 깨달을 수 없다. 그들은 유대인들이 믿는 그러한 부활을 믿는다. 그들에게는 안타깝게도 영의 부활과 신령한 몸의 부활에 대한 개념이 잘못되어 있고, 그들의 삶의 목적이 흐려져 있다. '육의 양식'을 치우쳐 먹을 수밖에 없다.

그들에게는 창세기 1장의 하루가 지금 우리가 달력을 쓰면서 생각하는 그 하루기 때문에 지구의 나이를 최대로 늘린다고 해도 만년이 채 되지 않는다. 그러므로 지금 우리가 달력에서 토요일로 정한 그 날이, 그들에게는 정확한 안식일이다. 그 날이 아니면 절대로 안 된다(참조; 롬14:5, 골2:16-17, 갈4:9-11). 아니 그 날을 지키지 않는 자들은 구원을 받지 못한 상태라고 생각하는 듯하다(출35:2).

사도시대에 전도를 위해 주셨던 지역 방언은 사도시대에 끝났고, 이방신을 섬기는(?) "일요일 교회 교인들의 방언"은 귀신이 임하여 하는 것이라고 간주한다. 병 고치는 은사를 행함과 방언하는 것은 강신술로 인한 것이라고 말한다. 소위 그들이 '일요일 교회 교인'이라 일컫는 크리스천은 죄에 대하여 무방비 상태요, 예수만 믿으면 천당이라고 말하며, 마귀에게 경배하는 집단이라고 믿어 의심치 않는다. 기도로 병을 고침 받아도 일요일 교회 교인들이 고침 받는 것은 마귀들로 말미암아 강신술로 고침 받은 것이라고 간주한다. 그도 그럴 것이 교회 다니는 크리스천들은 예수 믿는다고 교회 다니면서 성경 진리의 '진'자도 모르고 복음의 '복'자도 모르는 자들이며, 돈과 명예와 권세를 가진 자들의 명함만 확인하면, 교회에서 고개 들고 행세하게 하는 자들이라고 생각하니까.

어찌되었든 교회의 지도자들보다는 그들의 선지자가 몇 배는 더 훌륭해 보이기 때문에, 그들의 선지자가 성경 위에 앉아서 방언도 금하고 안수도 금하고 수혈을 금한다고 해도 의심 없이 그대로 따를 수밖에 없지 않을까?

'육의 양식'인 구약성경을 들이대면서 "안식일을 지키지 않으면 구원도 못 받는다, 일요일은 이방신(사탄)을 경배하던 날이다" 하면서, 일요일 교인이라면 전도해야 할 대상일 뿐 아니라 귀신과 사귀는 자요, 구원도 못 받을 자들이니 겉으로는 전도를 위해 친절하되, 속으로는 견제의 대상이요 심판의 대상일 뿐이라 생각하는 듯하다. 원수가 집안 식구일 것이라고 주님께서 말씀하신 것을 근거로 위와 같이 생각하며, 일요일 교회 교인 가족이나 친척들에 대하여도 그렇게 대하는 것은 아닐까? 왜 이렇게까지 완고하게 된 것일까?

　나는 여호와 증인들이나 안식일 교인들을 폄하하여 그들이 악을 행하는 자요, 불신실한 사람들이라고 결코 말하지 않는다. 그러나 자신들이 짓는 죄는 작게 보이고 일요일 교인들이 짓는 죄는 우상 숭배와 안식일 범함이라는 사망에 해당하는 큰 죄로 보고 있다. 과연 그럴까? 만일 하나님의 진리가 그렇다면, 그들의 말을 따라야 구원받는다. 하나님께서 진리의 성령을 통하여 그들에게 진리를 깨닫게 하셨음에도 받아들이지 않거나 심지어 성령을 훼방한다면 죄 사함을 받지 못할 것이니까. 그러나 자기 눈에 있는 들보는 깨닫지 못하고 남의 눈에 있는 티를 빼라는 것은 아닐까?

　하나님께서 당신의 아들 예수 그리스도를 이 땅의 '왕의 왕', '주의 주'로 기름 부으시고 그리스도의 나라를 하나님의 나라로 선포하시어(벧후 1:11, 골1:13, 마13:36-43), 사탄으로 발아래 두기까지 하늘과 땅을 다스리게 하셨는데, 그들의 왕이요 그들의 주이신 예수 그리스도를 젖혀두고 빛 가운데 거하시는 여호와 하나님을 직접 상대하여 섬기겠다는 교만을 부리고 있다.

　우리 구주 예수 그리스도를 믿고 그를 경배하는 것이 곧 유일하신 아버지 하나님 경배하는 것임을 어찌 모르는 것일까?(고전 15:14-28, 히3:3-4, 롬9:5) "오직 그에게만 죽지 아니함이 있고 가까이 가지 못할 빛에 거하시고 아무 사람도 보지 못하였고 또 볼 수 없는 유일하신 아버지 하나님"과 예수 그리스도는 동격이신 분은 아니다.(딤전6:15-16, 계1: 18). 그러나 예수 그리스도는 "기묘자요 모사요 능하신 하나님이요 영존하시는 아버지요 평강의 왕"이시며(사9:6), 우리를 창조하신 분이시며 구세주시다(골1:16). 아버지 하나님은 예수 외에 구원받을 만한 다른 이름을 우리에게 주시지 않았다(행4:12). 예수 그리스도께서는 사탄과 그를 따르는 악한 무리들을 멸하시고 아버지 하나님께 복종하게 되실 때까지 우리의 왕이시요 우리의 주님이실 뿐 아니라, 만왕의 왕이시며 만주의 주시며, 마땅히 경배를 받으실 만물의 집주인이시다(고전15:14-28, 히3:3-4, 계19:16, 롬9:5, 히1:6···). 아버지 하나님께로부터 보내심을 받은 독생자 예수 그리스도께서는 "나(예수)의 증인이 되라(행1:8)" 하셨지 "여호와의 증인이 되라" 말씀하지 않으셨으며, 하나님께서도 증인이 되어 주셨다(행2:22).

사도 바울은 안식일을 비롯한 모든 절기에 대하여 예수 안에서 자유함을 얻었기에, 이 땅에서 지키는 안식일을 비롯한 모든 절기는 '육의 양식'을 먹는 자들의 것이며, 그것들은 하나님의 나라에서 우리가 섬겨야 할 것들의 그림자요 모형에 불과한 것이라고 말씀하고 있다(골2:16-17). 그리고 다음과 같이 말씀한다. "혹은 이 날을 저 날보다 낫게 여기고 혹은 모든 날을 같게 여기나니 각각 자기 마음에 확정할지니라"(롬14:5).

주님의 은혜와 저를 아는 지식에서 성장하라(1)

예수께서 베드로와 요한과 야고보를 데리시고 기도하러 산에 올라 가셨다(눅9:28-36). 주님께서 기도하실 때에 용모가 변화되고 그 옷이 희어져 광채가 났다. 문득 두 사람이 주님과 함께 말하고 있었는데, 모세와 엘리야가 영광 중에 나타나서 장차 주님께서 예루살렘에서 별세하실 것을 말씀하고 있는 중이었다. 베드로와 요한과 야고보가 곤하여 졸다가 정신을 차려 주님의 영광과 및 함께 선 두 사람을 보더니, 두 사람이 떠날 때에 베드로가 주님께 말했다. "주여 우리가 여기 있는 것이 좋사오니 우리가 초막 셋을 짓되 하나는 주를 위하여, 하나는 모세를 위하여, 하나는 엘리야를 위하여 하사이다"(33절).

처음 회개하여 예수 그리스도를 믿고 하나님 나라를 희미하게나마 본 사람들이나, 영적인 세계로부터 오는 기쁨을 맛본 사람들이 이구동성으로 할 수 있는 말이다. 너무나 좋다. 이 세상의 어떤 기쁨도 그것을 대신할 수는 없다. 천지만물을 창조하신 하나님이 우리를 인격적으로 찾으시고 불러주시다니 그 기쁨과 위안은 말로 다 형용할 수가 없는 것이다.

그대로 머물고 싶다. 험악한 세상에 나가 살고 싶지 않다. 그러한 세상에 살 수 밖에 없는 자신이 안타깝다. 거짓말하며 살고 싶지 않다. 삶의 현장에서 치고받고 싸우기를 원치 않는다. 정직하고 착하게 살고 싶다. 남을 도와주고 긍휼히 여기며 살기를 원하며, 나 자신을 다스리며 절제하며 살기를 바란다. 그런데 세상은 이들을 받아주지 않는다. 오히려 이용하려 하고 멸시하고 조롱하려 한다. 손해를 감수해야 하고 심지어 핍박을 받기도 한다. "주여 여기가 좋사오니 하나님의 나라에 머물러 살게 해 주옵소서!"

그러나 주님께서는 말씀하신다. "세상을 향하여 가라. 내가 너희를 보냄이 양을 이리 가운데 보냄과 같도다. 그러므로 너희는 뱀 같이 지혜롭고 비둘기 같이 순결하라. 사람들을 조심하라 저희가 너희를 공회에 넘겨주겠고 저희 회당에서 채찍질 하리라"(마 10:16-17) 이 말씀은 주님께서 제자들로 하여금 전도 여행을 떠나 보내기 전에 그 제자들에게 하신 말씀이다. 그러나 이 말씀들은 지금 예수 믿고 거듭난 크리스천들에게도 여전히 유효하다.

예수 믿고 구원받기 전 우리는 "이 세상의 풍속을 좇고 공중의 권세를 잡은 자를 따랐다"(엡 2:2) 이 권세 잡은 자는 "지금 불순종의 아들들 가운데 역사하는 영"이다. 가슴을 찢고 우리의 죄를 회개하고 예수 그리스도를 영접한 후, 우리는 보이지 않는 세계 즉, 하나님의 나라로부터 도움을 받게 된다. 그러나 동시에 불순종의 아들들의 거센 공격에 직면하게 된다.

이때에 우리에게 적용되는 법이 바로 하나님 나라의 진리다. 공의와 사랑의 치우침 없는 법이 우리를 다스린다(마5:43-45). 세상 사람과 크리스천 사이에 갈등이 있을 때에도 하나님의 공의와 사랑의 법이 적용된다. 그런데 똑같이 잘못했을 때에도, 크리스천은 더 많이 징계를 받는 것같이 보인다(히12:7-13). 세상 사람들과 사탄의 영을 따르는 자들은 오히려 평안하게 보인다. 이것은 당연하다. 사탄의 영이 그들을 주관하고 안위해 주기 때문이다.

한편 크리스천이라 불리는 사람들에게도 사탄의 영이 역사한다. 그 속에 사탄의 씨가 뿌려져 쓴 뿌리가 내려 있다면(히12:15), 그 악한 영의 영향권에서 벗어날 수가 없는 것이다. 잘못하고서도 오히려 당당하다. 뻔뻔하게 거짓을 말한다. 잘못했다고 말하는 일이 없다. 잘못했다고 말하면 상대방에게 약점을 잡혀 종노릇하게 될 수도 있기 때문이다. 과연 그런가? 물론, '잘못했다' 말하면 잠시 불이익을 당하게 될 수 있지만(마5:25-26), 죄의 종이 되는 것보다 낫다는 사실을 깨닫는 이들이 복이 있다.

하나님은 악한 자들을 하나님의 백성들을 징계하는 도구로 사용하실 수 있으며, 그 도구가 쓸모없으면 꺾어 버리신다. 그러므로 성경은 "끝까지 인내하라." 말씀한다. 사랑은 오래 참고 모든 것을 참으며 견디는 것이다(고전13:4-7). 그런데…참으로 참기 어려운가? 그렇다면 경건의 연습이 거기까지다. 거룩한 척하지 말라. 외식하는 자가 되지 말라. 참다 참다, 못된 자의 멱살을 잡아보라. 모함한 자의 따귀를 때려보라. 나에게 해코지한 자에게 눈에는 눈, 이에는 이로 갚아보라. 스스로 할 힘이 없거든 강한 자에게 도움을 요청해 보라. 화를 내라. 거짓말을 해보라.

결국 얻을 수 있는 결론은 한 가지다. 하나님께 회초리를 맞는데, 어떤 때는 하나님께 엄청나게 맞을 수도 있다(히12:7-13). 그런데 하나님께서 흐뭇해 하시며 회초리를 드시는 경우도 있다. 나의 부족함으로 잘못을 행할지라도 하나님께서는 그 악을 선용하시는 분이시다. 나의 그 악한 언행마다 징계와 환난이 따르게 되지만, 한편, 악에 빠져 헤매는 하나님의 백성에게 경각심을 주거나, 악을 행하는 자들과 그에 동참하고자 하는 어리석은 무리들을 제어할 수도 있다. 하나님은 아직 어린 하나님의 백성들에게 당장 걸으라 하지 않고, 당장 거룩해지라 강요하지 않으며, 속히 온전해지라 말씀하시지 않는다. 단지 예수 그리스도 안에 거하여 살며, 그 분을 바라보며 전진해 가라 말씀하신다(히12:1-2, 빌3:13- 14).

외식하지 않기 위해 애쓰며, 주님의 은혜와 저를 아는 지식에서 성장하는 이들이 복이 있다.

주님의 은혜와 저를 아는 지식에서 성장하라(2)

사도 베드로는 그의 권면의 말씀을 끝맺으면서 다음과 같이 말씀한다(벧후3:17-18).

"(17)그러므로 사랑하는 자들아 너희가 이것을 미리 알았은즉 무법한 자들의 미혹에 이끌려 너희 굳센 데서 떨어질까 삼가라 (18)오직 우리 주 곧 구주 예수 그리스도의 은혜와 저를 아는 지식에서 자라가라 영광이 이제와 영원한 날까지 저에게 있을 지어다"

17절에서 '그러므로'는, "영과 혼과 몸이 점도 없고 흠도 없이 하나님 앞에 나타나기를 힘쓰라는 사도 베드로의 말씀과 같이, 사도 바울도 그의 편지에 이와 같은 내용을 썼는데, 그 사도 바울의 편지 중에 알기 어려운 것들이 더러 있어서 무식한 자들과 굳세지 못한 자들이 억지로 풀다가 멸망에 빠진다. 그러므로"라는 뜻이다. 그러므로 무법한 자들의 미혹에 이끌려 너희 굳센 데서 떨어질까 삼가라고 말씀한다. 이 말씀 중 '무법한'의 헬라어는 '아데스모스'인데, '법이 없는, 사악한'이라는 뜻이다.

베드로후서 2:7에 "무법한 자의 음란한 행실을 인하여 고통하는 의로운 롯을 건지셨다"고 말씀하듯이, 무법한 자들이 행하는 죄악 중 공통적으로 나타나는 것이 "음란의 죄"이다. "거짓 선지자와 거짓 선생들이 멸망케 할 이단을 가만히 끌어들여 자기들을 사신 주를 부인하고, 호색하는 것을 좋음으로 진리의 도가 훼방을 받는다"(벧후2:1-2)고 말씀한다. 그들은 진리의 도를 안다. 그러나 그 진리의 도에 사탄의 씨를 심고 쓴 뿌리를 내렸다. 이로 인해 진리

146

의 도가 훼방을 받고 있다. 인간 재림주들의 가르침이 바로 그렇다. 지금 이 시대뿐 아니라 사도시대 때도 이미 인간 재림주들과 같은 자들이 있었다는 말이다.

"그들은 음심이 가득한 눈을 가지고 죄를 범하기를 쉬지 아니하고 굳세지 못한 영혼들을 유혹하며 탐욕에 찌든 마음을 가진 저주의 자식들이다. 저희가 허탄한 자랑의 말을 토하여, 겨우 미혹에서 벗어난 자들을 육체의 정욕 중에서 유혹하여 저희에게 자유를 준다 말하지만, 저들은 멸망의 종들이다"(벧후2:14-19). "만일 저희가 우리 주 예수 그리스도를 앎으로 세상의 더러움을 피한 후에 다시 그 중에 얽매이고 지면 그 나중 형편이 처음보다 더 심하리니, 의의 도를 안 후에 받은 거룩한 명령을 저버리는 것보다 처음부터 차라리 모르는 것이 저희에게 나으니라. 속담에 이르기를 개가 그 토한 것에 돌아가고 돼지가 씻었다가 더러운 구덩이에 누웠다 하는 말이 저희에게 응하였도다"(벧후2:20-22).

기독교가 들어간 곳마다 회개운동이 일어나곤 한다. 그리고 경건운동이 일어나고 성실하게 살아 부요하게 된다. 그러나 육의 양식에 치우쳐 그들의 삶이 부요해지고 건강해지면, 그 중에 굳세지 못한 자들과 무법한 자들이 여지없이 세속에 물들게 되고 음란에 빠지게 된다. 음란한 중에 행하는 것이 '자유를 누리는 것'(벧후2:19)이라고 생각하며 그들의 유혹에 빠져 들어가는 자들이 기하급수적으로 늘어난다. 수근수근 한다. 당을 짓고 다수인 것에 안심한다. 돈을 사랑한다. 겉을 화려하게 치장한다. 이웃의 것을 탐낸다. 색욕을 좇는다. 육신의 정욕과 이생의 자랑과 안목의 정욕이

서로 상통하는 죄악임을 명심해야 한다.

지금의 세태를 보라. 영의 양식이 공급되지 못해 하나님의 백성들이 굶주린 배를 움켜쥐고 목말라 죽어가고 있건만, 하나님의 나팔소리가 들리지 않는다.

처음 살펴본 말씀 18절로 돌아가자. "우리 주 곧 구주 예수 그리스도의 은혜와 저를 아는 지식에서 자라가라"고 말씀한다. 처음에 크리스천들은 복음의 말씀을 듣고 구원을 받는다. 이 구원은, "흑암의 권세에서 건지움을 받고 그의 사랑의 아들의 나라로 옮기우는 첫 단계로서, 그 아들 안에서 얻는 구속 곧 죄 사함"을 말한다 (골1:13-14). 이때에 주님을 영접하는 모든 이들은 "지난 날 그들이 지은 모든 죄"를 사함 받고 의롭다 칭함을 받는다(롬3:25). 그리고 이때에 성령을 받는다. 성령으로 말미암지 않고는 예수를 주님이라 시인할 수 없기 때문이다. 드디어 하나님의 나라에 태어나는 순간이다. 신령한 젖을 먹는 단계이다. 성령께서 인도하시며, 하나님께서 살아계심과 천국이 있음을 믿고 알게 하신다. 그리고 여러 가지 영적인 체험도 허락하신다. 그러나 여전히 희미하다.

그리고 예수 안에 거하는 삶을 살아가다 보면, 의의 말씀들을 체험하는 단계로 들어가는데, 적지 않은 크리스천들이 이 단계에서 물러나 앉는다. 그리고는 '빛 속의 어두움' 속에서 살아간다. 성전 뜰만 밟는 단계에서 머무른다. 그러므로 사도 베드로가 "주님의 은혜와 저를 아는 지식에서 자라가라"고 권면하는 말은 권면이 아니라 생명의 말씀이다. 자라서 선악을 분별하며 승리해야 하는

데, 그렇게 하지 못하는 자는, 육체의 장막이 무너질 때, 신령한 몸
(하늘로부터 오는 처소)을 덧입고 천국으로 들림 받을 수 없기 때
문이다(고후5:1-5).

그러므로 예수 안에 거하여 살며, 예수 그리스도를 바라보는 자
가 복이 있다.

주님의 은혜와 저를 아는 지식에서 성장하라(3)

사도 바울은 그의 영적인 아들 디모데에게 다음과 같이 권면하고 있다(딤전4:7-8).

"망령되고 허탄한 신화를 버리고 오직 경건에 이르기를 연습하라. 육체의 연습은 약간의 유익이 있으나 경건은 범사에 유익하니 금생과 내생에 약속이 있느니라."

세속적이고 허황된 이야기에 관심을 갖지 말고 오직 경건에 이르기를 연습하라고 말씀한다. 이 경건은 범사에 유익하여 이 세상의 삶과 오는 세상의 삶에까지 약속이 있기 때문이다. 우리 안에 사탄의 씨가 있을 경우 우리는 언제든지 죄를 범할 수 있다. 경건에 이르기를 방해하는 것은 사탄의 영 즉, 사탄의 씨임을 명심해야 한다. 늘 의의 말씀을 먹고 마음 판에 새기며 사탄의 씨를 분별하여 제거해 나가야 한다. 그리고 우리의 삶속에 그 말씀들을 적용해야 한다.

이때에 반드시 조심해야 할 것은 "외식하지 말아야 한다"는 것이다. 외식하는 자는 결코 성화될 수 없으며 경건에 이를 수 없다.

예를 들어보자. 분을 참을 수 없거든 아무렇지도 않은 듯 평안을 가장하지 말고 화를 내되, 죄짓지 말라(엡 4:26). 그러나 화를 내고 죄짓지 않았을지라도 그 마음을 이해하지 못하는 이들의 비판을 받을 뿐 아니라 그들에게 덕이 될 수 없음을 명심하라. 참다 참다 더 이상 욕을 참을 수 없는가? 욕을 하라. 그러나 부끄러워하라. 욕을 하는 행위가 결코 덕을 세울 수 없다. 경건의 훈련이 부족하여 친구의 멱살을 잡게 되거든 잡아라. 그러나 용서를 구하라. 그리고 이러한 잘못에 따른 보응이 있음을 명심하고 인내하라. 이와 같이 경건의 훈련이 부족하여 종종 잘못을 범할 때에도 마음만은 늘 그리스도의 온전하신 모습을 바라보며 전진하고자 하는 마음을 잃지 말고 간직해야 한다. 그렇게 할 때에 오랜 세월이 지나면 장성한 자의 삶을 살게 되는 것이다.

어린 아이들이 일어나 걷고자 애를 쓰며, 넘어져도 다시 일어나 걷기를 반복함으로 온전히 걸을 수 있게 되고, 뛰다가 넘어지기를 반복하면서 온전히 뛸 수 있게 되듯이, 크리스천의 삶도 이와 같기 때문이다. 그러나 외식하려 한다면, 그는 결코 설 수 없으며, 하나님 앞에서 버림받게 될 것이다.

주의할 점은, 선을 행하려 하다가 실수하고, 경건한 삶을 살려 하다가 불경건의 악습이 튀어나오는 형제자매를 보고, "외식한다고 판단해서는 안 된다"는 것이다. 그리스도의 마음을 갖기 전까지는 그 누구도 남을 판단할 수 없음을 명심하라(고전2:15-16). 남을 판단하는 자는 주님께서 허락하시지 않은 '왕의 자리'에 스스로 앉으려는 반역에 가까운 죄를 짓게 될 수도 있음을 명심하라.

형제자매의 죄가 드러나거든 그 사람과만 상대하여 말하라. 그에게 피치 못할 사정이 있을지 누가 알랴? "사람이 무슨 죄를 범한 일이 드러나거든 신령한 너희는 온유한 심령으로 그러한 자를 바로 잡고 네 자신을 돌아보아 너도 시험을 받을까 두려워하라"(갈6:1) 그리고 권면의 법을 따라 행하라(마18:15-17).

또한 "선한 일을 하라"는 말씀을 따라 행할 때에 사기꾼들에게

농락당할 수도 있다(딤후3: 12-17). 짐을 들고 힘들어하는 낯 설은 노인을 도와서 짐을 옮겨주다가 으슥한 곳까지 따라 가서 봉변을 당하거나 납치를 당한 경우도 있다. 이웃을 선한 의도로 도와주었는데 이용만 당하고, 손해를 보아야 하는 경우도 있다. 딱한 처지에 있는 사람의 빚을 보증해 주었는데, 나중에 재산적인 큰 손실을 보게 된 경우가 적지 않으며, 크리스천 중에도 그와 같은 경우를 당한 이들이 적지 않다(잠6:1-5)… 그러므로 선한 일을 할 때에는 자랑하는 마음을 버리고, 성경말씀에 근거하여 근신하는 마음으로 행해야 하며, 기도로 성령의 인도하심을 구해야 하고, 안전에 대하여 늘 점검해야 한다. 무슨 일을 행할 때에는 두 사람 또는 그 이상이 동행하여 하는 것이 바람직하다.

이와 같이 경건에 이르기를 연습하며 때론 잘못 행하기도 하고, 의의 말씀을 실천에 옮길 때 속기도 하고 손해도 보며 때론 큰 환난에 직면하기도 한다. 그런데 이러한 체험들이 결국 의의 말씀을 경험하게 하며, 지각(知覺,senses)을 사용함으로 연단을 받아 옳고 그른 것을 분별하게 만든다(히5:13-14). 그러므로 성경이 "우리가 선을 행하되 낙심하지 말지니 포기하지 아니하면 때가 이르매 거두리라" 말씀하고 있는 것이다(갈6:9).

우리가 남들로부터 저 평가를 받거나 지나친 오해 받는 것을 감수하면서도 외식하지 않기 위해 노력하고, 사기를 당하거나 손해나 환난을 당하면서도 하나님의 말씀대로 선을 행하기 위해 최선을 다하는 것은, 선악을 분별하게 되어 "하나님 나라의 백전노장"(히5:14)이 되기 위한 것이다.

"우리가 다 하나님의 아들을 믿는 것과 아는 일에 하나가 되어 온전한 사람을 이루어 그리스도의 장성한 분량이 충만한 데까지 이르리니 이는 우리가 이제부터 어린 아이가 되지 아니하여 사람의 궤술과 간사한 유혹에 빠져 모든 교훈의 풍조에 밀려 요동치 않게 하려 함이라 오직 사랑 안에서 참된 것을 하여 범사에 그에게까지 자랄지라 그는 머리니 곧 그리스도라"(엡4:13-15).

너희 중에 죄 없는 자가 먼저 돌로 치라

예수께서 성전에서 이스라엘 백성들을 가르치고 계셨다(요 8:1-11). 그 때에 서기관과 바리새인들이 간음한 여인을 현장에서 잡아끌고 와서 가운데 세웠다. 율법에는 이러한 여자를 돌로 쳐 죽이라고 했는데 선생은 어떻게 말하겠나이까? 고소할 조건을 얻기 위해 이같이 말하는 자들 앞에서 예수께서는 너희 중에 죄 없는 자가 먼저 돌로 치라 말씀하셨다. 저희가 양심의 가책을 받아 하나 둘씩 나가고 그 여인과 주님만 남았다. 너를 정죄한 자가 없느냐? 주여 없나이다. 나도 너를 정죄하지 아니 하노니 가서 다시는 죄를 짓지 말라.

과연 이 시대에도 재현될 수 있을까? 공의와 자비가 실종되고 모함과 수군거림과 거짓된 말과 행실이 지혜로 통하는 이 시대에도 가능할까? 아마 너도 나도 돌을 들어 치려하지 않을까? 다른 사람들의 잘못이 자신의 의로움을 나타내는 양 착각하는 사람들. 나는 저렇게 하지 않는데 어떻게 저럴 수 있어. 마치 기다렸다는 듯이 풍문으로 들은 다른 사람들의 증명되지 않은 허물조차 떠들어 대며 나는 그렇게 하지는 않아 하며 자기 자신을 정상인이나 의로운 사람으로 만들기에 급급해 한다. 떠도는 풍문이나 모함을 확인도 하지 않은 채 아무렇지도 않게 떠들거나 모함에 동참하는 사람들의 영은 어디서 온 것일까?

사탄은 하나님 앞에서 성도들을 밤낮 참소하는 자다(계12:10). 참소란 남을 헐뜯어서 죄가 있는 것처럼 꾸며 고발하는 것을 말한다. 또한 사탄과 악한 영들은 선도 행하고 악도 행하는 존재다. 사사기 9:23에 하나님이 악한 영을 세겜 사람들에게 보내어 아비멜렉을 배반하게 하심, 욥기1:12에 사탄이 욥의 목숨은 해하지 말라는 하나님의 말씀에 순종함, 고린도후서12:7에 하나님께서 사도 바울에게 준 사탄의 사자 등등 사탄과 악한 영들이 하나님의 말씀에 순종하는 모습을 적지 않게 발견할 수 있다.

하나님의 말씀에 순종하는 것이 선이요 불순종하는 것이 악이다. 이와 같이 하나님께 순종하기도 하고 불순종하기도 하는 사탄이 크리스천을 참소하는 이유가 있다. 죄 된 자기 자신을 정당화시키기 위해 크리스천들을 참소하고 있는 것이다. 하나님의 아들로 삼은 자들이 저렇게 나(마귀)를 따르며 죄를 범하는데, 선도 행하고 악도 행하는데, 왜 나만 나쁘다고 하십니까? 일리가 있지 않은가? 하나님께서 정죄하지 않는 자의 언행을, 자신의 신앙관이나 가치관을 기준으로 정죄하는 그러한 행위가 사탄과 그를 따르는 하늘의 악한 영들이 하는 짓임을 알지 못하는 이들에게 화가 있다. 부담 없이 선도 행하고 악도 행하는 이들에게 화가 있다. 그들은 결국 그리스도를 닮은 자가 아니라 사탄을 닮은 자로 불 가운데서 얻는 구원을 얻게 될 것이다.

크리스천이라면 다른 사람의 죄를 아파해야 마땅하다. 게다가 같은 크리스천이 저지른 잘못된 일이라면 예수 그리스도께서 가르쳐 주신 방법을 따라야 하지 않는가? "네 형제가 죄를 범하거든 가서 너와 그 사람과만 상대하여 권고하라. 만일 들으면 네가 네 형제를 얻은 것이요 만일 듣지 않거든 한 두 사람 데리고 가서 두

세 증인의 입으로 말마다 증참케 하라. 만일 그들의 말도 듣지 않거든 교회에 말하고 교회의 말도 듣지 않거든 이방인과 세리와 같이 여기라"(마18:15-17).

내 아내, 내 남편, 나의 자녀, 나의 부모, 나하고 친한 자, 나의 편이라고 생각되는 이들이 남들에게 잘못된 언행을 할 경우, 시비를 가릴 것 없이 무조건 자기편을 들어야만 하는 것이 세상풍조다. 이러한 세상 풍조에 순응하고 있는 자들에게 화가 있다. 예수 그리스도께서 그의 제자들에게 왜 자신들의 원수가 집안 식구일 것이라고 말씀하셨겠는가?

하나님께서는 선지자 아모스를 통해, 타락한 이스라엘 백성들을 향하여 "오직 공의(justice)를 물같이 정의(righteousness)를 하수같이 흘릴지로다" 말씀하고 있다. 하나님의 공의의 말씀 앞에서는 네 편 내 편이 없어야 한다. 우리가 형제의 잘못에 대하여 가슴 아파하고 그와 마주하여 사랑으로 권면해야 하는 이유가 여기에 있지 않은가? 어찌하여 성경이 금하고 있는 수군수군 하는 자가 되었는가? 왜 떳떳하지 못한가? 사도 바울은 너희는 모든 악독과 노함과 분냄과 떠드는 것과 훼방하는 것을 모든 악의와 함께 버리고 서로 인자하게 하며 불쌍히 여기며 서로 용서하기를 하나님이 그리스도 안에서 너희를 용서하심과 같이 하라 권면하고 있다.

남이 지은 죄나 잘못을 자기는 범하지 않았다고 하여, 자기정당화를 위한 도구로 삼으며 떠들려고 하는 마음을 경계하라. 크리스천들은 하나님 앞에서 일만 달란트의 빚을 탕감 받은 죄인이었음을 잊지 말라.

"형제들아 사람이 만일 무슨 죄를 범한 일이 드러나거든 신령한 너희는 온유한 심령으로 그러한 자를 바로잡고 네 자신을 돌아보아 너도 시험을 받을까 두려워하라 너희가 서로 짐을 지라 그리하여 그리스도의 법을 성취하라 만일 누가 아무 것도 되지 못하고 된 줄로 생각하면 스스로 속임이니라 각각 자기의 일을 살피라 그리하면 자랑할 것이 자기에게만 있고 남에게는 있지 아니하리니 각각 자기의 짐을 질 것이니라"(갈6:1-5).

악한 일에 동참하지 아니 하며, 이웃의 허물을 덮어주는 사람들이 복이 있다.

육신의 정욕과 안목의 정욕과 이생의 자랑(1)

육신의 정욕

사도 요한은 그의 서신에서 다음과 같이 말한다(요일2:16)

"세상에 있는 모든 것이 육신의 정욕과 안목의 정욕과 이생이 자랑이니 다 아버지께로부터 온 것이 아니요 세상으로부터 온 것이라"

무엇인가 간절히 바라는 것이 있는가? 그것을 조심해서 살펴야 한다. 그 간절히 원하는 것이 육체의 정욕이나 안목의 정욕이나 이생의 자랑에 관련된 것임을 깨닫게 된다면, 결단하여 즉시 성령의 검으로 잘라내라. 이러한 경건의 훈련을 부단히 하는 사람이 장성한 자가 되고(히5:14), 백전노장이 될 자격이 있다.

사람이 유혹을 받는 것은 자기의 욕심에 끌려 미혹되기 때문이고, 욕심이 잉태한 즉 죄를 낳고 죄가 장성한 즉 사망을 낳는다. 모든 인간들이 이러한 욕심이나 정욕들을 피해가지 못했다. 따라서 모든 사람이 죄를 범하여 하나님의 영광에 이르지 못하게 되었다(롬4:23).

모든 사람이 이러한 욕심과 죄로 인한 사망권세 아래서 종노릇하고 있을 때에 주님께서 이 땅에 육신을 입고 오셨다(히2:14). 그리고 육신의 정욕과 안목의 정욕과 이생의 자랑을 물리치고(마4:1-11), 사망권세를 이기셨으며, 믿는 자에게 참된 자유를 향한 길을 열어 놓으셨다. 각양 욕심으로 인하여 범죄하고 죽기를 무서워함으로 종노릇하던 모든 자들을 해방시켜주시기 위해, 혈과 육을 가지고 태어나셔서 범사에 우리와 같이 되시고 시험을 받고 고난을 당하셨다(히2:14-18). 그러므로 주님께서는 당신을 믿고 의지하며 말씀을 순종하는 자들을 능히 도우실 수 있는 것이다(히2:18)

진리의 말씀을 올바로 깨닫고 경건의 연습에 힘쓸 때 즉, 예수 안에 거하여 살아갈 때에 능히 그 모든 욕심을 눈으로 밝히 보게 되고(롬7:23) 그 쓴 뿌리까지 뽑아 버릴 수 있게 된다. 우리를 죄악에 묶어두고 있었던 정욕들 중에, 육체의 정욕은 모든 인간들이 빗겨갈 수 없는 하나의 과정이다. 그것은 하나의 본능과 같고 순기능과 역기능을 가지고 있다. 육체의 정욕 중 제일 다스리기 어려운 것이 성욕과 식욕이다. 식욕에 대하여는 별도로 다루기로 하고 여기에서는 성욕에 관련된 말씀을 살펴보자.

사도 바울은 음행을 피하기 위하여 결혼하고 순리를 따라야 할 것과 절제의 도를 따를 것을 말씀하고 있다(고전7:1-5, 롬1:26-27, 딤전5:14, 딤후2:22, 벧전2:11). "음행을 막기 위하여 남녀가 결혼하여 서로의 의무를 다하라. 분방하지 말고 한 방을 쓰라. 다만 기도할 시간을 얻기 위하여 합의하여 얼마 동안은 분방하되 다시 합쳐서 절제 못함을 인하여 사탄이 시험하지 못하게 하라(고전7:2-3)." "전에는 우리도 우리 육체의 욕심을 따라 지내며 육체와 마음의 원하는 것을 하여 본질상 진노의 자녀였다(엡2:3)."

지나간 세대는 물론이려니와 이 세대의 심각한 문제점은 청년들이 결혼하기 전에 간음죄를 범한다는 것이다. 사도 바울은 "음행을 피하라 사람이 범하는 죄마다 몸밖에 있거니와 음행하는 자는 자기 몸에게 죄를 범하는 것이다" 경계하고 있다(고전6:18-20). 우리의 몸은 하나님의 성전이며 예수 그리스도의 피로 값 주고 산 것이다. 따라서 음행은 하나님의 성전을 사탄에게 팔아넘겨 '죄의 종' 되게 하는 크나 큰 죄를 범하는 일이다(고전6:20, 7:23, 롬6: 16). 부부간의 성생활 외에는 어떠한 음행도 용납되지 않는다.

결혼 전에 간음죄를 범한 사람들은 결혼 후에도 자유할 수 없다. 자기의 배우자 외에도 모든 이성이 자기의 섹스의 상대로 보이기 십상이다. 사도 바울은 이러한 육체의 정욕으로 인한 괴로움을, 로마서 7:18-25에서 "오호라 나는 곤고한 사람이로다 이 사망의 몸에서 누가 나를 건져내랴?" 탄식하며 잘 표현하고 있다. 혹자는 이 고백을 가지고 사도 바울 같은 사람도 어쩔 수 없이 죄를 범하곤 했는데, "나 같은 보통 사람들이랴?" 하면서, 죄를 짓는 것에 대해 쉽게 생각하거나 죄를 마구 짓는 자기를 합리화시킨다. 그러나 이 고백은 사도 바울이 죄를 지으며 고민하는 상태를 표현하는 것이 결코 아니다. 불경건의 악습과 죄성으로 인하여 일어나는 정욕에 대한 탄식인 것이다. 만약 사도 바울이 수시로 죄를 범했다면 그렇게 죄를 짓는 사도 바울이 어떻게 "죄를 지으면 죄의 종이다. 죄짓지 말라" 말할 수 있으며, "내가 그리스도를 본받는 자가 된 것같이 너희는 나를 본받는 자가 되라"(고전11:1)고 말할 수 있겠는가?

주님께서는 "여자를 보고 음욕을 품는 자마다 마음에 이미 간음하였느니라" 말씀하신다(마5:28). 이 말씀에서 '품는'으로 번역된 헬라어 동사 원형은 '에피뛰메오'로서 '마음에 두다, 간절히 바라다'의 뜻을 가지고 있다. 따라서 여자를 보고 욕정이 충동적으로 일어났다 제어되거나 곧바로 사라지는 상태를 간음이라고 할 수는 없다.

많은 크리스천들이 예수 그리스도의 가르침을 실행하기 어려운 것으로 생각하는 이유는 진리를 알지 못하기 때문이다. 크리스천들로 하여금 "진리를 알게 되면 자유가 억압당하게 되고 즐거운 삶을 살 수 없게 될 것"으로 착각하게 하는 것이 마귀가 하는 일이다. 뒤에서 별도로 세분하여 마귀의 일에 대해 파헤치고 있다. 말씀 안에 거하여 사는 사람마다 마귀의 거짓말을 깨닫게 되고, 진리를 알게 되는데, 그 진리가 그에게 참된 자유를 주게 된다.

오직 주 예수 그리스도로 옷 입고 정욕을 위하여 육신의 일을 도모하지 말라(롬13:14).

그 육체와 함께 그 정과 욕심을 십자가에 못 박은 이들이 복이 있다(갈5:24).

육신의 정욕과 안목의 정욕과 이생의 자랑(2)

안목의 정욕과 이생의 자랑

육신의 정욕과 안목의 정욕과 이생의 자랑으로 가득한 이 세상을 사랑하지 말라고 사도 요한은 말씀하고 있다(요일2:16). 이 말씀에서 '세상'이란 이 세상 풍속을 의미한다. 여기서 사용한 정욕(lust)은 헬라어 '에피뛰미아'를 사용하고 있는데, '간절히 원하다'의 의미를 가진 '에피뛰메오'에서 파생했다.

"오직 각 사람이 시험을 받는 것은 자기 욕심에 끌려 미혹됨이니 욕심이 잉태한즉 죄를 낳고 죄가 장성한즉 사망을 낳느니라" 말씀하듯이(약1:14-15), 각양 욕심은 모든 죄의 원천이 되고 선한 열매를 맺지 못하게 하며(막4:19) 결국 사망에 이르게 한다. 만일 어떤 사람이 욕심을 온전히 버릴 수 있다면 죄를 짓는 삶에서 멀어지게 되고, 그가 진리를 온전히 깨닫게 된다면 그는 죄를 범하지 않는 삶을 살게 될 것이다(요일3:9).

안목의 정욕이란 눈으로 쾌락을 좇으며, 눈으로 욕심을 내는 것을 말한다. 이웃이 소유한 것을 보고 탐내거나, 색욕을 좇거나, 눈의 욕심을 만족시키기 위해 좇는 모든 행위를 말한다. 안목의 정욕은 육신의 정욕과 연결되곤 한다. "어떠한 실물을 보게 되면 그것을 가지고 싶은 욕심이 생기는 것"을 견물생심(見物生心)이라고 하는데, 안목의 정욕을 이해하는데 도움이 된다. 많은 이들이 이 안목의 정욕으로 인해 죄를 범하게 되고, 영육 간에 상처를 입게 된다. 한국에 유행하고 있는 성형수술, 또는 요염한 차림새나 자세

등도 안목의 정욕과 무관하지 않다.

더욱 심각한 것은 이생의 자랑이다. 이 이생의 자랑은 사람들로 하여금 갈증을 유발시키며, 증상이 심해지면, 맹목적으로 자랑할 만한 일에 정렬을 쏟아 붓게 된다. 이생에 대하여 자랑하는 사람들의 특색 중의 하나는 영적인 일에는 전혀 관심이 없다는 점이다. 겉으로 드러나는 일에 관심이 집중된다. 이웃과 비교하게 된다. 조금이라도 자기가 낫다고 생각되면 여지없이 자랑한다. 남이 잘되는 것을 싫어할 수밖에 없다. 자랑이란 것은 남과 비교하여 더 낫다고 생각될 때에 가능하기 때문이다. 그들은 자기도 모르는 사이에 시기와 질투의 화신이 된다. 속된 말로 "남이 잘되는 꼴을 못본다." 심지어는 남을 중상모략하는 일에 가담하거나 그러한 일을 즐기게 된다. 확인되지 않은 풍문에라도, 누구를 비난하는 말이 있으면 놓치지 않고 흥분하여 말한다. "어떻게 그럴 수 있느냐" 비난하며, "그에 비하면 나는 이러저러하다"며 자랑한다. 그에게 진정한 사랑이 있을 수 없다. 자기의 자랑 앞에서 상처받거나 열등의식을 갖게 될 이웃이 있음을 생각지 못한다. 아니 그것을 즐기고 있을 수도 있다. 그러므로 이와 같이 '이생의 자랑'에 빠진 사람들이 하나님의 나라를 유업으로 받을 수 없다고 사도요한은 말씀하고 있는 것이다(요일2:15-17).

그러므로 성경은 자랑하지 말라고 말씀하고 있다. 사도 바울은 "각각 자기의 일을 살피라 그리하면 자랑할 것이 자기에게만 있고 남에게는 있지 아니하리라" 말씀하고 있다(갈6:4). 자랑거리가 있더라도 남에게까지 자랑거리가 되지는 않는다는 뜻이다.

자랑하는 사람은 늘 남과 비교하는 마음이 있어서 이것이 그로 하여금 온갖 불경건의 악습으로 몰아가게 만든다. 속된 말로 "늘 도토리 키 재기 하자"고 한다. 그러한 이들의 발전과 성장은 어느 선에서 멈출 수밖에 없다. 늘 아무게보다는 자기가 낫다고 생각한다. 주변에 부족해 보이는 사람들과 자기를 늘 비교해 보기 때문에 더 높은 곳을 향하여 최선을 다하여 전진하지 못하게 된다.

한편 그러한 사람들은 자기보다 낫다고 생각되는 자들 앞에서 열등의식을 갖게 되고 비굴하기까지 하고, 반면에 자기보다 못하다고 생각되는 사람들에게는 무시하기까지 한다. 옳다 인정함을 받는 자는 자기가 자기를 칭찬하는 자가 아니요 오직 주님께서 칭찬하시는 자임을 깨닫는 자가 복이 있다. 자랑하는 자는 주 안에서 자랑하라(고후10:17-18). 사도 바울은 셋째 하늘에 이끌려가서 사람이 가히 이르지 못할 말할 수 없는 말을 들은 한 사람(사도 바울)을 위하여 자랑할 수 있지만, 자기를 위해서는 자기의 약한 것 외에 자랑하지 않겠다고 말한다(고후12:1-6).

사도 바울은 "내가 아직 잡은 줄로 여기지 아니하고 오직 한 일 즉, 뒤에 있는 것은 잊어버리고 앞에 있는 것을 잡으려고 푯대를 향하여 그리스도 예수 안에서 하나님이 예비하신 상을 받기 위하여 좇아가노라"고 말씀하며(빌3:13-14), "나는 선한 싸움을 싸우고 믿음을 지켰으니 이제 후로는 의의 면류관이 예비되었으므로 주 곧 의로우신 재판장이 그 날에 내게 주실 것이며 내게만 아니라 주의 나타나심을 사모하는 모든 자에게도니라" 말씀하고 있다(딤후4:7-8). 그리스도의 날에 자랑할 것이 있게 될 자들이 복이 있다

(빌2:16). 그 때에 자랑하게 될 자들이 참된 승리자인 것이다.

"여호와께서 이같이 말씀하시되 지혜로운 자는 그 지혜를 자랑하지 말라. 용사는 그 용맹을 자랑하지 말라. 부자는 그 부함을 자랑하지 말라. 자랑하는 자는 이것으로 자랑할지니 곧 명철하여 나를 아는 것과 나 여호와는 사랑과 정의와 공의를 땅에 행하는 자인 줄 깨닫는 것이라. 나는 이 일을 기뻐하노라 여호와의 말이니라"(렘9:23-24).

구원을 위한 필수과정, 회개 (1)

회개는 구원을 위한 첫 단계일 뿐만 아니라, 온전한 구원을 이루기 위한 필수과정이다. '구원을 위한 첫 단계'로서의 회개란 "죄악 세상으로 향하던 삶을 돌이켜 예수 그리스도를 통하여 하나님께로 향하여 돌아오는 것"을 말한다(삼상7:3, 벧전3:21). 이와 같은 회개는 구원의 완성을 이루기 위한 기초이며 방향설정이다.

예수 그리스도께서 공생애를 시작하시며 제일 먼저 "회개하라 천국이 가까이 왔느니라" 말씀하셨다. 회개하지 않는 자는 죄 사함을 받을 수 없으며 하나님의 나라에 들어갈 수 없다. 죄 사함을 받는 전제조건이 '회개'다. 죄 사함을 받지 못한 자는 여전히 어두움 가운데서 살아갈 수밖에 없다. 여전히 사망권세 아래서 죽은 상태다(엡2:1). 사도 바울은 "하나님이 우리를 흑암의 권세에서 건져내사 그의 사랑의 아들의 나라로 옮기셨으니 그 아들 안에서 우리가 구속 곧 죄 사함을 얻었도다" 말씀하고 있다(골1:13-14).

이 상태를 비유한다면, 이제 모태를 벗어나 세상에 나온 아기에 비유할 수 있다. 너무나 해맑은 영혼을 가진 아기다. 물론 모태에 있을 때부터 시달린 태아는 세상에 나왔을 때 웃음이 없고 시무룩한 아기로 태어나기도 한다. 이와 같은 아기는 성장할 때에 부모의 헌신적이고 충만한 사랑을 받고 올바른 교육을 받을 때에 밝은 아이로 성장할 수 있다. 그렇지 않다면 그 아기는 악한 영의 지배를 받을 수 있는 '마음 밭'을 가진 고로, 장래가 불투명하다. 이와 같이, 비교적 순탄한 삶을 살다가 예수 믿게 된 사람들은 대부분 영육 간에 환난과 역경이 심하지 않은 반면에, 불경건의 악습에 찌들어 살며 죄악 세상에 깊이 빠져 지내다가, 예수 믿고 회개한 사람들은 영육 간에 환난과 역경이 심하게 나타나기도 한다. 이것은 "심은 대로 거둔다"는 진리의 법에 따른 결과다. 이와 같은 환난과 역경을 이겨내기 위하여 필요한 것이, 인내다.

예수를 믿기 전에 지은 모든 죄는 회개함으로, 예수를 믿은 후에 지은 죄는 죄를 자백함으로써, 주님의 대속의 피로 깨끗이 사함 받는다. 이것이 복음이며, 하나님의 진리의 법이다. 그러나 그 모든 죄에 대한 대가는 반드시 치러야 하는 것이 경건에 관한 진리의 법이다.

사무엘하 12:1-14에 보면, 다윗 왕이 그의 충성된 신하 우리야를 전쟁터에 나가 죽게 한 후 그의 아내 밧세바를 취한 것이 대하여, 나단 선지자가 '하나님의 심판과 보응의 말씀'을 다윗에게 전한다. 그 때에 다윗은 "내가 여호와께 죄를 범하였노라" 자백한다. 나단이 다윗에게 "여호와께서도 당신의 죄를 사하셨나니 당신이 죽지 아니하려니와, 이 일로 인하여 여호와의 원수로 '크게 훼방할 거리'를 얻게 하였으니 당신이 낳은 아이가 정녕 죽으리이다" 라고 대답한다. 그 후 다윗이 밧세바에게서 낳은 아들이 심히 앓은 후 죽었고, 하나님의 심판과 보응의 말씀을 따라, "칼이 네 집에서 영영히 떠나지 아니하리라"하신 대로, 그 왕조가 매우 혼란스러웠고 칼로 얼룩졌으며, "내가 네 집에 재화를 일으키고 네 처들을 가져 네 눈앞에서 다른 사람에게 주리니 그 사람이 네 처들로 더불어 동침하리라" 하신 대로, 반란을 일으킨 그의 아들 압살롬이 백주에 다윗의 후궁들로 더불어 이스라엘 무리 앞에서 동침하게 된다(삼하 16:21-22). 이것이 심은 대로 거두게 하시는 진리의 법이며, 이것은 '보이는 세계'나 '보이지 않는 세계'에서도 공히 적용된다.

나단 선지자의 말에 주의하라. 다윗의 죄로 인하여 "사탄에게 훼방할 거리를 얻게 하였다"는 말은 대단히 중요하다. 다윗은 그 시대의 선지자요, 그리스도의 모형이다. 그가 비록 죄를 범하였으나 하나님을 극진히 사랑하고 성심을 다하였으며 그의 믿음은 모든 자들의 본이 된다. 그러한 다윗이 방심한 가운데 육체의 정욕을 따라 죄를 범하였으나 결국 죄를 자백할 것이며 그의 죄가 사함 받을 것임을, 하나님은 알고 계신다. 그러나 이것은 사탄으로 하여금 하나님 앞에서 훼방거리를 얻게 하는 것이다.

사악한 자들은 그들의 죄를 인정하지 않은 채 다른 사람의 작은 허물을 물고 늘어지며, 다른 사람의 작은 허물이 용서받는다면 자기도 용서받아야 한다고 주장한다. 이와 다를 바 없이, 사탄도 하나님의 선하신 뜻을 훼방한다는 뜻이다. 따라서 하나님은 각자의 죄에 상응하는 벌을 주신다. 예수 믿고 회개한 자들이 범죄할 경우 이 땅과 영의 세계에서라도 반드시 보응을 받도록 하시고(고전 5:1-5, 마5:26…), 사탄과 더불어, 완악하여 죄를 회개하지 않는 무리들은 영벌에 처하게 하실 것이다(계 20:13-15, 21:8, 마25:41). 이것이 하나님의 공의의 법이다.

주님께서 "그 사랑하시는 자를 징계하시고 그의 받으시는 아들마다 채찍질 하시는"(히12:6) 이유는, "하나님의 백성들이 사탄의 무리들과 함께 죄 정함을 받지 않게 하려 하심"(고전11:32)인 것이다. "호리라도 남김이 없이 다 갚기 전에는 결단코 거기서 나오지 못하리라" 하신 대로(마5:26), 철저히 보응을 받는 것이 택한 백성들에게는 오히려 복이 됨을 알 수 있는 것이다. 만일 죄를 범함에도 징계가 따르지 않는다면 그는 하나님의 백성이 아니다(히12:8).

참으로 감사한 것은 하나님께서 우리가 감당치 못할 시험 당함을 허락하지 아니하시고 시험 당할 즈음에 또한 피할 길을 내사 우리로 능히 감당하게 하신다는 사실이다(고전10:13). 우리가 예수 안에 거하여 살아간다면, 시험도 이기고 환난도 능히 피해 나갈 수가 있다는, 믿음과 소망을 주시는 말씀이다.

"무릇 내가 사랑하는 자를 책망하여 징계하노니 그러므로 네가 열심을 내라 회개하라 볼지어다 내가 문밖에 서서 두드리노니 누구든지 내 음성을 듣고 문을 열면 내가 그에게로 들어가 그로 더불어 먹고 그는 나로 더불어 먹으리라"(계3:19-20).

구원을 위한 필수과정, 회개 (2)

크리스천이 회개하여 예수 믿고 구원받았다는 것은 "회개하여 예수 믿고 죄 사함 받음으로써 죄로 인한 사망권세에서 풀려 났고, 의롭다 칭함을 받았다"는 뜻이다. 그런데 적지 않은 크리스천들이 이 죄로부터의 구원을, '천국 행 티켓을 받은 것'으로 착각한다. 그러나 "구원받았다"는 것과 "천국에 들어간다"는 것은 서로 간에 필요충분조건이 아니다. 다시 말해서 육체의 장막을 벗을 때 천국에 들어가는 이들은 모두가 구원받은 것이지만, 구원받은 사람들이라고 해서 육체의 장막을 벗을 때에 모두가 다 천국에 들어가는 것은 아니라는 뜻이다. 각 세대마다 그래왔지만, 불과 얼마 전까지만 해도 이러한 말을 하게 되면 입에 거품을 물고 대드는 사람들이 적지 않았다.

받은 구원은 절대로 잃어버리는 것이 아니다? 이 문장의 주체는 사람이다. 그러나 "구원의 주체는 하나님"이시다. 주님께서는 당신에게 온 양들을 결코 잃어버리지 않고 지키신다(요 6:37, 요18:12). 우리가 '구원의 주체가 되어' 구원을 잃어버리지 않는 것이 아니라, 주님께서 우리를 버리지 않으신다는 약속의 말씀이다. 또한 "사망이나 생명이나 천사들이나 권세자들이나 현재 일이나 장래 일이나 능력이나 높음이나 깊음이나 다른 아무 피조물이라도 우리를 우리 주 그리스도 예수 안에 있는 하나님의 사랑에서 끊을 수 없으리라" 말씀한다(롬8:38-39). 이 말씀을 자세히 살펴보면 세상의 피조물이나 그 어떤 것들이 우리를 구원에서 끊으려 해도 주님이 우리를 사랑하사 구원하신다는 뜻이다. 이 말씀의 주체도 역시 주님이시다. 즉 주님께서는 당신에게 오는 자들을 잃어버리지 않고 지키시는 분이다.

그러나 주님은 하나님 나라에서, 다른 가지들로 더 많은 열매를 맺게 하기 위하여 열매 맺지 않는 가지들은 잘라버리시는 분이시다(요15:1-2). 주님은 천국 잔치에 예복을 입고 들어오지 않는 자들을 바깥 어두움에 내어 쫓아 슬퍼하며 이를 갈게 하리라고 말씀하신다 (마22:1-14). 이 말씀에서 '예복'은 크리스천이 육체의 장막이 무너질 때에 입게 될 하늘에 있는 장막 즉, '신령한 몸'을 비유한 것이다(고후 4:16-5:4). 책 '열매 맺는 삶'에서 상술하였지만, 세마포를 입지 않거나 흰옷을 입지 않은 자들은 결코 천국에 들어갈 수 없다. 다시 말해서 구원을 받았다고 하여, 즉 죄 사함을 받고 영생을 얻었다고 하여 육체의 장막을 벗을 때에 모두가 천국으로 들림 받는 것은 아니라는 말이다. 천국은 신령한 몸을 가진 자들이 거하는 곳이기 때문이다.

이 책에서 성경에 관련된 진리들을 말하는 대부분의 문장들은 모두 성경에 근거를 둔 말씀들이지, 저자가 상상 속에 지어낸 말들이 아니다. 이 짧은 지면에 모든 말의 근거를 쓰려 하다간, '열매 맺는 삶'이나 '성경바로알기' 또는 '환생은 없다'와 같이 두껍고 이해하기가 좀 어려운 책이 될 것이므로, 문장마다 일일이 설명할 수 없음을 양해하시기 바란다. 아쉽게 생각할 독자들이 있어서, 위에서 말한 "천국은 신령한 몸을 입은 자들이 들어갈 수 있으며, 신령한 몸을 가진 자들이 거하는 곳이라는 진리"에 대한 성경의 근거를 간단하게나마 살펴보자.

실제 자동차가 있고 그 모형인 장난감 자동차가 있듯이, 천국은 원형이요 실체인 곳이며, 이 세상은 모형과 같고 그림자와 같은 곳이다(히8:5). 천사들이 가진 신령한 몸은 원형이요 실체이고, 인간의 몸은 그 모형과 같다. 그러므로 주님께서 "부활 때에는 시집도 아니 가고 장가도 아니 가고 하늘에 있는 천사들과 같다"(마22:30, 눅20:36)고 말씀하신 것이다. 부활 때 천사들과 같이 신령한 몸을 덧입기 때문이다(고전15:44). 예수 그리스도의 부활의 몸도 신령한 몸으로의 부활이며, 인자로서의 당신의 생전의 모습과 달랐다(막16:12, 고전15:20, 요20:14, 마28:16-18, 요21:12).

책 '열매 맺는 삶'에서는 '신령한 몸'에 대하여 14쪽을 할애하여 설명하고 있는데, 사실은 독자들이 이 책의 문장들에 대해 일일이 설명을 하지 않더라도 믿고, 읽어 나가시기를 다시 한 번 부탁드리고 싶다. 왜냐하면, 이 책이 복잡해지고 어려워지는 것을 피하고 싶기 때문이고, 새롭게 드러나는 진리에 대한 근거들이 이미 앞에 저작된 책들에, 원어 성경과 KJV, NKJV에 대조하며 확인한 후 상세하게 설명되었기 때문이다.

주제로 돌아가 보자. 우리가 죄인임을 깨닫고 회개하여 예수 그리스도를 믿어 죄 사함 받고 의롭다 칭함을 받는다. 이것이 바로 구원이다. 이 구원은 이미 이룬 것이다. 그러나 동시에 구원은 이루어가는 것이다. 하나님께서 우리가 지난 날 지은 모든 죄를 사해 주신 이유는 사망권세로부터 구원해주셔서 선한 일을 행하게 하려 하심이다(롬3:25, 엡2:10). 그런데 여전히 죄 가운데에 살게 된다면,

172

예수 그리스도를 십자가에 다시 못 박는 것과 다름없다고 성경은 말씀한다.

우리의 연약함과 죄 된 속성으로 인하여 일정기간 동안 빈번한 잘못을 행하고 원치 않는 죄를 범하며 실수할 수 있다. 그렇기 때문에 우리는 우리의 죄를 자백함으로 죄 사함 받고 서로 긍휼히 여기며 서로 용서해야 한다. 그러나 일정기한이 지나면, 그 인내함으로 회개에 합당한 열매를 얻게 되어야 한다(마3:8, 행26:20). 인내로 행하는 자가 복이 있다.

환난을 당하나 담대하라

인생을 살면서 환난을 당하지 않고 살 수 있는 사람은 아무도 없을 것이다. 모든 사람은 태어나서 사회 생활하다가 늙고 병들고 결국은 죽음에 이르게 되는 크고 작은 환난의 과정을 거쳐 가게 되어 있다. 알고 보면 이 환난의 과정은 하나님의 섭리 가운데, 하나님의 사랑과 공의를 드러내게 한다.

환난이 없는 세상을 가정해 보자. 그렇지 않아도 교만하고 자고하며 이기적인 인생들이 환난마저 없는 인생을 살아간다면, 이 땅은 더욱 더 약육강식하는 세상으로 변할 것이다. 살아 있는 동안 고통과 환난과 죽음에 대하여 더 더욱 생각하지 않게 될 것이고 온갖 쾌락을 추구하게 될 것이 틀림없다. 모든 가진 자들은 더욱 더 자고해져서 저마다 자기를 자랑하며 자기보다 약한 자를 멸시하고 핍박하는 등 악마적인 현상이 사회를 지배하게 될 것이며 결국은 환난이 가득한 세상으로 변할 것이다. 이와 같이 환난이 없는 세상이 결국은 환난이 팽배한 세상이 될 수밖에 없다는 당연한 결론에서 생각해 보면, 이 타락한 세상에 허락하신 환난은 궁극적으로는 오히려 하나님의 사랑과 축복의 손길이며 공의의 표현인 것이다

그런데 크리스천은 더 폭넓고 깊은 환난을 각오해야 한다. 하나님의 징계의 채찍이 있기 때문이다. "이 채찍이 없으면 그는 사생자(私生子, an illegitimate child)요 참 아들이 아니라"고 말씀하고 있고(히12:7-8), "환난은 하나님의 공의로운 심판의 표요 크리스천

들로 하여금 하나님 나라에 합당한 자로 여기심을 얻게 하려는 것으로서, 그 나라를 위하여 너희가 또한 고난을 받느니라" 말씀하고 있다(살후1:4-5). 하나님의 백성들은 당연히 하나님 나라의 법에 의해 다스림을 받게 되어 있는 것이다.

일반 사람들도 자신이 범한 죄악으로 인해 환난을 당하며 대가를 치른다. 또한 영향력 있고 불가항력적인 외부 요인 등으로 인해 직간접적인 환난을 당하기도 한다. 그러나 크리스천들은 자신의 무지나 연약함이나 죄성으로 인해 발생하는 모든 악하고 의롭지 못한 죄의 성향 때문에도 환난을 당한다. 남을 시기하거나 질투 모함하려고 일어나는 마음의 악한 생각조차 괴롭고, 음란과 악한 정욕이나 탐심이 일어나는 것조차 고통스럽다. 심지어는, 걱정 근심하지 말라고 한 말씀 때문에 염려 걱정하는 것조차 죄의식이 일어나고, 술과 담배로 인한 영육 간의 환난도 힘에 겹다.

한 걸음 더 나아가면, 의를 위하여 당하는 환난이 있다(마5: 10-12, 벧전3:17). "우리가 종일 주를 위하여 죽임을 당케 되며 도살할 양같이 여김을 받았나이다"(롬8:36) 하였듯이, 사도들은 주님을 증거하고 복음을 전하기 위하여 수고하며 환난을 당하였다(요 16:33, 행20:23-24, 고전4:11-13, 고후1:8, 벧전4:12-13…). 또한 신앙을 지키기 위해 당하는 조롱이나 핍박이 있고 하나님의 섭리를 깨닫게 하거나 진리를 깨닫게 하기 위해 주시는 환난도 있다(시 94:12, 히5:14, 호1:2-9). 환난 중에 많은 진리들이 깨달아진다. 자기 자신이 당하는 환난뿐만 아니라 이웃의 아픔을 끌어안을 때에, 더 나아가 인류의 아픔을 끌어안을 때에 더욱 넓고 높고 깊은 진리가 깨달아진다. 하나님께서 주님에게 간고를 겪게 하시며 질고를 알게 하시고 온 인류의 죄악을 담당시키셨듯이(사53:3), 주님의 제자들에게도 그와 같은 짐을 지우시는 것이다(막8:34).

인간의 원죄가 하나님의 말씀을 순종치 않은 데서 비롯되었고, 그로 인해 환난이 주어졌다(벧전4:1, 시107:10-22, 창3:16-19). 그렇다면 역으로, 하나님의 말씀을 순종한다면 환난은 사라진다. 이것이 진리다.

그러므로 성경은 "하나님께서 말씀을 보내어 저희를 고치사 위경에서 건지시는도다" 말씀하고 있으며(시107:10-22), "말씀은 얻는 자에게 생명이 되며 그 온 육체의 건강이 됨이니라" 말씀하고 있는 것이다(잠4:22). 그러므로 우리의 삶 속에 다가오는 모든 어려움과 환난에 대한 깨달음과 해결책은 진리의 말씀 속에 있으며, 회개하여 하나님의 말씀을 깨닫고 순종하는 사람이 복이 있는 것이다.

환난이 우리의 죄를 깨닫게 하고, 심은 대로 거두게 하시는 하나님의 진리를 배우게 한다. (왕상17:18, 고후7:10, 창3:16-17, 시107:10-11…). 이로 인해 하나님의 백성들은 그 환난이 '하나님의 사랑의 가시채'임을 깨닫고 경건하고 거룩한 삶을 추구하게 된다(행26:14). 이 환난은 우리들로 하여금 연단 받게 하고(히12:11), 온유하고 겸손하게 하며 기도드리게 한다(대하33:12-13, 시116: 3-4). 그리고 마침내 이러한 환난을 통하여 연단 받고 의의 말씀을 체험한 사람들은 장성한 자들이 되어 선악을 분변하게 되고, 환난에 처한 이웃들을 긍휼히 여기며 돌아보게 된다.

"우리가 환난 중에도 즐거워하나니 이는 환난은 인내를, 인내는 연단을, 연단은 소망을 이루는 줄 앎이로다"(롬5:3-4).

할렐루야!

환난을 극복하는 방법

환난을 당하는 사람들은 실망과 낙담과 좌절 속에서 비통해하며, 세상을 저주하고 한탄하거나, 하나님을 원망하고 거역하는 태도를 갖게 되기도 한다(잠24:10, 민14:27-28). 환난을 인하여 마음이 상하고 고생이 심하게 될 때, 진리를 알지 못하는 사람들은 오히려 하나님을 거역하게 되며(출6:9), 완악한 자들은 환난을 당하여도 요동치 아니하며 오히려 꿋꿋하게 악을 행하며 멸망의 길로 치닫게 되기도 한다. 어리석은 자들에게는 환난이 멸망의 전조로 받아들여지게 되기 때문이다.

그러나 믿음의 사람들에게는 이 환난이 연단과 인내를 이루어 소망을 주게 하는 필수적인 과정이요 축복이 된다. 완악한 자들은 마치 "본래 잡혀 죽기 위하여 난 이성 없는 짐승"과 같이 하나님의 거룩한 진리를 짓밟고 영광 있는 자들을 훼방하기도 하며 환난 가운데 멸망을 당하게 되기도 한다(벧후2:9-12). 그러나 성경은 "하나님은 미쁘사 너희가 감당치 못할 시험 당함을 허락지 아니하시고 시험 당할 즈음에 또한 피할 길을 내사 너희로 능히 감당하게 하시느니라" 말씀하고 있다(고전10:13). 시험이나 환난을 당하는 사람들은 그 시험이나 환난이 하나님의 섭리 가운데 극복할 수 있는 만큼의 강도로 주어짐을 깨닫는 것이 중요하다.

환난을 극복하는 방법을 살펴보자. 환난을 극복하려면 환난이 일어난 원인을 알아야 한다. 우선, 앞에서 살펴본 대로 하나님의 징계의 채찍으로 인한 환난이라면, 죄를 회개하고 자백할 뿐 아니라 죄를 짓게 한 원인을 제거해야 한다. 죄로 인해 일어난 환난은 반드시 마음으로 깨닫고 회개하여 다시는 그 범죄를 되풀이하지 않을 때에 극복할 수 있다(요5:14…).

내 마음 속에 심겨진 사탄의 씨로 인해 범죄한 것이라면 그 씨를 제거해 버려야 한다. 그런데 지속적으로 환난이 일어난다면, 이것은 마음에 사탄의 씨가 뿌려진 정도가 아니라, 우상숭배의 죄일 가능성이 큰 것이므로 그 그루터기와 뿌리까지 남기지 말고 뽑아 버려야 한다. 우상숭배란 전술했듯이, "자기의 욕심을 만족시키기 위해 자기 나름대로 만들어 놓은 하나님을 믿고 행하는 것"을 말한다. 이 상태는 내 안에 있는 하나님의 씨에 사탄의 씨가 섞여 있는 정도가 아니라, 사탄의 씨가 하나님의 씨를 밀어내고 뿌리를 내린 상태이다. 만일 회개하지 않은 채 이러한 상태를 지속적으로 유지한다면 그는 완악하게 되어 회복 불가능한 상태가 될 수도 있다.

주님께서 "이 백성들의 마음이 완악하여져서 그 귀는 듣기에 둔하고 눈은 감았으니 이는 눈으로 보고 귀로 듣고 마음으로 깨달아 돌이켜 내게 고침을 받을까 두려워 함이라" 말씀하시듯이, 그러한 자들은 고침 받는 것을 오히려 두려워할 수도 있다(마13: 15). 하나님께서는 이사야 선지자를 통하여 "그들이 눈으로 보고 귀로 듣고 마음으로 깨닫고 돌아와 고침을 받지 못하도록, 그들의 마음으로 둔하게 하며 그 귀가 막히고 눈이 감기게 하라"고 말씀하신다(사6:9-10). 주님께서 "불의를 행하는 자는 그대로 불의를 행하고 더러운 자는 그대로 더럽게 하라"고 말씀하시는 것도 같은 의미다(계22:11). 얼마나 무서운 말씀인가? 가슴을 찢고 회개하지 않는

한 고침 받을 수가 없는 상태인 것이다.

"의인의 길은 돋는 햇볕 같아서 점점 빛나서 원만한 광명에 이르거니와, 악인의 길은 어둠 같아서 그가 거쳐 넘어져도 그것이 무엇인지 알지 못하느니라" 말씀하듯이(잠4:18-19), 죄로 인해 어두움이 짙으면 왜 환난이 일어나는지를 깨닫지 못한다. 그러므로 일어나 고개를 들어야 한다. 산에 올라야 한다. 바로 오늘 나의 마음의 문을 두드리시는 주님의 음성을 듣고 문을 열어야만 하는 것이다(계3:19-20).

의를 위하여 핍박을 받고 환난을 당하는 자는 복이 있다(마5:10). 자신의 무지나 죄성이나 연약함으로 인해 발생하는 모든 악하고 의롭지 못한 죄의 성향 때문에 괴로워하고 그 영혼에 환난을 당하거나, 하나님의 말씀대로 행하지 못하는 자신을 자책하며 영혼의 환난을 당하는 이들은 소망이 있다. 진리를 깨닫기 위해 의의 말씀을 경험하며 지각을 사용함으로 연단을 받으며 환난을 당하는 자들도 소망이 있다(히5:13-14, 창22:16). 하나님의 선한 목적에 쓰임 받게 하기 위한 섭리 가운데, 환난을 당하는 자들도 복이 있다(고후1:3-11, 호1:2-9…).

이와 같이 환난을 극복하는 방법은 의외로 단순하다. 죄로 인한 환난을 당하는 이들은, 죄를 회개하고 돌이켜 살면서 일정기간 인내하고 견디면 된다. 의를 위하여 환난을 당하는 이들은 두려워하지 말고 주님의 말씀대로 담대하라. 그리고 지속적으로 선을 행하며 경건의 연습을 행하라(요16:33, 단3:16-18, 딤후1:7, 잠29-25, 사

41:10). 두려워하면 그 두려워하는 일이 임하게 됨을 명심하라(욥 3:25).

그러나 "슬기로운 자는 재앙을 보면 숨어 피하여도 어리석은 자들은 나아가다가 해를 받는다"고 말씀하듯이(잠22:3), 하나님께서 임박한 환난을 피할 수 있게 하기 위해 두려운 마음을 주실 때에는 피해야 한다.

하나님의 섭리로 인해 받는 환난이면 즐거워하며 인내하면서 낙심하지 말고 끝까지 전진해야 한다(갈6:9). 인내하는 자가 복이 있다(약1:2-4).

죄에 대한 보응과 선을 행하라 명하시는 이유

사도 바울은 그의 영적인 아들 디도에게 보낸 편지에서 다음과 같이 말한다(딛3:4-8).

"우리 구주 하나님의 자비와 사람 사랑하심을 나타내실 때에 우리를 구원하시되 우리가 행한 바 의로운 행위로 말미암지 아니하고 오직 그의 긍휼하심을 따라 중생의 씻음과 성령의 새롭게 하심으로 하셨나니 우리구주 예수 그리스도로 말미암아 우리에게 그 성령을 풍성히 부어 주사 우리로 그의 은혜를 힘입어 의롭다 하심을 얻어 영생의 소망을 따라 상속자가 되게 하려 하심이라 이 말이 미쁘도다 원하건대 너는 이 여러 것에 대하여 굳세게 말하라 <u>이는</u> 하나님을 믿는 자들로 하여금 조심하여 선한 일을 힘쓰게 하려 함이라 이것은 아름다우며 사람들에게 유익하니라"(딛3:4-8).

이 말씀에 앞서서 사도 바울은 "우리가 전에는 어리석은 자요 순종치 아니한 자요 속은 자요 각색 정욕과 행락에 종노릇 한 자요 악독과 투기로 지낸 자요 가증스러운 자요 피차 미워한 자"였음을 말하고(딛3:3), 이러한 죄악을 범한 우리임에도 불구하고, 주님의 은혜를 따라 우리의 죄를 사하사 구원하시고, 성령을 부어 주사 의롭다 칭하시며 영생의 소망을 갖게 하셨다고 말한다. 그런데 "이렇게 하신 이유"가 있는데, 그것은 "선한 일을 힘쓰게 하려 함"이라는 것이다. "주님께서 우리를 대신하여 자신을 주심은 모든 불법에서 우리를 구속하시고 우리를 깨끗하게 하사 선한 일에 열심하는 친 백성이 되게 하려 하심이니라"는 말씀과 같다(딛2:14).

우리는 그리스도 예수 안에서 선한 일을 하도록 지으심을 받은 것이다(엡2:10).

진리는 거듭난 백성에게는 상식과 같다. 결코 어렵지 않은 것이다. 사도 요한은 "너희는 주께 받은 바 기름부음이 너희 안에 거하나니 아무도 너희를 가르칠 필요가 없고 오직 그의 기름부음이 모든 것을 너희에게 가르치며 또 참되고 거짓이 없으니 너희를 가르치신 그대로 주 안에 거하라" 말씀하고 있다(요일2:27). 주님께서 우리에게 기름 부어주시면, 진리는 상식과 같이 되어 이성적으로 뚜렷하게 깨달아지기 때문에 누구에게 배우지 않아도 주님 안에 거하여 살 때에 자연스럽게 깨달아 알게 되는 것이다.

그런데 문제는, 성령께서 크리스천들을 가르치시고 성경의 뜻을 깨닫게 하시며 진리 가운데로 인도하시지만, 온전한 진리를 깨닫기까지는 오랜 기간을 필요로 한다는 점이다. 그렇다면 그 오랜 동안 어쩌라는 말인가? 계속 권면하고 있지 않은가? 사랑하는 자를 책망하고 징계하시며, "열심을 내라 회개하라" 말씀하시며, 문밖에 서서 두드리시는 주님의 음성을 듣고 문을 열면 되는 것이다(계3:19-20,요10:4). "주님의 음성"은, 각 세대를 살아가는 하나님의 백성들이 받아들임으로써 사탄의 유혹과 훼방에 걸려 넘어지지 않게 하는, "그 시대에 맞게 드러나고 선포되는 예수 그리스도의 진리의 말씀"을 비유한다.

한 세대가 가고 또 한 세대가 오면 모든 지식과 삶의 양식 등이 변하고, 그에 따라 사탄의 무기도 새롭게 개발된다. 이에 따라 하나님께서는 성경에 하나님의 진리의 말씀을 숨기고 감추어 놓았고

(막4:21-25), 각 세대에 권능의 규(홀)을 받고 주님의 양떼들을 인도하며 섬길 하나님의 아들들에게 그 진리의 열쇠를 맡겨주신다 (신4:36, 계3:7, 마16:19, 사22:22). 그리고 각 세대마다 천사의 나팔 소리가 울려 퍼지게 되는 것이다(고전15:51-53, 고전14:8, 출19:17-19).

이제 상식적인 진리를 가지고 왜 크리스천이 선을 행하도록 지음 받았으며, 선을 행해야 하는 지를 살펴보자. 크리스천이 선을 행해야 하는 것은, 하나님께서 인간을 창조하실 때 의도하신 바였기 때문이다. 그러나 여기에서 그치면 은혜가 되지 않는다.

그 숨겨진 이유는 "우리의 죄로 인한 보응을 탕감해 주시기 위함이다!" 부모가 자녀들이 잘못했을 때 어떻게 하는가? 무조건 벌을 주기보다는 선한 일을 하게 함으로 마땅히 벌 받아야 할 것을 탕감해 준다. 사람들의 지혜도 이와 같은데, 하물며 하나님이시랴? 그러므로 과거에 많은 죄를 짓고 그 죄악 가운데에서 불경건의 악습에 찌들어 살았던 이들은, 죄짓지 말며 더 열심히 경건을 위해 힘쓰며 선을 더 많이 행해야 할 것이다. 그와 같이 하지 않는다면 평생토록 그의 앞길이 평탄치 않게 되기 때문이다.

예수를 영접하고 아무리 새벽기도회에 나아가 애써 부르짖어도 그 중심 깊은 곳에 죄에 대한 깨달음과 회개의 열매가 맺어지지 않는다면 잠시 잠깐의 위로가 있을 뿐, 그의 앞날은 그의 죄로 인한 보응으로 거두어지는 환난으로 말미암아 때마다 지속적으로 힘들게 되는 것이다. 진리를 깨닫고 자유함으로 가는 길이 이렇게 뚜렷한데, 말씀 먹기를 게을리 하고 성령을 좇아 살지 아니하며 기도

184

에 힘쓰지 아니하고 선을 행치 아니하며 세상풍속을 여전히 좇는 크리스천이 적지 않으니, 이들을 죄악에서 구원하기 위하여 먼저 부름 받은 우리가 열심을 내어야 하지 않겠는가?(약5:19-20)

"우리의 체질을 아시며 우리가 진토임을 기억하사 불쌍히 여기시며, 우리의 죄를 따라 처치하지 마시고 우리의 죄악을 따라 갚지 마소서" 기도드리며(시103:10-14), 예수 안에 거하여 살며 선을 행하는 이들이 복이 있다.

복음과 구원

우리 인생들에게 가장 기쁘고 복된 소식은 구원에 대한 것이다. 가난과 억압과 상함과 환난과 죄악과 죽음 등 어두움에서 건지움을 받는 것이 구원이다. 인류에게 주어진 최초의 복음은 아담과 하와가 타락한 후에, 하나님께서 아담과 하와를 위하여 가죽옷을 지어 입히신 일과 뱀을 저주하며 선포하신 다음의 말씀에서 그 기원을 찾을 수 있다(창3:15-21).

"내가 너로 여자와 원수가 되게 하고 너의 후손도 여자의 후손과 원수가 되게 하리니 여자의 후손은 네 머리를 상하게 할 것이요 너는 그의 발꿈치를 상하게 할 것이니라"(창3:15)

이는 메시야가 이 땅에 오셔서 이루게 될 구원사역에 대한 최초의 복음 선포이며, 지금으로부터 약 2,000여 년 전에 예수 그리스도께서 아시아와 유럽과 아프리카 대륙의 연결지역인 유대 땅에 오셔서 십자가에서 죽으시고 부활하심으로 완수하신 것이다.

"그가 우리를 흑암의 권세에서 건져 내사 그의 사랑의 아들의 나라로 옮기셨으니 그 아들 안에서 우리가 구속 곧 죄 사함을 받았도다" 말씀하듯이(골1:13-14), 가장 중요하고 기본적인 구원은 죄악과 사망 가운데서 건지움을 받는 것이며 죄 용서함을 받아 영생을 얻는 것이다. 하나님께서 우리가 "전에 지은 죄"를 간과하심으로 우리를 의롭다 칭하여 주심으로 우리의 죄가 사하여 진다(롬3:25). 이 구원은 모세가 광야에서 놋뱀을 들었을 때 그것을 바라본 자마다 생명을 얻었던 것과 같이, 하나님께서 베푸신 은혜에 자신의 의지로 응답함으로써 얻을 수 있는 선물과 같은 것이다(요 3:14-16). 성경은 이 구원이 인간의 선한 행위나 의와 도를 닦는 수도나 고행 등 인간의 행위로 얻어지는 것이 아님을 말씀하고 있다. 하나님께서 베풀어 주신 은혜에 믿음으로 응답함으로써 얻게 되는 것이다(롬3:27-28). 이것이 복음이다.

그런데 하나님께서 이와 같이 베풀어 주신 복음에는 뚜렷한 한 가지 전제 조건이 있다. 그것은 회개하고 예수 그리스도를 바라보라는 것이다. 모세가 광야에서 든 놋뱀을 바라본 자가 구원을 얻었듯이, 바라보아야 한다. 하나님께서 가장 싫어하시는 것을 한 단어로 표현한다면, "불순종"이며, 불순종이 바로 죄요 악이다.

회개란 이 죄악으로 향해 있던 마음을 돌이켜 하나님께로 향하고 순종하는 것이다. 하나님께로 향한다는 것은 하나님의 온전한 형상이신 예수 그리스도를 바라보는 것을 말한다. 따라서 회개란, 인내함으로 순종의 본을 보이신 예수 그리스도를 바라보는 것이다. 이 '바라본다'는 말은 단순히 바라보는 상태를 말하는 것이 아니라, 그 대상이 가지고 있는 모든 것을 선망하며 소유하며 그와 같이 되기를 바라는 마음과 그것을 이루어 가는 모든 과정을 포함한다. 히브리서12:1-2에 "모든 무거운 것과 얽매이기 쉬운 죄를 벗어버리고 인내로서 우리 앞에 당한 경주를 경주하며 믿음의 주요 또 온전케 하시는 이인 예수를 바라보자"고 말씀한 것은 바로 회개에 대한 좋은 표현이다.

예수 그리스도를 바라보는 사람마다 구원을 얻게 되는 것은 하나님의 은혜요 선물이며, 이것이 복음이다. 주님은 온전하신 하나님이자 동시에 온전한 사람으로서 구원 얻는 이들의 본이 되어 주셨다(고전11:1,15:20-21). 그 예수 그리스도를 바라보고 전진하는 사람은 이 땅에서 온전한 삶을 누리게 되며, 이 땅에서 시작된 영원한 나라에서 하나님의 자녀가 되는 권세를 얻게 되는 것이다. 이 것이 복음이다.

구원은 과거를 포함한 현재의 것이며 동시에 미래의 것이다. 이 구원은 첫째, 우리의 삶을 얽어매고 어두움 가운데 던져 넣는 모든 악한 상황에서의 구원이며, 둘째로는, 사망 권세로부터 벗어나게 하는 영적인 부활과 신령한 몸의 부활이다. 이 구원은 우리 믿음의 사람들로 하여금 예수 그리스도 안에서 열매 맺는 삶을 살도록 하는 하나님의 보증이다. 이 구원은 죄로 말미암아 죽었고, 죽을 수밖에 없는 우리의 영혼을 영생하게 하는 인증(認證,'슾흐라기스',seal)이다. 따라서 구원받은 모든 이들은 하나님의 약속의 말씀 안에서 믿음으로 말미암아 확실한 삶의 열매를 얻게 되는 소망을 가지고 살아갈 수 있는 것이다.

그런데 주의할 점이 있다. 회개하고 예수 믿은 우리들은 이제 방금 하나님의 나라에 "응애"하고 태어난 어린 아기와 같다는 점이다. 일정기간을 성령의 품어주시고 인도하시는 은혜의 말씀을 따라 성장해 가야 하는 것이다. 기초적인 학문을 배운 아이들이 곧바로 고등 학문을 통달할 수 없듯이, 넘어지고 실수하고 상처받는 과정을 통과하면서 의의 말씀을 경험해가며, 선악을 분변하는 크리스천으로 성장해 가야 한다. 어떻게 이와 같은 과정을 큰 과오 없이 걸어갈 수 있을까? 그것은 쉽지 않지만 결코 어렵지도 않다. 예수 안에 거하여 살면 된다. 이제 예수 안에 거하여 산다는 것이 어떠한 삶을 의미하는지를, 구약 시대의 성소제도를 살펴보며 확인해 보자.

구약의 성소제도와 예수 안에 거하여 사는 삶

　레위기에는 성소제도에 대한 설명이 자세히 나와 있다. 이스라엘 백성들은 그들의 죄를 사함 받기 위하여 성소 앞으로 흠 없는 소나 양 등을 가지고 나아왔다. 그리고 그것을 잡아 번제로 드렸다. 죄 사함을 받으려는 사람이 그 소나 양의 머리에 안수함으로써 그의 죄가 그 짐승에게 전가되고, 그의 손으로 그 짐승을 죽이고 각을 뜨고 머리와 기름을 베어 내어, 제사장에게 주어 제단 위에 벌여 놓도록 맡기고, 내장과 정강이를 물로 씻어 제사장에게 주었다. 제사장은 그의 죄 사함을 위해 그것들을 제단 위에 불살라 하나님 앞에 번제로 드렸다. 이와 같은 제사를 통하여 그들의 죄가 사하여졌다(히9:22).

　이스라엘 백성들이 애굽을 탈출하여 광야 생활할 때, 모세가 하나님께로부터 계시를 받아 장막성소를 세웠는데(히8:5), 이 때 지은 장막성소가 그 때로부터 1,400년 후에 있을 예수 그리스도의 십자가의 고난을 알리고 있으며, 그 장막 안에 세워진 성소 뜰과 성소와 지성소가 각각 구원에 대한 진리를 가르쳐 주고 있다.

　이 장막성소(회막)는 그 입구가 동편에 있었고 회막문을 들어서면 성소 뜰이 있는데, 여기에 번제단이 있고 물두멍이 성소 앞에 놓여 있었다. 서편에 있는 장막 안에는 성소와 지성소가 있는데, 성소와 지성소 사이에는 휘장이 가리워 있었다.

　놀랍게도, 이 성소 뜰에 있는 물두멍과 제단은 각각 회개의 침례(세례)와 십자가를 예표하며, 그 제단 위에서 대신 죽임을 당한 짐승들은 어린 양 예수 그리스도를 예표한다(요1:36). 제단은 조각목으로 만들어 놋으로 씌웠는데, 광야에서 이스라엘 백성들이 불뱀에 물려 죽어갈 때 모세가 만들어 장대 위에 달았던 놋뱀과 상통하며, 십자가상의 예수 그리스도를 예표하게 하신 하나님의 놀라운 섭리를 알 수 있다.

그리고 성소 안에는 말씀을 상징하는 '진설병', 성령을 상징하는 '등대', 그리고 성도들의 기도를 상징하는 '분향단'이 놓여 있었다. 이 성소는 예수 그리스도 안에 거하여 사는 삶과, 크리스천의 제사장적인 삶이 어떠해야 할 것을 보여주고 있다(벧전2:9, 계1:6).

또한 지성소 안에는 법궤와 그 위에 놓여진 속죄소와, 그 속죄소와 한 덩어리로 양끝에 서 있는 그룹들이 있었다. 이 지성소는 하나님의 임재를 상징한다(출25:18-22).

이 성소제도는 예수 그리스도께서 성육신하시기 1,400여 년 전, 그러니까 기원전 1,400여 년경에 세운 것이다. 14년도, 140년도 아닌 1,400여 년 후에 이루어질 구원사역에 대하여 보여주고 있는 장막성소야말로, 인류 역사에 개입하시는 살아 계신 하나님과 그의 섭리를 극명하게 보여 준다. 성소를 세울 때에 그 구조라든지 그것을 만든 재료들이라든지 그 안에 있는 구성물 하나 하나에 놀라운 진리가 담겨 있다. 각 구성물마다 그것들이 예표하거나 상징하고 있는, 구원의 완성을 위한 신앙의 모습과 과정들이 비유적으로 나타나 있다. 출애굽기 36:8-38:20에서 보면, 성소 뜰에 있는 것들은 비교적 가치가 적은 재료만을 사용하였는데, 제단은 조각목(아카시아 나무)으로 만들어 놋으로 싸고 물두멍은 놋으로 만들었다. 그러나 성소에 있는 등대는 정금으로 만들었고, 떡상은 조각목으로 만들어 정금으로 싼 후 금테를 둘렀으며, 분향단은 조각목으로 만들어 상면과 전후좌우면을 정금으로 싸고 주위에 금테를 둘렀다. 지성소에 있는 법궤는 조각목으로 만들어 안과 밖을 정금으로 싸고 윗가를 돌아가며 금테를 둘렀고, 속죄소와 그룹들은 정금으로 만들었다.

이와 같이 성소 뜰과 성소 안의 구성물의 재료를 각각 차별화하신 것은 말세를 당하여 살아갈 하나님의 백성들에게 큰 교훈을 주시기 위한 것이다. 놋과 정금의 가치가 큰 차이가 나듯이, 성소 뜰만 밟고 돌아가는 백성들의 삶과, 성소에 들어가며 하나님의 임재를 체험하는 삶을 사는 제사장적인 삶이 얼마나 차이가 있는지를 보여주고 있다.

장막성소의 '성소 뜰'은 크리스천들이 회개하여 주님의 대속의 피로 죄 씻음 받는 과정을 보여 준다. 그리고 장막 안에 있는 성소는, "믿음의 사람들을 가리켜 '제사장'이라고 말씀하고 있듯이(사 61:6, 벧전2:5, 계1:6), 제사장적인 삶을 살아야 할 크리스천들의 성화의 과정을 보여주고 있다. 진설병이 상징하는 "하나님의 말씀을 먹고", 분향단이 상징하는 "기도를 드리며", 정금 등대가 상징하는 "성령을 좇아 사는 삶"이 바로 "성화의 과정"이며, "예수 안에 거하여 사는 삶"이다. 이와 같이 살아갈 때에 지성소가 상징하는 하나님의 임재 앞으로 담대히 나아갈 수 있다(히 4:16, 엡3:12). 우리의 삶에 실제적으로 함께하시며, 긍휼히 여기시며, 때를 따라 도와주시는 하나님의 은혜를 체험하게 되는 것이다(요일3:21-22, 히

13:6, 히8:10).

한편, 하나님께서는 성소 뜰만 밟으며 죄악에서 돌이키지 않는 자들을 꾸짖으시며 그들의 기도와 간구를 듣지 않겠다고 하셨는데 (사1:12-15) 이와 같이 성소 안으로 들어갈 제사장의 자격을 얻지 못하고 성소 뜰만 밟는 수준의 크리스천을 책망하는 말씀이다. 예수 안에 거하여 사는 자들이 복이 있다.

구약의 성소제도와 구원의 완성(1)

구원의 완성 첫 단계, 성소 뜰과 칭의

하나님께서 모세에게 하늘에 있는 성소의 본을 보여 주셨고(계 15:5,11:19), 모세는 산에서 보여주신 그 본을 따라 광야에서 장막성소를 지었다. 이 장막성소를 짓고 하나님 앞에 제사 드리던 성소제도는, 예수 그리스도의 구원사역에 대한 예표이며 살아계신 하나님께서 역사에 개입하심을 보여주는 뚜렷한 증거임을 살펴보았다. 그런데 놀랍게도 이 성소제도는 크리스천들이 '온전한 구원'을 얻게 하기 위해 만세 전에 계획하신 하나님의 예정과(고전2:7-9), 예수 안에서 이루어야 할 신앙생활의 과정을 극명하게 보여주고 있다.

먼저는 칭의의 과정이다. 성소 뜰에 있는 번제단은 놋으로 만들어졌는데, 모세가 광야에서 놋으로 만들어 장대에 달았던 놋뱀과 상통하는 요소를 갖고 있다. 그 40년 광야생활 당시에 이스라엘 자손들이 하나님을 원망하다가 불뱀에 물려 죽어갈 때, 하나님께서 모세에게 불뱀을 만들어 장대 위에 달라 하셨고, 물린 자마다 놋으로 만들어 장대 끝에 단 놋뱀을 쳐다본 즉 살게 하셨다(민21:8-9). 예수 그리스도께서는 "모세가 광야에서 뱀을 든 것 같이 인자도 들려야 하리니 이는 저를 믿는 자마다 영생을 얻게 하려 하심이니라" 하셨고(요3:14-15), "내가 땅에서 들리면 모든 사람을 내게로 이끌겠노라" 말씀하셨다(요 12:32). 놋뱀은 십자가 위에 달리신 예수 그리스도의 예표였던 것이다.

인류의 죄를 감당하시고 십자가에 달린 주님은 죄가 없었음에도 불구하고(히4:15) 하나님 앞에서 "실제로 죄인"이 되었다. 사탄의 상징인 뱀의 모양을 한 놋뱀을 장대 끝에 달아 그 예표를 삼으신 하나님의 놀라운 섭리를 여기서도 깨달을 수 있다. 십자가상의 주님이 상징적으로 죄인이 된 것이 아니라, 인류의 죄를 실제로 대신하여 감당한 큰 죄인이 되어 사탄(뱀)과 비슷한 처지가 되었었음을 알 수 있다.

또한 놋으로 만든 번제단 위에 놓인 제물 즉, 죄지은 자들이 안수함으로 그 죄를 넘겨받은 짐승은 "세상 죄를 지고 가는 하나님의 어린 양"(요1:29)인 예수 그리스도를 예표하고 있는 것이다. 세상 죄를 진 예수 그리스도와 죄인의 죄를 전가 받은 양이나 소 등과 같은 짐승들은, 그 죄로 인해 저주의 대상이 되었던 것이며(갈3:13), 대속의 죽음을 당해야 했다. 십자가상에서 절규하신 예수 그리스도의 부르짖음이 이것을 대변하고 있다.

"나의 하나님, 나의 하나님 어찌하여 나를 버리셨나이까!"

죄진 자를 끊어버리시고 어두움에 버려두신 아버지 하나님 앞에서 당해야 했던 '인자'이신 예수 그리스도의 슬픔과 고통과 절망이 이 외침 속에 그대로 나타나 있다. 당신의 백성들의 죄를 진 예수 그리스도는 하나님 앞에서 '죄인'이었으며, 관계가 단절된 어두움 속으로 버려졌던 것이다.

저자는 이 순간에도 회한의 눈물과 감사와 감격 등이 교차하는 마음으로 이 글을 쓰고 있다. "여호와의 손이 짧아 구원하지 못하심도 아니요 귀가 둔하여 듣지 못하심도 아니라 오직 너희 죄악이 너희와 너희 하나님 사이를 갈라 놓았고 너희 죄가 그의 얼굴을 가리어서 너희에게서 듣지 않으시게 함이니라" 말씀하고 있는 대로(사59:1-2), 아버지 하나님께서 그 사랑하는 아들을 외면하신 것이다. 골고다 언덕에서 슬픔과 고통과 절망 속에서 부르짖는 주님의 절망적인 마음을 생각해 보라. 당신의 사랑하는 아들의 죽음과 그 절규 앞에서 등을 돌려야 했던 아버지 하나님의 괴로움은 어떠하셨겠는가? 크리스천들이여, 일어나 고개를 들고 주님을 바라보며 성소 안으로 들어가자.

회막문으로 나아가 희생제물로 가져온 짐승을 자기 손으로 죽이거나 새의 목을 비틀어 끊는 모습을 보는 이스라엘 백성들은, 불쌍한 짐승의 죽음과 잔인하고 끔직스런 자신의 모습을 보며 다시는 이와 같은 죄를 짓지 않겠노라 다짐해야 마땅했다. 하나님께서는 그러한 자세를 보시며 그들의 죄를 사해주고 그 행위와 믿음을 의롭게 여겨 주셨던 것인데, 그 후 때가 차서 인자이신 예수 그리스도께서 세상 죄를 대신하사 죽으셨으며, 이를 믿는 자마다 "그 대속의 피를 인하여 의롭다 하심"을 얻게 되었다(롬5:9).

그런데 그 주님을 아무렇지도 않게 십자가에 다시 못 박고 멸시하며 죄책감 없이 죄를 짓고, 죄를 자백함으로 죄 사함 받았다고 믿고 평안한 잠을 자는 교인들이 적지 않은 것으로 안다. 스스로 속이며 속고 있는 것이다. 레위기 16:29에서 보면 하나님께서 백성들의 죄를 사해 주시는 속죄일에 "스스로 괴롭게 하고 아무 일도 하지 말라"고 말씀하신 것은, 죄를 마음 속 깊이 아파하며 진정으로 회개하라는 뜻이 담겨 있는 것이다. 성소 앞에 놓여 있는 물두멍은 "회개의 세례"를 상징하고 있는데, 하나님의 칭의에 대하여 응답하는 성도의 자세를 보여주고 있다.

"하나님의 구하시는 제사는 상한 심령이라 하나님이여 상하고 통회하는 마음을 주께서 멸시치 아니하시리이다"(시51:16-17)는 말씀대로, 속상해하며 통회하는 마음이 없는 회개는 하나님 앞에 가납될 수 없으며, 긍휼히 여기심을 받을 수 없다(고후7:10). 그러므로 모든 죄를 깨끗이 씻고 담대히 성소 안으로 들어가자(히 10:19).

구약의 성소제도와 구원의 완성(2)

구원의 완성 두 번째 단계, 성소와 성화

성경은 하나님께서 믿음의 사람들로 하여금 "나라와 제사장으로 삼으셨다"고 말씀하고 있다(계1:6, 사61:6, 벧전2:5). 나중에 따로 설명하겠지만 개역성경과 개역개정성경에 공히 '나라와 제사장'으로 번역한 말씀 중, '나라'는 '왕들(kings)'로 번역해야 옳다. 나라로 번역된 헬라어 '바실레이스'는 '왕(king)'이라는 뜻의 '바실류스'의 복수형이기 때문이다. '나라'로 번역될 수 있는 헬라어는 '바실레이아'이다. 여기에서는 우리를 '제사장'으로 삼으신 하나님의 경륜에 대하여 살펴보기로 하자.

십자가에 달려 죽으시고 부활하신 예수 그리스도의 대속의 은혜를 믿고 회개하여 구원을 얻은 우리가 해야 할 일에 대하여 장막 성소는 무엇을 계시하고 있을까? 성소는 기름부음 받은 제사장만이 들어갈 수 있으며, 지성소는 하나님의 임재를 나타내는 곳으로서 일 년에 한 번 전 민족의 죄를 사하기 위하여 대제사장이 들어갈 수 있었다(레16:1-34, 히9:7). 그런데 예수 그리스도께서 십자가 상에서 운명하실 때 성소와 지성소 사이에 설치되어 있던 휘장이 위에서부터 아래로 찢어졌다(마27:51). 이 휘장은 예수 그리스도의 육체를 비유한다.(히10:20, 9:9). 주님께서 인류의 죄를 대속하여 죽으심으로써, 그를 믿고 죄 사함 받고 성령으로 기름부음을 받은 자는 누구나 직접 하나님 앞으로 나아갈 수 있다는 선포를 하신 것인데, 휘장을 찢음으로써 보여주신 것이다.

성소 뜰에서 직접 지성소로 들어갈 수는 없다. 지성소와 성소 뜰 사이에 성소가 있으므로 성소를 거쳐야만 지성소로 들어갈 수가 있는 것이다. 그렇다면 지성소와의 사이에 휘장으로 나뉘어 있었던 '성소'는 무엇을 계시하고 있는지를 살펴보자.

성소 안에는 떡상(진설병을 올려놓는 상), 등대, 그리고 분향단이 있다.

성소 안에 있는 떡상은 하나님의 말씀을 먹는 삶을 계시한다(요 6:48,63). 이 떡은 매 안식일마다 진설하여 항상 있게 하였는데, 믿음의 사람들이 날마다 항상 일용할 양식을 먹어야 함을 보여주고 있는 것이다(마6:11). 주님께서 가르쳐주신 주기도문에 "날마다 일용할 양식을 주시옵소서"라고 기도드리라는 것은, 육적인 양식이 아니라 일용할 '영의 양식'을 구하고 먹으라는 것이다. "무엇을 먹을까 무엇을 마실까 무엇을 입을까 하지 말라 이는 다 이방인들이 구하는 것이라"(마6:31-32) 말씀하신 주님께서 일용할 육적인 양식을 구하라고 가르치실 리 없다.

크리스천으로서 매일 '영의 양식'을 먹을 수 없게 된다면 그의 영은 날로 파리해지고 면역력이 떨어져서 사탄의 공격을 이기지 못하고 죄의 종으로 전락하여 병에 걸리게 된다. 한 끼 두 끼 하루 이틀 굶을수록 힘이 쇠하는 것과 같이 영의 양식도 마찬가지다. 탁상공론이 아니다. 그것을 느끼지 못한다면 그 사람의 영은 잠자는 상태이거나 혼수상태이거나 죽은 상태다. 회개하여 성령충만하게 된 후 시험해 보면 알 수 있다.

그리고 지성소 앞에 놓여 있는 분향단은 성도들의 기도 생활을 계시하고 있다. 다윗이 "나의 기도가 주의 앞에 분향함과 같이 되며 나의 손드는 것이 저녁 제사같이 되게 하소서" 기도했듯이(시 141:2), 성도들의 기도는 하나님께 올려드리는 향이다(계5:8,8:3-4). 또한 성소 안에 있는 향은 매일 아침과 저녁마다 사르게 되어 있듯이(출30;7), 믿음의 사람들은 누구나 날마다 하나님 앞에 예수의 이름으로 기도 드려야 하는 것이다.

기도드리는 삶을 몸소 실천하고 본을 보여주신 주님께서는, 기도응답을 받기 위하여 낙망하지 말고 기도드릴 것과(눅18:1), 사탄과의 싸움에서 이기어 환난을 당하지 않도록 항상 기도하며 깨어 있으라 말씀하셨고(눅21:36), 사도 바울은 "무시로 성령 안에서 기도하고 이를 위하여 깨어 구하기를 항상 힘쓰라"고 말씀하고 있다(엡6:18). 기도드리는 삶이 없이 하나님의 뜻대로 사는 것은 불가능함으로, 자신의 신앙상태를 점검하는 기준으로 삼아야 할 것이다.

그리고 성소 안에 있는 등대는 '성령'을 계시하고 있다(계4:5, 1:4). 성령께서는 믿음의 사람들을 진리 가운데로 인도하시기 위해 내재해 주신다. 날마다 말씀을 먹고 기도드리는 삶을 살게 되면 성령의 가르침을 받아 진리에 대한 '조명'을 받게 되고, 성령의 인도함을 받게 된다.

이와 같이 성소 안에 있는 떡상, 분향단, 그리고 등대는 우리가 하나님이 임재하시는 지성소 즉, 하나님의 나라에 들어갈 수 있는 신앙생활인 "성도들의 성화"에 대하여 계시하고 있다. 휘장으로 가려진 지성소에 있는 법궤와 속죄소 그리고 그룹은 하나님의 임재를 계시하고 있는데(출30:6, 출25:18-22), 그 거룩하신 하나님 앞에 나아가기 위하여 두렵고 떨리는 마음으로 성화의 과정을 거쳐야 할 것임을 보여주고 있는 것이다(빌2:12, 히12:28…).

그러므로 장막성소를 살펴보며 알 수 있는 바는, 성소 뜰과 성소 단계의 삶을 살아 지성소 단계의 삶으로 나아갈 수 있는 것과 같이, 성령과 진리로 거듭난 사람은 하나님의 나라를 볼 수 있게 됨을 계시하셨다는 사실이다. 그러므로 하나님의 나라에 들어가려면 성령과 생명의 말씀으로 거듭나야 함을 성소제도를 통하여 다시 한 번 확증할 수 있다. 성령과 진리로 말미암지 않고는 예수 그리스도의 대속의 죽음과 그 부활하심을 믿을 수가 없으며, 하나님의 나라를 볼 수도 들어갈 수도 없다는 주님의 말씀을 깨닫는 자가 복이 있다.

구약의 성소제도와 구원의 완성(3)

구원의 완성 세 번째 단계, 지성소와 영화

지성소 안에는 조각목을 정금으로 입혀서 만든 법궤와 각각 정금으로 만든 속죄소와 그룹들(cherubim)이 있었다. 법궤 위에 속죄소를 두었는데, 그룹 둘을 속죄소의 양쪽 끝에 만들되 그 날개를 높이 펴서 속죄소를 덮으며 얼굴을 마주 보되 속죄소를 향하게 하고 그것과 연결되어 한 덩어리로 만들어졌다(출25:17-21). 하나님께서는 모세에게 "이곳에서 내가 너와 만나고…네게 이르리라" 말씀하셨다(22절). 지성소는 하나님께서 임재하신 처소임을 말씀하셨고, 그것은 "메시야의 강림으로 이 땅에 이루어질 하나님 나라"에 대한 예표적인 약속이었던 것이다.

아담과 하와가 범죄한 후, 하나님께서는 "그들을 에덴동산에서 쫓아내고 에덴동산 동편에 그룹들과 두루 도는 화염검을 두어 생명나무의 길을 지키게" 하셨다(창3:24). 마음속으로 이 말씀에 대한 그림을 그려보며, 장막성소의 구조와 연관시켜 보자.

성소 뜰과 성소는, 하나님의 임재를 나타내는 지성소의 동편에 있음을 그려보라. 장막성소는 동편으로 들어가게 되어 있고, 에덴동산도 들어가려면 동편으로 들어가야 한다! 놀랍게도 이 장막성소는 '이 땅에 건설된 하나님의 나라'에 들어갈 성도들이 칭의와 성화 과정을 밟아야 할 것임을 계시하고 있는 것이다.

그렇다면 생명나무로 나아가는 길목을 지키게 하신 '그룹들'과 '화염검'이 구체적으로 무엇을 말하고 있는지를 깨달아야 한다.

예레미야5:14에 보면 "만군의 여호와가 이같이 말하노라…내가 네 입에 있는 나의 말로 불이 되게 하고 이 백성으로 나무가 되게 하리니 그 불이 그들을 사르리라" 말씀하고 있어서 '하나님의 말씀'이 곧 '불'임을 알 수 있다. "저희 입에서 불이 나서 그 원수를 소멸하리라(계11:5)"는 예언도 '하나님의 말씀(불)'으로 사람들(나무들)을 사른다는 예레미야 선지자의 말씀과 동일하다.

메시야가 이 땅에 임하실 것을 예언한 구약의 말씀과 복음서의 말씀들을 살펴보자. 이사야 선지자는 "여호와께서 불에 옹위되어 강림하실 것"으로 예언했고(사66:15-16), 말라기 선지자는 "극렬한 풀무불 같은 날이 이를 것"이라고 예언하면서, "여호와의 크고 두려운 날이 이르기 전에 주께서 선지 엘리야를 먼저 그 백성들에게 보낼 것"이라고 예언했다(말 4:1-5). 그러므로 유대인들은, 메시야가 불에 옹위되어 강림하시기 전에 엘리야 선지자를 앞서서 보낼 것이라고 한 예언에 근거하여 엘리야를 기다리고 있었는데, 정작 엘리야가 왔을 때 유대인들은 그를 알아보지 못했다. 이에 대해 주님께서는 "내가 너희에게 말하노니 엘리야가 이미 왔으되 사람들이 알지 못하고 임의로 대우하였도다 인자도 이와 같이 그들에게 고난을 받으리라" 하셨고, 그 때에 비로소 제자들이 "엘리야가 침례(세례) 요한"인줄 깨달았다(마17:12-13).

그렇다. 그 엘리야 즉 침례요한의 뒤에 오신 예수 그리스도가 바로 불에 옹위되어 강림하신 말씀 하나님 여호와시다. '하나님의 말씀'은 또한 '칼'에 비유하고 있으므로(엡6:17,사66:16…), 불에 옹위되어 오셔서 칼로 세상을 심판하신 하나님이 바로 인자이신 예수 그리스도임을 알 수 있다(요3:18,9:39). "말씀이 육신이 되어 오시어 은혜와 진리로 충만"하신(요1:14) 주님의 모습을 영안을 떠서 바라보라. 말씀이 불이므로, 온 몸이 불덩어리인 주님께서 땅에 불을 던지는(눅 12:49) 모습을 볼 수 있지 않은가? 주님께서 "성령과 불로 세례를 주신다"고 했는데(마3: 11-12), 이때에도 불은 하나님의 말씀을 비유한 것으로써, "알곡과 쭉정이를 가르는 구원과 심판의 말씀"을 비유한 것이다(요3:18,요12:48).

그렇다면 이제, 화염검은 무엇을 비유하는지 분명해졌다. 화염검은 "살아있고 운동력이 있는 하나님의 말씀"이다(히:12). 모든 사물은 동질이 될 때에 서로 부딪김이 없다. 이것이 하나님이 세워놓으신 법칙이다. 그러므로 우리가 에덴동산 즉, '이 땅에 건설된 하나님의 나라'에 들어가려면 우리 자신이 화염검화해야 한다. 다시 말해서 성령을 좇아 살아 진리로 체질화가 되어야 한다는 말이다. 진리의 말씀으로 활활 타서 영화되지 않는다면(고후3:16- 18), 생명나무로 나아가는 길을 환난 없이 통과할 수 없다. 진리로 체질화하지 않는 자는 화를 당할 뿐이다. 결국 육신의 장막을 벗을 때까지 성령과 진리로 거듭나지 못한 자는 그 날에 불에 타서 해를 입게 되고, 불 가운데 얻는 구원을 얻게 될 뿐이다(고전3: 13-15).

또한 생명나무의 길목을 지키게 하신 그룹은 지성소 안의 그룹과 일치한다. 그 그룹들이 어디에 붙어 서서 지켜보고 있는가? 바로 법궤 위에 놓인 속죄소다. 아무리 성령과 진리로 거듭난 자일지라도 예수 그리스도의 대속의 피와 중보의 은혜로 보호받지 않고서는 법궤로 상징된 모세의 율법의 송사를 벗어날 수 없으며(요

5:45), 그룹들을 통과하여 생명나무로 나아갈 수 없음을 계시하고 있는 것이다. 예수 안에 거하여 살아감으로 정죄함을 받지 아니하며(롬8:1-2), 영원히 그 안에 거하는 이들이 복이 있다.

　(참조) 히브리서 4장 전체가 바로 성소 뜰 단계에서 성소단계를 지나 지성소 단계로 들어가는 자가 있음을 말씀하고 있다. 안식하는 자가 복이 있다.

진리 가운데로 인도하시는 성령의 감화 감동력(1)

성소 뜰의 단계에서 성소단계를 거쳐 지성소단계의 삶으로 나아가기를 원하는 이들에게 도움을 주시는 분이 바로 보혜사 성령이시다. 보혜사로 번역된 헬라어 '파라클레토스'는 '변호자, 위로자, 돕는 자'의 뜻이 있다. 주님께서는 고난당하시기 전 다락방에서 최후의 만찬을 제자들과 함께 하시면서, 매우 중요한 약속을 하셨다. "내가 아버지께 구하겠으니 그가 또 다른 보혜사를 너희에게 주사 영원토록 너희와 함께 있게 하시리니 저는 진리의 영이라 세상은 능히 저를 받지 못하나니 이는 저를 보지도 못하고 알지도 못함이라 그러나 너희는 저를 아나니 저는 너희와 함께 거하심이요 너희 속에 계시겠음이라"(요14:16-17).

주님께서 하나님께 구하여 진리의 영 보혜사를 보내주시겠다고 말씀하셨다. 보혜사는 주님의 이름으로 오실 성령이신데, "제자들에게 모든 것을 가르치시고 주님이 제자들에게 말한 모든 것을 생각나게 하시리라" 말씀하셨다(요14:26). 또한 "내가 아직도 너희에게 이를 것이 많으나 지금은 너희가 감당치 못하리라" 말씀하시면서(요16:1), "진리의 성령이 오시면 그가 너희를 모든 진리 가운데로 인도하시리니 그가 자의로 말하지 않고 오직 듣는 것을 말하시며 장래 일을 너희에게 알리시리라 그가 내 영광을 나타내리니 내 것을 가지고 너희에게 알리겠음이니라" 말씀하셨다(요16:13-14).

이제 잘 정리해보자. 첫째로, 보혜사 성령께서는 우리를 도우며 변호해 주시고 거듭나게 하시는 분이다(요3:8). 성경은 "성령도 우리의 연약함을 도우시나니 우리가 마땅히 빌 바를 알지 못하나 성령이 말할 수 없는 탄식으로 우리를 위하여 친히 간구하신다" 말씀하고 있다(롬8:26). 우리의 연약함으로 인해 실수하고 넘어질 때마다 하나님 앞에서 우리를 변호해 주시며, 우리를 품어 진리 안에서 거듭나게 하신다. 마치 어머니와 같다.

둘째로, 보혜사 성령은 주님이 제자들에게 다하지 못한 말씀을 가르쳐 주시는 분이시다. 그 시대를 살던 제자들에게 하실 진리의 말씀이 많았던 주님이지만, 제자들이 감당할 수가 없어서 가르치시지 않았다(요16:12). 그러나 진리의 영이 오시면 그들을 진리 가운데로 인도하시되, 주님의 말씀을 듣는 대로만 말하고, 주님의 말씀만 가지고 가르치시며, 장래 일을 알리실 것이라 하셨다. 개역개정성경에는 13절에 "들은 것을 말하며"라고 번역했으나, 주님께 들은 것이 아니라 "듣는 것"을 말하신다. 그리고 보혜사 성령은 주님의 말씀을 가지고 진리를 분명히 밝히며 주님의 영광을 나타내실 것이라 말씀하셨다(요16:14).

자, 이러한 말씀들에 주목해 보자. 보혜사 성령께서는 "자기의 뜻대로 말하지 않고 오직 주님의 말씀만을 가지고 주님께 듣는 것만 말하며 밝히 일러 주신다!" 진리를 깨닫는데 열쇠가 되는 말씀이다. "씨 뿌리는 비유(눅8:4-16)"를 말씀 하신 주님은, "누구든지 등불을 켜서 그릇으로 덮거나 평상 아래에 두지 아니하고 등경 위에 두나니 이는 들어가는 자들로 그 빛을 보게 하려 함이라 숨은 것이 장차 드러나지 아니할 것이 없고 감추인 것이 장차 알려지고 나타나지 아니할 것이 없느니라 그러므로 너희가 어떻게 들을까 스스로 삼가라 누구든지 있는 자는 받겠고 없는 자는 그 있는 줄로 아는 것까지 빼앗기리라" 말씀하신다(눅8:16-18).

"하나님의 말씀이 내 발에 등이요 내 길에 빛이라"고 했듯이 여기에서의 '등불'은 '하나님의 말씀'임을 알 수 있다(시119:105). "이 말씀을 등경 위에 둔다"는 것은 하나님의 말씀이 일상생활에서 살아 역사하시는 인도자가 되며, 진리의 말씀을 깨달아가도록 늘 마음에 모셔야 한다는 뜻이다. 이와 같이 할 때에 진리가 밝히 드러나게 되는데, 말씀이 있는 자는 더 깨달아 갈 것이고 말씀이 없는 자는 그 있는 줄로 아는 것까지 없어지게 된다는 의미다. 다시 정리하자면, 보혜사 성령은 각 사람들의 마음에 새겨져 있는 예수 그리스도의 말씀만을 가지고 가르쳐줄 수 있으며, 많이 새겨놓으면 새겨 놓을수록 더 많은 것을 가르쳐주실 수가 있게 되는 것이다.

비유로 말하자면 초등 교육을 받는 학생이 산수를 공부하며 실력을 쌓아 나아갈 때에, 처음에는 분수나 음수의 개념을 모르지만, 고학력이 될 수록 그가 가지고 있는 수학 실력 위에서 음수의 개념뿐 아니라 방정식, 루트, 미적분이나 확률 등의 수학을 터득할 수 있는 것과 같이 , 믿음의 사람들이 가지고 있는 말씀과 진리는 성령의 감화 감동에 의해 더 깊고 넓고 높은 진리를 깨달을 수 있도록 하는 훌륭한 터전이 된다고 말할 수 있다. 말씀과 진리의 터가 부족한 사람에게 성령께서 진리를 충분히 가르치실 수가 없다. 성령께서는 그 터 위에서 온전히 역사하시기 때문이다. 사탄은 사람의 마음에 사탄의 씨를 뿌려놓거나 뿌리를 내리게 해서 그의 종을 삼기도 하지만, 사람의 마음속에 있는 하나님의 말씀을 왜곡하거나 한 편으로 치우쳐 깨닫게 함으로써, 죄짓게 만든다. 그러나 진리의 말씀을 치우침 없이 그의 마음 판에 새기고 있는 믿음의 사람들은 사탄이 시험해올 때에 성령께서 떠올려 주시는 말씀, 즉 성령의 검으로 사탄의 시험이나 공격을 물리쳐 이길 수가 있게 된다(엡6:17). 그러므로 끊임없이 진리의 터전을 일구는 사람이 복이 있다.

진리 가운데로 인도하시는 성령의 감화 감동력(2)

　구약 시대의 선지자들의 글에서도 성령의 감화 감동에 대한 실례와 그에 대한 예언의 말씀들이 기록되어 있다. 그 선지자들을 통하여 하나님께서는 진리의 영인 보혜사 성령의 시대가 도래할 것에 대하여 예언하게 하셨다. 진리로 충만한 시대가 오리라는 예언들이다. 요엘 선지자는 그의 예언에서 "내가 내 신(영, Spirit)을 만민에게 부어 주리니 너희 장래 일을 말할 것이며 너희 늙은이는 꿈을 꾸며 너희 젊은이는 이상을 볼 것이며 그 때에 내가 또 영을 남종과 여종에게 부어줄 것"이라고 예언했는데(욜2:28-29), 주님이 승천하신 후 제자들과 성도들에게 성령이 임한 사건으로 인해 그 예언이 이루었음을, 사도행전2:17-18에 인용하며 증거하고 있다(행2:1-21). 예레미아 선지자도 "새 언약의 날이 이르게 될 터인데 그 날의 언약은 모세를 통하여 세운 언약과 같지 아니하여, 하나님의 법을 저희 생각에 두고 저희 마음에 이것을 기록하리라 나는 저희에게 하나님이 되고 저희는 내게 백성이 되리라" 예언했고, 예수 그리스도 안에서 그 예언의 말씀이 이루었음을, 히브리서 8:8-13과 10:12-18에 인용함으로 증거하고 있다.
　이사야 선지자는 성령의 감화 감동하시며 인도하심에 대하여 다음과 같이 예언했다. "주께서 너희에게 환난의 떡과 고생의 물을 주시나 네 스승은 다시 숨기지 아니 하시리니 네 눈이 네 스승을 볼 것이며 너희가 우편으로 치우치든지 좌편으로 치우치든지 네 뒤에서 말소리가 네 귀에 들려 이르기를 이것이 정로니 너희는 이

리로 행하라 할 것이며…"(사30: 20-21)

예수 안에 거하여 사는 동안 성령과 진리로 거듭나는 과정이 어떠할 것임을 말씀하고 있는 것이다. 하나님의 징계의 채찍이 따를 것이며, 내재하신 성령께서 바른 길로 가도록 말씀을 떠올려 주시며 갈 길을 인도하신다는 뜻이다. 성화되어 갈수록 더욱 세미하게 인도하시는 성령의 손길을 느낄 수 있으며, 자기 안에 죄성이 있어 자기를 그 죄의 법 아래로 사로잡아 오는 것을 보게 됨으로 더 이상 죄를 짓지 않는 단계로 성장해 간다. 그는 더 이상 소경도 아니며, 귀머거리도 아니다. 그러나 처음에는 그 모든 보는 것이 희미하고 성령의 음성을 듣기가 힘들어 속기도 하고 속이기도 한다(고전13:12, 딤후3:13-17). 넘어지고 엎어지기를 반복하지만 포기하지 않는 자들은, 성령이 탄식함으로 품어주시고 인도하시는 은혜 가운데, 의의 말씀을 체험해 가며 성장해 간다. 한 동안 절룩거리며 걷게 된다(히12:13)

그러나 그러는 가운데 "지각을 사용함으로 연단을 받아 선악을 분별하는" 자리에 이르게 된다(히5:14). '지각'을 사용한다는 말에 주목하라. 이 말씀에서 '지각'으로 번역된 헬라어 '아이스떼테리온'은 "지각하는 기관(器官,organ), 또는 감각 기관을 통하여 사물을 인식함"이라는 뜻을 가진 단어다. 많은 사람들이 실제로 그들이 가지고 있는 오감을 통하여 성령의 역사하심을 느낀다. 일례를 들면, 악한 생각을 하게 되었을 때, 번개 불과 같은 것이 오른쪽 관자놀이를 통과하여 반대편으로 쏜살같이 지나가서 깜짝 놀라게 된다든지, 나쁜 말을 하려고 할 때에 못에 찔리거나 손가락을 벤다든지, 부주의하여 넘어져서 크게 다칠 것으로 예상했는데 충격 외에는 아무런 상처도 입지 않는다든지, 죄를 짓는 행동을 하려는 자신의 모습을 또 다른 자아가 보게 된다든지, 잘못된 길을 가려고 할 때에 급하게 부르는 음성을 듣는다든지 등등 지각을 통하여 수많은 체험들을 하는 동안 하나님의 뜻을 깨달아 가게 되고 마침내 선악을 온전히 분변하게 되는 단계에 이르게 된다.

한편 믿음의 사람들에게 성령께서는 오감을 통하여 하나님의 뜻을 알려주신다. 소원을 아뢰는 기도를 드리고 있을 때에 성령의 뜨거운 불이 등을 타고 내려간다든지, 가슴이 뜨거워진다든지, 배가 갑자가 서늘하고 시원해진다든지, 입 안에 뜨거운 기운이 느껴진다든지, 방언을 하게 된다든지, 예언을 하게 된다든지, 꿈을 꾼다든지, 또는 성령의 계시로 자기만이 알아들을 수 있는 싸인을 보고 그 뜻을 깨닫게 된다든지, 영음을 듣게 된다든지 등등 오감을 통하여 하나님의 뜻을 깨닫게 된다. 저자는 지금 허황된 이야기를 지어서 하고 있는 것이 아니라, 성경의 진리에 근거한 참된 말을 하고 있는 것이다. 자신에게 체험이 없다고 하여 소홀히 들어서는 안 된다. 성경은 분명히 "지각을 사용함으로 연단을 받아 선악을 분별하게 됨"(히5:14)을 말씀하고 있기 때문이다.

한편 주의할 점이 있다. 이러한 오감에 몰입하는 것도 바람직하지 않다. 사탄도 천사의 광명을 가장하여 믿음의 사람들을 유혹하며 속이려 하기 때문이다(고후11;14). 이러한 사탄의 시험에 빠진 자들에 대하여 사도 바울은 "그 본 것을 의지하여 그 육체의 마음을 좇아 헛되이 과장하고 머리 되신 예수 그리스도를 붙들지 않는

212

자"라고 경계하고 있다(골2:18).

그러므로 가장 바람직하고 최고인 성령의 감화 감동은, 내 안에 새겨진 진리의 말씀에 감동하여 레에마로 말씀하시고 인도하시는 성령의 감화 감동이다. 할렐루야!

진리 가운데로 인도하시는 성령의 감화 감동력(3)

앞서 언급한 대로 성령의 감화 감동력은 믿음의 사람들의 마음에 새겨진 말씀의 터가 크면 클수록 비례하여 커진다는 사실을 살펴보았다. 보혜사 성령은 사람들의 마음에 새겨져 있는 예수 그리스도의 말씀만을 가지고 진리를 가르쳐주실 수 있는데(요 16:13-15), 많이 새겨 놓으면 새겨 놓을수록 더욱 더 많은 것을 가르쳐주실 수가 있게 되는 것이다. 그러므로 일용할 영의 양식을 거르지 말고 할 수 있는 최대한의 말씀을 마음에 새기며 기억해야 하고, 세상에 있는 유익한 지식도 할 수 있는 한 많이 기억하는 것이 유익하다. 예를 들어, 사람들은 어떤 풀리지 않는 문제에 부딪혀 고민하며 애쓰다가 "아하!"하며 그 문제를 해결하곤 한다. 그렇게 해결할 수 있는 이유는 해결책이 어디서 뚝 떨어진 것이 아니라, 그의 속에 그 문제 해결을 위한 지식이나 경험이 들어 있었기 때문이다. 이와 마찬가지로 성령께서 믿음의 사람들을 진리 가운데로 인도하실 때에는, 그들이 그 마음에 새겨 넣은 말씀들을 생각나게 하시거나 연결해 주심으로 깨닫게 하시는 것이다.

한편, 예수 그리스도께서는 다음과 같이 말씀하셨다.

"나를 믿는 자는 나의 하는 일을 저도 할 것이요 또한 이보다 큰 것도 하리니 이는 내가 아버지께로 감이니라"(요14:12)

주님을 믿는 우리가 주님이 하시던 일을 할 뿐만 아니라, 이보다 더 큰 일도 할 수 있게 될 것을 말씀하신다. 어떻게 이러한 일이 가능하다는 말인가? 그 이유에 대하여 주님께서는 "너희가 나를 사랑하였더면 내가 아버지께로 감을 기뻐하였으리라 아버지는 나보다 크심이니라" 하시며(요14:28), "내가 떠나가는 것이 너희에게 유익이라 내가 떠나가지 아니하면 보혜사가 너희에게로 오시지 아니할 것이요 가면 그를 너희에게로 보내리니 그가 와서 죄에 대하여 의에 대하여 심판에 대하여 세상을 책망하시리라" 말씀하셨다 (요16:7-8).

우리가 주님이 하신 일뿐만 아니라 그보다 더 큰 일도 할 수 있는 이유는, 진리의 영인 보혜사가 오시기 때문이라고 말씀하신 것인데, 보혜사 성령은 동시에 수많은 사람들에게 임하실 수 있으므로 주님이 인자로 세상에 계실 때보다 더 많은 가르침과 큰 역사가 일어나게 되는 것이다. 실제로 지금의 시대는 사람이 빨리 오고 갈 수 있고, 매스컴을 통하거나 인터넷을 이용하여 더욱 빠르고 광범위하게 복음과 진리의 말씀을 전할 수 있다. 따라서 사람들이 가진 말씀의 터 위에서 그 수많은 심령들에게 동시에 감화 감동하실 성령의 역사를 기대할 수 있으므로, 주님께서 하신 말씀을 실감할 수 있다.

이제 예수 그리스도를 믿는 크리스천들에게 "이 시대에 풀어진 진리의 말씀"이 선포되고 하나님의 나팔 소리가 울려 퍼질 때에 (계3:20, 마24:31, 대상16:6), 수많은 무리들이 회개하며 환난 중에서 나오게 되고 흰 옷을 입고 예수 그리스도의 영광을 나타내며 (요16:14, 계7:9) 그 이름을 찬양하며 하나님께 영광 돌리게 될 것이다(계5:13).

그리고 성령의 사역은 "예수 그리스도를 증거하는 일"에 집중된다. 오순절에 성령이 제자들과 모인 무리들에게 임하실 때에, 그들이 각국 방언으로 '하나님의 위대한 일들(μεγαλεια 메갈레이아)'을 말하는 것을, 각 나라에서 온 자들이 들을 수 있었다. 신약의 모든 말씀은 "주님을 증거하는 일"에 집중되어 있다(행:1:8, 요 5:36-37, 요16:8…).

"예수 그리스도가 바로 구원이시며 생명의 말씀이심"을 증거하기 위해, 성령께서는 때때로 표적과 기사를 행하게 하신다(행14:3, 히2:4). "하나님이 나사렛 예수에게 성령과 능력을 기름 붓듯 하셨으매 그가 두루 다니며 선한 일을 행하시고 마귀에게 눌린 자를 고치셨다"고 말씀하고 있듯이, 지금 이 시간에도 이 땅 곳곳에서 복음이 전파되는 곳마다, 성령의 역사가 강하게 일어나고 있다.

그러나 명심해야 할 것은 표적과 기사를 행하는 목적이 예수 그리스도를 증거하며, 하나님의 백성을 구원하기 위한 일에 있다는 사실이다. 그러므로 일상생활 속에서, 성령으로 말미암는 표적과 기사를 구하는 것은 어리석은 일이며(마16:4), 시험에 빠지거나 불신앙으로 떨어질 수 있다. 거짓 그리스도들과 거짓 선지자들도 표적과 기사를 행하여 할 수만 있으면 택하신 자라도 미혹하려 하고 있기 때문이다(마24:24).

또한 보혜사 성령께서는 하나님의 백성들로 하여금, 예수 그리스도의 지체로서 합력하여 선을 이루게 하기 위하여 '은사'를 각 사람에게 나누어 주신다(고전12:4-31). 지혜의 말씀의 은사, 지식의 말씀의 은사, 믿음의 은사, 병 고치는 은사, 능력 행함의 은사, 예언의 은사, 영 분별의 은사, 방언의 은사 그리고 방언 통역의 은

사 등을 각 사람의 믿음의 분량을 따라 성령께서 나누어 주신다(8-11절). "하나님이 그리스도의 몸 된 교회의 지체로서 몇을 세우셨는데, 첫째는 사도요, 둘째는 선지자요, 셋째는 교사이며, 그 다음은 능력이요, 그 다음은 병 고치는 은사와 서로 돕는 것과 다스리는 것과 각종 방언을 하는 것이라"고 말씀하고 있다(고전 12:27-31). 사도 바울은 이 은사에 대하여, 마땅히 생각할 그 이상의 생각을 품지 말고 오직 하나님께서 각 사람에게 나눠주신 믿음의 분량대로 지혜롭게 생각하라고 권면하고 있다(롬12:3-8). 믿음을 가지고 더욱 큰 은사를 사모하되 사랑 안에서 소망하자(고전 12:31).

주님께서는 믿는 자들의 배에서 생수(성령)의 강이 흘러나게 하시며(요8:37-39), 목마른 자들의 목을 축이시게 하신다. 우리는 예수 그리스도의 몸된 교회의 지체로서 서로 넘쳐나는 생수를 나눌 수 있게 되어야 한다. 예수 안에 거하여 살며 은사를 받아 행하며 서로 돕는 이들이 복이 있다.

부활(1), 부활은 역사적인 사실이다

일반적으로 크리스천들은 부활을 생각할 때, 예수 그리스도의 부활을 생각한다. 그리고 이 부활이 실제로 일어난 일인지 아닌지를 놓고 공방을 벌이기도 한다. 어떤 이들은 주님의 부활을 믿든지 아니 믿든지 구원과는 상관없다 말하기도 한다. 어떤 이들은 주님의 부활이 영적인 부활이었다, 혹은 육적인 부활이었다고 말한다. 심지어는 예수 그리스도는 부활하지 않았다고 주장하기도 한다. 또 어떤 이들은 주님의 가르침대로 "서로 사랑하라는 계명을 따라 살면 되지 뭐 그렇게 골치 아프게 따지고 사나?" 하며 경홀히 말하기도 한다.

그러나 만일 주님의 부활이 실제로 있었던 일이 아니라면, 성경의 모든 말씀은 헛된 이야기가 되고 크리스천들은 목표를 상실하게 되어버린다. 구약은 우리를 사망권세에서 구원하실 메시야의 오심을 예언하고 있고, 신약은 예수께서 그 메시야로 오셔서 인류의 죄를 대속하시기 위해 십자가에 죽고 부활하심으로 사역을 완성하셨음을 증거하며, 부활을 목표로 살라고 말씀하고 있기 때문이다. 그러므로 주님이 부활하신 것이 사실이 아니라면 사도들의 증거와 그 기록인 신약성경이 헛되고, 모든 크리스천의 믿음도 헛것이며, 크리스천들은 이 세상 모든 사람 가운데 가장 불쌍한 사람들이다(고전 15:12-19).

주님의 부활을 직접 목격한 사람들은 다 죽고 이 세상에 없다. 그러므로 누군가가 주님의 부활을 거짓이라고 말한다면 반론할 증인도 증거도 댈 수 없다. 그러나 만일 그 증인들을 다시 살려 세워 증언케 하며 증거를 제시한다 해도, 여전히 믿지 못한다고 할 것이다. 당시의 완고한 유대인들이 그러했듯이… 이와 같이 우겨야만 하는 이유가 다양하지만 정리해 본다면, 자기가 믿는 종교나 신념을 편히 믿고 싶거나, 자신들의 죄악을 심판할 신적 존재가 없는 세상에서 자유롭게(?) 살기를 원함이며, 이 세상의 암적 존재들(?)로 보이는 종교인들의 신앙의 근거를 부정하기 위함이다.

그러나 아이러니컬하게도 더 이상 이 세상에는 없는 "부활을 목격한 증인들"의 삶과 그들이 남긴 기록들이 그 무엇보다도 뚜렷하게 예수 그리스도의 부활을 증거하고 있다는 사실이다. 이 세상에는 이데올로기나 자기의 명예나 권세나 물질 등을 지키기 위하여 자기의 목숨을 버린 사람들이 적지 않다. 또한 기존의 어떤 인정받고 있던 종교를 지키기 위해 순교한 사람들도 적지 않다. 그러나 예수 그리스도의 제자들은 기존의 인정받고 있던 어떤 종교를 위해서도 아니요, 이단의 괴수로 몰린 어떤 한 사람의 부활을 증거하기 위해, 부와 명예와 권세 등과는 전혀 상관없이 가난과 궁핍 가운데 온갖 환난과 조롱과 멸시를 받았으며, 그 부활을 증거하는 삶을 살다가 기쁨으로 순교했다. 그리고 그들은 자신들의 이익과는 전혀 상관없는 기록들을 남겼다. 이 이상 더 무슨 증인과 증거가 필요하다는 말인가?

이제 우리가 살펴보아야 할 부활에 관한 진리들은, 예수 그리스도의 실제 부활 여부에 관한 것이 아니다. 주님께서 부활에 대하여 무엇을 어떻게 말씀하셨는지, 왜 부활이 그렇게 중요한지를 살펴보게 될 것이다. 우선 부활의 의의를 살펴보자.

첫째, 예수 그리스도께서 부활하심은 "우리를 의롭다 칭하여 주시기 위함"이다. 주님께서 우리의 죄를 담당하사 죽으시고 부활하신 것은 "우리의 범죄함을 위하여 내어 줌이 되고 우리를 의롭다 하심을 위하여 살아나신 것"이다(롬4:25). 주님이 다시 살아나지 못했다면, 우리도 죄 가운데 죽고 살지 못한다는 뜻이다. 그러므로 사도 바울은 "예수 그리스도께서 다시 사신 것이 없으면 우리의 믿음도 헛되고 우리가 여전히 죄 가운데 있을 것"이라고 말씀하고 있는 것이다.

또한 "네가 만일 네 입으로 예수를 주로 시인하며 또 하나님께서 그를 죽은 자 가운데서 살리신 것을 네 마음에 믿으면 구원을 얻으리니 사람이 마음으로 믿어 의에 이르고 입으로 시인하여 구원에 이르느니라" 말씀하고 있듯이(롬10:9-10), 마음으로는 주님의 부활을 믿어야 의롭다 칭함을 받고, 입으로는 예수 그리스도를 주님으로 시인해야 구원을 받게 되는 것이다. 마음에 그러한 믿음이 없거나 거짓되게 입으로만 "예수 믿겠습니다" 말하는 것으로는, 구원받을 수 없다는 뜻이다.

둘째, 주님의 부활하심은 우리들로 거듭나게 하는 힘이 되고, 썩지 않고 더럽지 않고 쇠하지 아니하는 기업을 얻을 수 있다는 소망을 주게 된다(벧전1:3-4)

셋째, 주님의 부활하심은 우리들로 하여금 "믿을만한 증거"를 주시기 위함이다. 만일 주님께서 다시 사심이 없었다면, 하나님의 아들로 인정받을 수 없었을 것이며, 그의 모든 가르침도 생명의 말씀이 될 수 없었을 것은 자명한 일이다. 주님께서 고난을 받으시기 전에 여러 번, "사흘 만에 다시 살아나리라" 예언하신 대로 살아나심은 우리에게 믿을 만한 증거를 주시기 위함이었다.

영국의 모리슨은 예수의 부활이 허구임을 확신하고 그것을 증명하기 위해 오랜 동안 자료를 수집했다. 그러나 마침내 그 자료를 정리하게 되었을 때, 그는 오히려 예수 그리스도의 부활을 확신하게 되었고, 이 자료들을 정리하여 "WHO MOVED THE STONE?"이라는 책으로 발간했다. 부활을 확신할 뿐만 아니라 그 의미를 깨닫는 이들이 복이 있다.

부활(2), 죽음과 부활

'부활'이라는 단어는 반드시 '죽음'이 전제되어야 그 논의가 가능하다.

"누가 묻기를 죽은 자들이 어떻게 다시 살며 어떠한 몸으로 오느냐 하리니 어리석은 자여 네가 뿌리는 씨가 죽지 않으면 살아나지 못하겠고…"라고 사도 바울이 말하듯이(고전 15:35-36), 부활이란 반드시 죽음이 전제되어 있다. 죽어야만 살아날 수 있다는 뜻이다. 예수 그리스도께서 "죽은 자의 부활을 논할진대 하나님이 너희에게 말씀하신 바 나는 아브라함의 하나님이요 이삭의 하나님이요 야곱의 하나님이로라 하신 것을 읽어보지 못하였느냐 하나님은 죽은 자의 하나님이 아니요 살아있는 자의 하나님이시니라" 말씀하시며(마22:31-32), "하나님에게는 모든 사람이 살았느니라" 말씀하신다(눅20:38).

이 말씀에서 '살았느니라'는 헬라어 동사 '자오'의 현재형으로서 '지금 살아 있다'는 뜻이다. 이미 오래 전에 죽은 그들이 살아 있으며 이러한 것이 부활임을 말씀하신다. 주님께서 "너희 조상 아브라함은 나의 때 볼 것을 즐거워 하다가 보고 기뻐하였느니라" 말씀하셨듯이, 아브라함도 그 당시에 살아 있기에, 메시야의 오심을 보고 기뻐할 수 있었던 것이다(요 8:56). 하나님께서는, 죽었으나 영적으로 부활한 그들을 영계의 한 성에 두고 메시야의 오심을 기다리게 하셨다(히11:16). 왜냐하면 오실 메시야께서 그들의 죄를 대속하시고, 생명의 말씀을 먹여 주신 후에야 그들이 신령한 몸을

222

입고 천국으로 들림 받을 수 있게 예정되어 있었기 때문이다(히 11:39-40). '죽은 자의 부활'에 관한 위의 말씀은, 부활이 없다 하는 사두개인들이 일곱 형제와 그 아내의 부활에 대하여 질문했을 때, 답변하신 말씀이다. "부활 때에는 장가도 아니 가고 시집도 아니 가고 하늘에 있는 천사들과 같으니라" 하시며, 그와 같이 말씀하셨다(마22:30). 육적인 안목으로 부활과 죽음을 생각하고 있던 유대인들에게는 "이 가르침이 놀라왔다"고 성경에 기록되어 있다(마 22:33).

인간은 죄로 인해 죽게 되었다. 그러나 생명의 말씀인 주님은 그들을 살리신다. "죽은 자들이 하나님의 아들의 음성을 들을 때가 오나니 '곧 이 때라' 듣는 자는 살아나리라" 하신 대로(요5:25), "허물과 죄로 죽었던 우리"를 살리신다(엡2:1). "듣는 자는 살아나리라." 무슨 뜻인가? 부활한다는 뜻이다. 허물과 죄로 죽었던 자들이 영생의 말씀인 예수 그리스도의 음성을 들을 때에 부활한다는 의미다. 이러한 부활은 영적인 부활이다. 허물과 죄로 죽었다는 말은 영적인 사망을 의미하기 때문이다. 영적으로 죽었으므로 영적으로 부활하는 것이다. 이와 같이 영적으로 부활한 자들이 예수 그리스도 안에 거하는 삶을 살아감으로써 성령과 진리로 거듭나게 되며, 성화되고 영화되는 삶을 살게 될 때, 마지막 날 즉 육체의 장막이 무너지는 날 즉, 죽는 날에 신령한 몸을 덧입고 부활하여 천국으로 들림 받게 된다(고후5:1-5).

먼저는 영적으로 죽었으므로 영적으로 부활하듯이, 육적인 몸이 죽게 됨으로 그 원형에 해당하는 신령한 몸으로 부활하게 되는 것이다(고전15:44). 사도 바울은 "우리의 겉 사람은 낡아지나 우리의 속사람은 날로 새롭도다 우리의 잠시 잠깐 받는 환난의 경한 것이 지극히 크고 영원한 '영광의 중한 것'을 우리에게 이루게 한다"고 말씀하여, 우리 안에 '영적으로 부활한 영'이 환난 중에 '영광의 중한 것'을 이루어 가는 과정을 설명하고 있으며(고후4:16- 18), 곧 이어 다음과 같이 말씀하고 있다.

"만일 땅에 있는 우리의 장막 집이 무너지면 하나님께서 지으신 집 곧 손으로 지은 것이 아니요 하늘에 있는 영원한 집이 우리에게 있는 줄 아느니라. 참으로 우리가 여기 있어 탄식하며 하늘로부터 오는 우리 처소로 덧입기를 간절히 사모하노라. 이렇게 입음은 벗은 자들로 발견되지 않으려 함이라"(고후5:1-3)

'땅에 있는 우리의 장막 집'은 우리의 '육의 몸'을 비유한 것임이 분명하다. 그 장막 집이 무너진다는 것은 육체의 죽음을 비유한다. 그렇다면 우리가 죽을 때에 덧입기를 간절히 사모하는, '하나님께서 지으신 집' 즉 '하늘로부터 오는 처소(집)'은 무엇을 비유하는가? 사도 바울이 앞서 보낸 편지에서 "육의 몸으로 심고 신령한 몸으로 다시 사나니 육의 몸이 있은 즉 또 신령한 몸이 있느니라" 밝혔듯이(고전15: 42-44), '하나님께서 지으신 집' 즉 '하늘로부터 오는 처소(집)'은 '신령한 몸'을 비유한다. 사도 바울이 신령한 몸의 부활을 가리켜, "썩을 것이 썩지 아니함을 입는다"로 표현했듯이(고전15:53-54), 우리 인간이 육적으로 죽을 때에 신령한 몸을 덧입고 부활하지 못한다면, 벗은 자들로 발견된다(3절). 벗은 자들로 발견된다 함은 영적인 부활에 그치게 됨을 의미한다. 불 가운데 구원 얻는 자들이 지은 공적이 불에 탄다는 의미도 같은 맥락에서 이해할 수 있다(고전3:15, 고전5:5).

결론적으로 영적인 죽음과 영적인 부활, 육의 몸의 죽음과 신령한 몸의 부활을 병행하여 살펴볼 때, 죽음과 부활은 동시적인 사건임을 알 수 있다. 이러한 깨달음은 지금까지 희미한 가운데 육적으로 알고 있던 부활의 의미와 달라 보인다. 그러나 이것이 진리다.

지금껏 강조해 왔듯이 성경의 진리는 가시덤불과 엉경퀴로 가려져 있고 숨겨 있으며, 각 시대에 맞추어 계시됨으로써, 하나님의 섭리에 따라 하나님의 나라가 확장되고 회복되게 하시며 유지되게 하신다. 지금까지 성경의 진리들이 적지 않은 부분에서 육적으로 해석되어 왔으나, 영육간의 치우침 없는 깨달음만이 우리를 사탄과 적그리스도와 거짓 선지자들의 손으로부터 지킬 수 있음을 깨닫는 이들이 복이 있다.

부활(3), 부활은 이루어 가는 것이다

사도 바울은 '부활에 대하여' 다음과 같이 말씀하고 있다(빌
3:10-14).

"(10)내가 그리스도와 그 부활의 권능과 그 고난에 참여함을 알
고자 하여 그의 죽으심을 본받아 (11)어떻게 해서든지 죽은 자 가
운데서 부활에 이르려 하노니 (12)내가 이미 얻었다 함도 아니요
온전히 이루었다 함도 아니라 오직 내가 그리스도 예수께 잡힌 바
된 그것을 잡으려고 달려가노라 (13)형제들아 나는 아직 내가 잡
은 줄로 여기지 아니하고 오직 한 일 즉 뒤에 있는 것은 잊어버리
고 앞에 있는 것을 잡으려고 (14)푯대를 향하여 그리스도 예수 안
에서 하나님이 위에서 부르신 부름의 상을 위하여 달려가노라
(15)그러므로 누구든지 우리 온전히 이룬 자들은 이렇게 생각할지
니 만일 어떤 일에 너희가 달리 생각하면 이것도 너희에게 나타내
시리라 (16)오직 우리가 어디까지 이르렀든지 그대로 행할 것이
라"(빌3:10-16)

위의 말씀들은 전적으로 부활과 그에 관련된 말씀이다. 10-11절
에서 바울은 죽은 자 가운데서 부활에 이르기를 소망하며 힘쓴다
고 말하고 있다. 예수 그리스도의 영의 양식을 먹은 자들은 이미
부활을 한 것이며, 성령과 진리로 거듭난 자들은 부활하여 이 땅에
건설된 하나님의 나라를 침노하게 된다는 것이 예수 그리스도께서
가르쳐 주신 진리의 말씀이다. 10절에서 보면 사도 바울이 추구하
는 부활은 신령한 몸의 부활에 관한 것이다. 이 신령한 몸의 부활

은 육체의 장막이 무너지는 날에 이루어진다는 진리를 앞에서 살펴보았다. 13절의 말씀에 유의하자. 바울이 추구하는 부활이 단순히 죽을 때에 일어나는 신령한 몸의 부활이라면, "나는 아직 내가 잡은 줄로 여기지 아니하고"라는 말을 할 수가 없다. 살아 있는 그가, 죽는 날에나 일어날 신령한 몸의 부활을 잡을 수가 없는 것은 당연한 것인데, "잡은 줄로 여기지 않는다"고 말하는 것은 말이 되지 않기 때문이다.

그러므로 그가 그 부활을 잡은 줄로 여기지 않는다고 말한 데에 진리가 숨어 있음을 간파해야 한다. 이 말씀 중 '여기지 않는다'에 사용된 헬라어는 '로기조마이(λογιζομαι)'인데, '여기다, 간주하다'의 뜻으로써, 일반적으로는 '계산하다, 결론짓다'의 뜻으로 사용된다. 그러므로 사도 바울은 신령한 몸의 부활과 방불한 부활을 이룬 자였으나, 자신이 그와 같이 되었다고 간주하지 아니하고 오직 그리스도 예수 안에서 잡힌 바 된 부활을 잡으려고 달려간다고 말씀하고 있는 것이다. 벼 이삭이 충분히 익었을 경우 그것은 "쌀이지만, 쌀이라고 간주하지 않는다고 말하는 것"에 비유할 수 있다.

주님께서는 다음과 같이 말씀하신다(요11:25-26).

"(25)나는 부활이요 생명이니 나를 믿는 자는 죽어도 살겠고 (26)무릇 살아서 나를 믿는 자는 영원히 죽지 아니하리라"(요 11:25- 26).

선입관과 고정관념을 버리고 이 말씀에 주목해 보자. 이 두 절에 사용된 '믿는다'는 동사는 모두 현재형이다. 모든 크리스천은 살아 있을 때 주님을 믿는다. 그러므로 25절에 주님을 믿는 자도 '살아서' 믿는 자요, 26절에 주님을 믿는 자도 '살아서' 믿는 자다. 그런데 26절에서만 '살아서' 믿는 자라고 하셨고, 영원히 죽지 않을 자는 '살아서' 믿는 자라고 말씀하고 있다. 둘 다 영적인 관점의 말씀임을 알 수 있다. 믿어도 죽는 자는 불 가운데 얻는 구원을 얻는 자요(고전5:1-5), '살아서' 믿는 자는 육체의 장막이 무너질 때 신령한 몸을 덧입고 들림 받을 사람을 의미한다(고후5:1-5).

성령과 진리로 거듭나서 화염검화한 사람을 말한다. 그는 이미 신령한 몸의 부활과 방불한 부활을 한 사람이지만, 신령한 몸으로 덧입힘을 받기까지 그리스도 예수 안에서 푯대를 향하여 전진하는 사람이다. 본문으로 돌아가서 15절의 말씀을 보면, "누구든지 우리 온전히 이룬 자들은 이렇게 생각할지니 만일 어떤 일에 너희가 달리 생각하면 이것도 너희에게 나타내시리라" 말씀하고 있다. 여기에 '온전히 이룬 자들'의 '온전히 이루다'로 번역된 헬라어 '텔레이오오(τελειόω)'는 '완성(성취)하다, 성숙하다'는 뜻이 있다.

그러므로 '온전히 이룬 자들'이란, 선악을 분별하게 되어 죄를 범하지 않게 된 장성한 믿음의 사람을 의미하고 있으며, 주님께서 "하늘에 계신 아버지의 온전하심과 같이 너희도 온전하라" 말씀하시듯이(마5:48), 온전한 사람을 의미한다(엡4:13). 이와 같이 된 자들은 16절의 말씀처럼 "어디까지 이르렀든지 그대로 행하는 사람"이다. 그는 이미 이룬 것과 방불한 상태이지만 결코 이루었다고 생각하지 않는다. 누구든지 선 줄로 생각하는 자는 넘어질까 조심하라는 말씀을 명심하고 있으며, 날마다 죽고 날마다 사는 그러한 사람이다(고전15:31).

주님은 사망의 몸을 가진 인자로 계실 때에도 "죄가 없으셨기 때문에" 이미 부활하신 상태였고 살아 있었으므로, "나는 부활이요 생명이라"고 말씀하셨으며, 십자가에 죽으시기 전에 "조금 있으면 세상은 다시 나를 보지 못할 것이로되 너희는 나를 보리니 이는 내가 '살았고(현재형)' 너희도 살겠음이라(미래형)" 말씀하셨다(요14:19)

주님의 대속의 피로 죄 씻음 받고, 죄를 짓지 않는 단계에 들어간 자는 신령한 몸에 방불한 부활을 이룬 자이며, 주님의 말씀대로 영원히 죽지 않는다. 그는 마지막 날에 영광의 신령한 몸을 입고 천국으로 들림 받게 된다.

부활(4), 부활의 때

여기서 잠깐 "믿음'에 대하여 살펴보고 가자.

크리스천들은 흔히 "믿는 자에게 능치 못함이 없느니라", "네 믿음대로 될지어다", "무엇이든지 원하는 대로 구하라 그리하면 이루리라" 등등의 말씀에 익숙하다. 그런데 우리가 별로 깊이 생각하지 않고 넘어가기 쉬운 진리가 있다.

"아무리 확고하게 믿는 믿음도 하나님께서 세워놓으신 법칙 즉 진리 안에서만 이루어진다"는 사실이다. 그러므로 하나님의 법칙에 속하지 않는 것을 믿는다면, 그가 아무리 확신하고 믿는다고 하여도 이루어질 수가 없는 것이며, 더구나 하나님의 뜻이 아니라면 더더욱 그가 아무리 믿는다고 하여도 하나님의 뜻 안에서 응답 받을 수는 없다.

예를 들어, 하나님의 법을 벗어나서 불법을 행하며 살아 온 어떤 사람이, 자기 자신이 하나님의 뜻대로 행하며 살아 왔다고 믿으면서, 그 믿음으로 그가 천국에 들어갈 것이라고 믿고 또 믿을지라도 그 믿음대로 되는 것은 아니다. 이에 대하여 주님은 "나더러 주여 주여 하는 자마다 천국에 다 들어갈 것이 아니요 하늘에 계신 내 아버지의 뜻대로 행하는 자라야 들어가리라" 하신다(마7:20-23). 또한 '양과 염소의 비유'에서도 믿음을 가지고 행하며 살았던 이들이 오히려 저주를 받게 됨을 말씀하셨다(마25:31-46). 진리를 제대로 깨닫고 사는 것이 이와 같이 중요하다. 하나님의 법칙인 진리 안에서 그 믿음대로 이루어지는 것이지, 무조건 믿는다고 되는 것이 아니기 때문이다.

교리의 가르침이나 각 사람의 깨달음에 따라, 지옥이 있다고 믿든지 믿지 않든지, 사자가 실제로 풀을 뜯어 먹는 천년 왕국은 없다고 믿든지 그러한 천년 왕국이 있다고 믿든지, 아니면 사람이 부활한다고 믿든지 부활이 없다고 믿든지, 육체의 장막이 무너질 때에 부활한다고 믿든지 다른 때에 부활한다고 믿든지, 부활과 재림은 동시에 일어난다고 믿든지 달리 믿든지 등등…

어떻게 주장하고 믿더라도 그들의 주장과 믿음대로 되는 것이 아니며, 살아 계셔서 만유를 다스리시는 하나님의 주권에 따라 "하나님께서 세워놓으신 변치 않는 법칙 즉 진리" 안에서 이루어지는 것이다.

예를 들어, 어떤 사람이 믿음이 충만해서 "산을 바다에 옮기우라" 하거나(마17:20), "뽕나무더러 뿌리가 뽑혀 바다에 심기우라" 해도 그대로 이루어질 수가 없는 것이다(눅17:6). 산이나 뽕나무는 각각 영적인 지도자나 고정관념이 강한 사람을 비유한 말씀이기 때문이다. 만일 사람들의 믿음에 의하여 땅에 서있는 산이 바다로 옮겨지고, 뿌리가 깊은 뽕나무들이 뽑혀서 바다에 심기우는 등의 이적들이 '겨자씨만한 믿음'에 의하여 일어난다면 이 지구는 말도 못할 혼란에 빠지게 될 것이다. 비유임을 깨닫는 이들이 복이 있다.

앞에서 살펴본 대로 부활과 죽음은 동시적인 사건이다. 그러므로 부활의 때에 대하여 성경은, '마지막 날', '그 날' 또는 '세상 끝'이나 '주님이 재림하시는 날'이라고 말씀하고 있다(요6:40, 고전

3:12-13, 살후1:10, 마13:49-50). 각 개인이 죽는 날은 각자에게 있어서, '마지막 날'이요, '그 날'이다. 또한 인류 최후의 날에는 우주의 구성 요소들이 불에 타 녹아지고(벧후3:10), 모든 육체를 입은 사람들이 육의 몸을 벗어나게-죽게- 되므로 그 때가 각 사람에게 있어서 마지막 날이요 세상 끝이며 부활하는 때다. 물론 베드로후서 3:10의 말씀은 이 땅에 이루어진 하나님의 나라에 들어갈 때 일어나는 부활 즉, 성령과 진리로 거듭나서 화염검화 되는 하나님의 백성들을 비유하기도 한다.

주님께서는 "무덤 속에 있는 자가 다 그의 음성을 들을 때가 오나니, 선한 일을 행한 자는 생명의 부활로, 악한 일을 행한 자는 심판의 부활로 나오리라" 말씀하신다(요5:28-29). 이 말씀에서 비유적인 말은 '무덤'이다. 주님께서, "화 있을진저 외식하는 서기관과 바리새인들이여 '회칠한 무덤'같으니 겉으로는 아름답게 보이나 그 안에는 죽은 사람의 뼈와 모든 더러운 것이 가득하도다" 하셨는데(마23:27), '사람의 육체'를 '무덤'에 비유하고 있다. '외식하는 사람'은 '겉을 하얗게 칠한 회칠한 무덤'인데, 그 속에는 악한 생각이 가득하다는 뜻이다. 사도 바울은 "저희(죄인들의) 목구멍은 열린 무덤"이라고 말씀하는데(롬3:13), 상상하여 '크게 만든 사람'을 '바위를 파서 만든 무덤'이라 생각하고, 무덤을 막은 돌을 치워 열어 보라. 사람이 입을 벌리고 있는 모양이다. 즉 '사람의 육체'를 '무덤'에 비유한 것이다. 죄로 인해 사람의 영이 죽었으니, 그 죽은 영이 들어 있는 육체가 바로 무덤이라는 뜻이다. 그러므로 무덤 속에 있는 자가 다 주님의 음성을 듣고 나온다는 것은, 영적으로 죽었던 자들이 '주님의 진리의 말씀'을 듣고 부활하는 것을 비유하며(요 5:24-25), 또한 육체의 장막이 무너질 때에 하나님의 나팔소리(주님의 음성)를 듣고 부활하는 것을 비유한다(고전15:50-54). 이 땅에 살 때에 하나님의 아들의 음성을 듣고 행하는 자는 생명의 부활로 나오는 것이요(요5:24-25), 음성을 듣고도 거역하는 자는 이미 심판을 받아 '심판의 부활'로 나오게 되는 것이다(요3:18). 마찬가지로 육체의 장막이 무너질 때, 신령한 몸을 덧입고 '생명의 부활'로 나오거나, 덧입지 못하고 '심판의 부활'로 나와 벗은 자들로 발견되는 자들이 있게 된다(고후5:1-3). 생각해 보자. 무덤 속에는 다 썩어서 흙만 남았는데 누가 어떻게 음성을 듣는다는 말인가? 비유임을 깨닫는 이들이 복이 있다.

부활(5), 재림과 부활의 때

성경에는 재림이라는 단어는 없다. 그러나 일반적으로 '재림'으로 알려져 있기 때문에 재림이라는 단어를 사용하기로 하자. 성경에는 "주님께서 나타나신다, 주님께서 오신다"라는 단어를 사용하고 있다. 어찌되었든 재림에 대하여 언급한 성경의 말씀은 대략 다음과 같다. 부활이 '영적 부활'과 '신령한 몸의 부활'과 '신령한 몸의 부활과 방불한 부활' 등으로 이해될 수 있듯이, 재림 또한 그러하다. 이 말씀들을 천천히 읽어 정독하면서 어떤 말씀이 이 세상에 이루어진 하나님의 나라에 사는 믿음의 사람에게 임하시는 재림이고, 어떤 말씀이 인류 최후의 날의 재림인지를 구별해 보자.

(1) "내가 너희를 고아와 같이 버려두지 아니하고 너희에게로 오리라 조금 있으면 세상은 다시 나를 보지 못할 것이로되 너희는 나를 보리니 이는 내가 살아 있고 너희도 살겠음이라 그 날에는 내가 아버지 안에, 너희가 내 안에, 내가 너희 안에 있는 것을 너희가 알리라"(요14:18-19).

(2) "이 동네에서 너희를 핍박하거든 저 동네로 피하라 내가 진실로 너희에게 이르노니 이스라엘의 모든 동네를 다 다니지 못하여서 인자가 오리라"(마10:17-23).

(3) "구원에 이르게 하기 위하여 죄와 상관없이 자기를 바라는 자들에게 두 번째 나타나시리라"(히9:29).

(4) "그 날 밤에 '주께서 바울 곁에 서서' 이르시되 담대하라 네가 예루살렘에서 나의 일을 증거한 것 같이 로마에서도 증거하여

야 하리라"(행23:11)

(5) "주께서 '내 곁에 서서' 나를 강건케 하심은 나로 말미암아 전도의 말씀이 온전히 전파되어 이방인으로 듣게 하려 하심이니 내가 사자의 입에서 건지웠느니라"(딤후4:17).

(6) "형제들아 내가 너희에게 알게 하노니 내가 전한 복음은 사람의 뜻을 따라 된 것이 아니니라 이는 내가 사람에게서 받은 것도 아니요 배운 것도 아니요 오직 예수 그리스도의 계시로 말미암은 것이라"(갈1:11-12)

(7)"그러므로 때가 이르기 전 곧 주께서 오시기까지 아무 것도 판단치 말라 그가 어두움에 감추인 것들을 드러내고 마음의 뜻을 나타내시리니 그 때에 각 사람에게 하나님께로부터 칭찬이 있으리라"(고전4:5). 이 말씀과 함께 묵상: "신령한 자는 모든 것을 판단하나 자기는 아무에게도 판단을 받지 아니 하느니라 누가 주의 마음을 알아서 가르치겠느냐 그러나 우리가 주의 마음을 가졌느니라"(고전2:15-16).

(8) "볼지어다 내가 문 밖에 서서 두드리노니 누구든지 내 음성을 듣고 문을 열면 내가 그에게로 들어가 그와 더불어 먹고 그는 나와 더불어 먹으리라"(계3:20)

(9) "자녀들아 이제 그의 안에 거하라 이는 주께서 나타내신 바 되면 그가 강림하실 때에 우리로 담대함을 얻어 그 앞에서 부끄럽지 않게 하려 함이라"(요일2:28).

(10) "우리 주 예수 그리스도 나타나실 때까지 점도 없고 책망 받을 것도 없이 이 명령을 지키라"(딤전6:14)

(11) "사람들이 세상에 임할 일을 생각하고 무서워함으로 기절하리니 이는 하늘의 권능들이 흔들리겠음이라 그 때에 사람들이 인자가 구름을 타고 능력과 큰 영광으로 오는 것을 보리라"(눅21: 26-27).

(12) "그 날 환난 후에 즉시 해가 어두워지며 달이 빛을 내지 아니하며 별들이 하늘에서 떨어지며 하늘의 권능들이 흔들리리라 그 때에 인자의 징조가 하늘에서 보이겠고 그 때에 땅의 모든 족속들이 통곡하며 그들이 인자가 구름을 타고 능력과 큰 영광으로 오는 것을 보리라 저가 큰 나팔소리와 함께 천사들을 보내리니 저희가 그 택하신 자들을 하늘 이 끝에서 저 끝까지 사방에서 모으리라"(마24:29-31, 유사 참조; 막13:24-27).

(13) "하나님의 날이 임하기를 바라보고 간절히 사모하라 그 날에 하늘이 불에 타서 풀어지고 물질이 뜨거운 불에 녹아지려니와 우리는 그의 약속대로 의가 있는 곳인 새 하늘과 새 땅을 바라보도다"(벧후3:12-13).

(14) "주께서 호령과 천사장의 소리와 하나님의 나팔로 친히 하늘로 좇아 강림하시리니 그리스도 안에서 죽은 자들이 먼저 일어나고 그 후에 우리 살아남은 자도 저희와 함께 구름 속으로 끌어올려 공중에서 주를 영접하게 하시리니 그리하여 우리가 항상 주와 함께 있으리라"(살전4:16-17).

이 말씀들을 주의 깊게 살피며 정독하였다면, 주님의 임하심과 나타나심에 대하여 어느 정도 이해되었으리라 생각한다. 이 말씀들을 다시 한 번 되새기면서 "부활(6)"로 넘어가 보자.

부활(6), 예루살렘의 멸망과 부활 재림 신앙

예수 그리스도께서 부활 승천하신 후, 사도들과 모든 크리스천들은 재림 신앙을 가지고 살았다. 그들은 예수 그리스도께서 구약에 예언된 메시야이심을 믿었고, '영의 양식'을 먹고 하나님의 나라를 침노했다(마11:12).

그러나 '육의 양식'만을 고집한 유대인들은 예수 그리스도를 십자가에 못 박았으며, 그 후 로마로부터 부임한 총독들의 폭정과 약탈에 시달리게 된다. A.D. 60년에 부임한 게시우스 플로루스는 대단히 탐욕스러운 자였는데, 갖은 명목으로 유대 주민들을 약탈하고 살해하며 폭력을 가했다.

마침내 67년경에 참다못한 유대인들이 로마의 학정에 반기를 든다. 유대인들은 그들의 반란을 조직화 했고 그 주력 부대를 갈릴리의 요새 요타파타에 주둔시켰다. 그리고 로마에 유학했던 요세푸스가 갈릴리 지역의 군대장관으로 추대되고 그 성에서 로마 군대에 항전하게 되지만, 우여곡절 끝에 요타파타는 로마에 의해 함락된다.

67년 말 갈릴리의 주력부대가 무너진 후 68년에 로마 군은 유대 전역을 장악하게 되고, 예루살렘 성은 포위되어 그 멸망이 눈앞으로 다가 왔다. 그러나 이 때 로마에서는 내부에 반란이 일어나 황제가 죽고 자주 바뀌는 일이 벌어진다. 당시의 로마 군 사령관인 베스파시아누스는 로마의 권력 다툼이 지속된 70년 초까지 군대를 멈추고 다음 황제의 칙령을 기다려야 했다.

바로 이때에 주님의 예언의 말씀을 기억한 크리스천들은 예루살렘 성을 탈출하여 요단 강 동편 베뢰아 지방의 펠라성으로 피신한다. "예루살렘이 군대들에게 에워싸이는 것을 보거든 그 멸망이 가까운 줄을 알라 그 때에 유대에 있는 자들은 산으로 도망할지며 성 내에 있는 자들은 나갈지며 촌에 있는 자들은 그리로 들어가지 말지어다" 하신 주님의 말씀을 기억한 자들은 구원을 얻게 된 것이다(눅21:20-21).

　　그러나 그 당시의 유대인들은 전쟁이 소강상태에 들어간 것을 보고 가장 안전한 것으로 여겨지는 철옹성 예루살렘으로 이주한다. 게다가 많은 유대인들이 유월절을 지키기 위해 70년 봄 예루살렘으로 몰려 왔다. 바로 이 때 베스파시아누스는 황제로 추대되고 그의 아들 티투스를 총사령관으로 임명하여 70년 봄에 예루살렘 성을 총공격하게 한다. 봄부터 약 6개월간 이어진 로마 군대의 막강한 공격으로 예루살렘 성은 무너지고 성전과 도시는 잿더미가 되어 버린다. 군사와 더불어 굶주림 가운데 항전하던 여인들과 어린이들까지 살육 당하였는데 그 때 죽은 자가 100만이 넘었고 포로가 10만에 가까왔다고 전해진다.

　　주님께서 그 일이 일어나기 약 40년 전에 성전을 가리켜 "날이 이르면 돌 하나도 돌 위에 남지 않고 다 무너뜨려지리라" 예언하셨는데(눅21:6), 그대로 이루어 진 것이다. 어떤 신학자들은 이 복음서의 예언은 예루살렘 성의 멸망 후에 기록되었으며, 이루어진 사건을 예언의 형식으로 기록한 것에 불과하다고 주장한다. 차라리 신학을 하지 않고 다른 학문을 했더라면 그에게 유익하였으리라.

그러한 신학자들은 기원 전 1,400년 전에 세워진 장막성소 제도가 예수 그리스도의 대속의 고난과 예수 안에서 이루어지는 구원의 완성 그리고 하나님 나라의 도래에 대하여 구체적인 예언을 담고 있음을 이해할 수 없고, 이 모든 것이 주님의 사역으로 성취된 사실을 믿을 수 없으며, 기원전 약 700년 전에 이사야 선지자가 이사야 53장에 예언한 대로 예수 그리스도께서 대속의 죽음을 당하신 사건을 이해할 수 없을 것이다. 성경이 성령의 감동으로 기록된 증거들과 성경의 비유를 나열하자면 지면이 부족할 것이며, 반대를 위한 반대를 하는 사람들에게 시간을 낭비할 수 없으므로 생략한다.

인류의 역사는 반복되고 있다. 우리는 그 역사에서 여러 정형(pattern, type)을 추려 낼 수 있으며 그러한 인류의 역사를 축소시켜 보면 한 사회를 읽을 수 있으며, 한 인간의 삶을 읽을 수 있다. 마찬가지로 이스라엘의 역사와 크리스천들의 역사를 축소시켜 보면 어떤 크리스천 공동체의 모습이나 크리스천들의 신앙의 정형들을 알 수 있으며, 어떤 크리스천의 삶과 그 문제점 그리고 그 해결책을 알 수 있게 된다.

주님은 세상 끝과 재림에 대한 말씀을 하시면서 "깨어 있으라 내가 너희에게 하는 이 말이 '모든' 사람에게 하는 말이니라" 말씀하신다(막13:37). 모든 세대, 그리고 현대를 살아가는 크리스천들에게도 주시는 말씀인 것이다. 그러므로 '살아서' 주님을 믿는 각 세대의 믿음의 사람들은 당연히 재림 신앙을 갖게 될 수밖에 없는 것이다.

　주님을 십자가에 못 박고서도 그 죄를 깨닫지 못하고 하나님의 도우심으로 이방인들을 이길 수 있다고 믿고 항전하면서, 예루살렘 성에 들어가며 그 안에 안주할 수 있다고 믿는 이들에게 화가 있다. 이방인들이 예루살렘을 둘러싸고 비난하며 공격하려는 모습이 보이기 시작하는가? 그 예루살렘 성 안에 죽음의 그림자가 드리운 것이 보이는가? 성으로 들어가지 말고 나오라. 산으로 도망하라. 주님을 바라보라. 그리고 하나님의 나팔 소리를 듣고 주님의 음성을 들으라. 죄악으로 인한 사망권세에서 벗어나는 자가 복이 있다(히12:22-29).

부활(7), 부활은 각각 자기 차례대로 된다

예수 그리스도의 진리의 말씀은 모형과 그림자와 같은 이 세상에 대한 것이 아니었다. 그것은 썩지 아니하고 쇠하지 아니하는 영원한 천국과 그 유업에 관한 생명의 말씀이었고 '영의 양식'이었다. 그러나 '육의 양식'을 먹고 육적인 차원에서 살아야 했던 유대인들은 주님의 영적이고 권세 있는 말씀을 감당하기 어려웠고, 마침내 십자가에 못 박는다. 역사가 늘 반복되어 왔듯이, 이 시대를 살아가는 크리스천의 모습에서도, 유대인들의 육적인 신앙의 차원이 반복되고 있음을 볼 수 있다.

'육의 양식'을 먹은 유대인들은 메시야가 오시면 그들을 이방인의 압제에서 구원하며 이방인들을 진멸하고(사9:1-7,사52:9-10, 사60:3), 죽었던 자들이 무덤에서 부활하며(사26:29, 단12:2), 이 땅에서 집을 건축하고 농사를 짓고 그 소출을 먹으며, 그들의 수명이 나무의 수한과 같아질 것이라 믿고 있었고, 이리와 어린 양이 함께 먹고 사자가 소처럼 짚을 먹을 것이며 뱀은 흙으로 식물을 삼게 되는 평화의 나라가 건설되고, 그 곳에서는 해함도 없고 상함도 없을 것이며, 우는 소리와 부르짖는 소리가 들리지 않을 것이라 믿고 있었고(사65:17-25, 사11:6-9), 지금도 그러한 신앙을 가지고 있다.

그렇다면 영적인 세계에 대한 진리를 깨닫지 못한 크리스천들의 신앙은 어떠한가? 유대인들의 신앙과 대동소이하다. 주님께서 다시 오실 때, 죽었던 자들이 무덤에서 부활하고 천년 동안 살게 되는데, 이리가 어린 양과 함께 뛰놀며 사자가 소처럼 짚을 먹는 등

평화로운 세상에서 살게 된다고 믿는다. 그리고 주님께서 믿지 않는 자들을 심판하사 멸하시고, 죄악 세상 가운데서 예수 믿은 자들만 구원하실 것이며, 고통 근심 눈물이 없는 천국에서 영원히 살게 된다고 믿는다.

성령과 진리로 거듭나지 못한 고로, 영적이요 실체인 하나님의 진리와 그 나라를, 육적이요 그림자인 것으로 착각하기 때문에, 그리고 만민을 사랑하시는 하나님의 사랑과 공의의 마음을 측량하지 못하기에 이러한 신앙을 갖게 된 것이다.

그러나 이제 대부분의 믿음의 사람들은 부활과 재림 그리고 이 땅에 이루어진 하나님의 나라, 그리고 육체의 장막이 무너질 때 신령한 몸을 덧입고 들림 받아 들어가게 될 하나님의 나라 즉 천국에 대한 진리를 구체적으로 정리하고 확신하게 되시리라 믿는다. 그리고 위에 열거한 유대인들과 크리스천들의 이러한 오해가, '영생의 말씀' 즉 '영의 양식'을 소홀히 한 데서 비롯되었다는 사실에 공감하시리라 믿는다.

다음의 성경 말씀을 살펴보자.

"사망이 한 사람으로 말미암았으니 죽은 자의 부활도 한 사람으로 말미암는도다 아담 안에서 모든 사람이 죽은 것 같이 그리스도 안에서 모든 사람이 삶을 얻으리라 그러나 '각각 자기 차례대로' 되리니 '먼저는' 첫 열매인 그리스도요 '다음에는(επειτα)' 그가 강림하실 때에 그리스도에게 속한 자요 '그 후에는(αιτα)' 마지막이니 그가 모든 통치와 모든 권세와 능력을 멸하시고 나라를 아버지 하나님께 바칠 때라"(고전15:21-24).

이 말씀에서 "그리스도 안에서 모든 사람이 삶을 얻는다"는 말은 "그리스도 안에서 모든 사람이 부활한다"는 뜻이다. 이 말씀을 살펴보면 역시 그리스도 '안에서' 부활이 일어나는데, 부활은 각각 (εκαστος,every one separately) 자기 차례대로 된다고 말씀하고 있다. 이 말씀의 뜻은 매우 명확하다. 각 사람의 영적 부활의 때가 각각 틀리고 신령한 몸의 부활의 때가 각각 틀리기 때문에 부활이 각각 자기 차례대로 된다고 말씀하고 있는 것이다.

그러나 그 다음에 이어지는 말씀들은 이와 같이 명확한 부활에 관한 진리를 감추려 하고 있다. 그리스도의 부활이 그 첫 번째요 그 다음의 부활은 마지막 날에 주님께서 강림하실 때에 일어난다고 하는 '부활에 대한 일반적인 말씀'으로 생각하며 그냥 지나치게 되기 십상이다.

그러나 주의 깊게 보면 "'먼저는' 그리스도요 '그 다음에는' 그가 강림하실 때에 그리스도에게 속한 자요 '그 다음에는' 그가 모든 통치와 모든 권세와 능력을 멸하시고 나라를 아버지 하나님께 바칠 때인 마지막 때에 부활이 일어난다"고 말씀하고 있다. 만물을 복종케 하시고 나라를 아버지 하나님께 바치는 마지막 날이 오기 전까지는, 주님께서 모든 세대에 강림하고 계신다.

앞서 부활(5)에서 살펴보았듯이 주님께서는 승천 하신 후 그의 약속대로, 인자로 사셨던 그 당시 그의 제자들과 믿음의 사람들에게 오셨음을 알 수 있다. 사도 바울에게 오셔서 함께 하셨던 주님을 상고해 보라(행23:11, 딤후4:17). 그리고 '예수 그리스도 안에서', '살아서' 주님을 믿은 자들은 육체의 장막이 무너질 때 죽음을 보지 않고 신령한 몸을 덧입고 천국으로 들림 받고 있다. 또한 주님께서는 "각 세대에 선포된 말씀인 진리의 영" 즉, '주의 음성'으로 임하시고, 믿음의 사람들에게 오셔서 문을 두드리신다. 그리고 그 음성을 듣고 믿고 행하는 자들은 부활하게 되고 마지막 날 신령한 몸을 덧입게 된다. 따라서 모든 사람들의 부활이 각각 자기 차례대로 되는 것이다.

그리고 그 다음에는, 인류 역사의 마지막 날, 예수 그리스도께서 모든 통치와 모든 권세와 능력을 멸하시고 나라를 아버지 하나님께 바칠 때에 모든 자들의 육체가 무너지며 부활하게 된다.

하나님께서는 모든 시대를 살아가는 믿음의 사람들이 죄 짓지 말고 '살아서' 주님을 믿기를 바라신다. 따라서 거듭난 하나님의 백성들이 죄 짓지 아니 하면서도 자유를 누리는 삶을 소망하며 진리의 말씀을 사모하며 살게 하신다.

그리고 그 거듭난 자들이 자기가 사는 그 시대에 주님이 오실 것이라 믿고 살아가도록, "주님이 각 사람이 살아가고 있는 그 세대에 오실 것"처럼 성경이 기록되게 섭리하신 것이다. 당신을 바라는 자들에게 두 번째 나타나시는 주님의 강림을 소망하며(히 9:29), 재림 신앙을 가지고 사는 이들이 복이 있다.

부활(8), 부활은 마지막 날 홀연히 일어난다

각 세대를 살아가는 모든 사람에게 있어서 세상 끝날은 그들 각자의 "육체적 죽음의 날"이다. 어떤 사람이 태어나 평생을 서울과 경기도 일원에 살다가 죽었다면 그에게 있어서의 '세상'은 서울과 경기도 일원이며 '세상 끝날'과 '마지막 날'은 그가 죽은 날이다.

유대인들은 "여호와께서 '세상 끝에' 불에 옹위되어 강림하실 것이며, 불과 칼로 모든 혈육에게 심판을 베푸실 것"으로 믿었다(사 66:15-17, 욜2:30-31, 슥14:1-12). 그들은 선지자들의 예언 즉 구약성경의 예언대로, 메시야가 오시면 이 세상은 끝이 나고 메시야의 나라가 건설될 것으로 믿고 있었다(사9:1-7, 52:9-10, 60: 1-22, 61:1-11).

성경은 마침내 '세상 끝에' 아들 여호와 곧 예수 그리스도께서 나타나셨다고 말씀하고 있다(히9:26, 히1:2, 행2:17, 벧전1:20). 그리고 메시야이신 주님께서는 불과 칼 즉, 말씀으로 세상에 구원과 심판을 행하시며 이루셨다(눅3:16-17, 마10:34, 눅12:49-50, 요12: 48). 생명의 말씀을 들은 자들은 영생의 부활로 나왔고, 거부한 자들은 심판을 받았다(요3:18). 그러나 '육의 양식'을 먹고 '육적인 안목'을 가지고 살아가고 있던 유대인 지도자들과 그들을 따랐던 유대인들은 메시야를 영접하지 않았고, 영광의 주를 십자가에 못 박았다.

세상 끝에 오시는 메시야에 대하여, 베드로가 요엘 선지자의 예언(욜2:28-32)을 인용하여 설교하기를 "말세에 내가 내 영으로 모든 육체에게 부어 주리니…또 내가 위로 하늘에서는 기사와 아래로 땅에서는 징조를 베풀리니 곧 피와 불과 연기로다 '주의 크고 영화로운 날'이 이르기 전에 해가 변하여 어두어지고 달이 변하여 피가 되리라" 설교하며 '예수그리스도의 오심'으로 '메시야의 임하심'에 대한 예언이 이루어졌음을 증거하고 있다. 이 말씀에서 피, 불, 연기, 해, 달 등은 영적인 비유임을 알 수 있다.

또한 이사야가 예언하기를(사40:3-4), 메시야가 임하실 때에 "골짜기마다 돋우어지고 산마다, 작은 산마다 낮아지며 고르지 않은 곳이 평탄케 되며 험한 곳이 평지가 될 것이요 여호와의 영광이 나타나고 모든 육체가 그것을 함께 보리라" 하였는데, 예수 그리스도의 임하심으로 이 예언이 이루어졌음을 신약 성경이 증거하고 있다(눅3:4-5, 요1:23, 막1:3. 마3:3)

이 말씀에서도 골짜기, 산, 고르지 않은 곳, 험한 곳 등도 비유의 말씀이다. 왜냐하면 주님이 이 땅에 오셨을 때 산들이 낮아지거나 평지가 되는 등의 일이 물질적으로는 일어나지 않았고, 영적으로 그러한 일이 일어났는데 육적인 사람들의 눈에는 보이지 않았기 때문이다. 이러한 비유에 대하여는 책 2권에서 자세하고 알기 쉽게 풀이 할 예정이다.

지금 말하고자 하는 요지는 '세상 끝'과 '마지막 날'이 무엇을 비유하고 있는지에 관한 것이다. 사람들은 날로 완악해져 가는 세상을 보며 "말세야, 말세!"라고 한탄하며 말하곤 한다. 그러나 대부분의 크리스천들이 알고 있고 앞에도 언급했듯이, 주님께서 2천여 년 전에 오셨을 때부터가 '말세'다(히9:26). 그리고 그 후 각 세대를 살다가 죽어간 모든 사람들도 '말세'를 살았고, 각각 '마지막 날'을 당하였다. 그리고 그들의 육체의 장막이 무너지는 '마지막 날', 주 님께서 그들에게 신령한 몸을 입히시고 천국으로 들림 받게 하고 계시다(고후5:1-4, 요6:54). 이에 대하여 성경은 "이미 믿은 우리들 은 저 안식에 들어가는도다" 말씀하고 있다(히4:1-11).

죽음은 홀연히 임한다. 아무도 예측하지 못한 순간에 일어난다. 미국의 쌍둥이 빌딩이 무너질 때도 그러 했고, 지구 곳곳에서 일어 나고 있는 테러로 희생될 때도 그러하며, 지진이나 해일, 전쟁이 일어나 죽게 될 때도 그러하다. 어찌 그 뿐이랴. 여행하다 비행기 추락 사고로, 길을 건너다 자동차 사고로, 배가 난파됨으로 마지막 날을 맞는다. 폭행을 당하거나, 강도를 만나 총에 맞거나 건물이 무너지거나 다리에서 떨어지거나 공사 중에 사고로 목숨을 잃는 다. 잠을 자다가 또는 샤워하다가 갑자기 죽는다. 예고 없이 닥치 는 여러 가지 원인으로 사람들은 홀연히 죽음을 맞아 부활하게 된 다.

그 날이 그들에게 마지막 날이며, 그들이 심은 대로 영생의 부활 로 나오거나 심판의 부활로 나오게 된다. 사람들이 "안전하다 평 안하다" 할 때에 주의 날이 밤에 도적같이 이르게 되는 것이다(살 전5:1-3). 그러므로 주님은 "항상 깨어 있으라" 말씀하신다(눅 21:36).

한편, 죽음의 때 즉 부활의 때를 바라보며 임종하는 이들도 있 다. 불치의 병에 걸리거나 연로하여 죽음을 맞게 되는 이들이 그러 하다. 그들이 고개를 들어 그들을 구원하실 주님을 바라보고 있는 믿음을 가지고 있는 상태라면, 이보다 더 좋은 회개의 기회는 없다. 그들 위에 죽음의 그림자가 드리우고 사망권세 잡은 사탄이 자기를 보여 하나님이라고 도전해 올 때(살후2:4), 자신들의 삶을 돌아보며 회개하고 깨끗이 씻음 받으며, 세상과 함께 정죄함을 당치 않게 하시는 하나님의 사랑 안에서 마지막으로 징계의 채찍을 맞는 이들이 복이 있는 것이다. 그들의 마지막 날, 주님께서 임하셔서 그 입술의 기운으로 사망권세를 물리치고(살후2:8) 부활하여 들림 받게 하시기 때문이다.

또한 늘 깨어 그리스도와 함께 동행하며 왕 노릇하다가 죽음을 보지 않고 홀연히 천국으로 들림 받게 되는 이들이 복이 있다. 그들에게 있어서는 갑작스런 죽음도 문제가 되지 않는다. 죄와 상관없는 죽음이야말로 영광의 부활이 약속된 복된 죽음이기 때문이다. 그러므로 "많은 사람들이 함께 사망하는 갑작스런 사고"로부터 건지움을 받은 이들이 간증하고 다니는 것은 하나님과 천사들 앞에서 우스운 일이다.

그 당시에 죽은 사람들이 살아남은 사람들보다 못하다는 증거는 없으며, 하나님은 알곡이 충실하게 익으면 낫을 대시는 분이기 때문이다(막4:26-29). "사망아 네 재앙이 어디 있느냐, 사망아 너의 쏘는 것이 어디 있느냐" 담대히 말할 수 있는 부활의 사람들이 복이 있다(호13:14, 고전15:55-56).

죽음, 병, 환난과 죄와의 관계, 그리고 그 오해

성경은 죽음, 병, 그리고 환난 등이 죄와 서로 인과 관계가 있음을 말씀하고 있다.

죽음에 대하여는, 아담이 죄를 범하여 죽게 되었고, 모든 사람들이 그들의 범죄로 인하여 죽게 되었다는 것이 성경의 말씀이다(창3:19, 대상10:13, 겔18:4…).

그러나 비유를 풀고 보면, 흙으로 지음을 받은 인간이 한번 죽는 것은 하나님이 정하신 것이요(히9:27), 생명나무의 열매를 먹어야 그 영이 살아 육체의 장막이 무너질 때에 신령한 몸을 덧입고 영생하게 된다는 것이 성경의 진리다(창3:22, 고후5:1-4).

하와가 죄를 범했을 때 죽은 것은 그녀의 영이었다(엡2:1). 죄를 범한 후에도 하와가(육체가) 죽지 않은 것을 보고 아담도 하와를 따라서 선악과를 먹게 된 것이다. 우리가 죄를 사함 받고 죄를 짓지 않으며 영생의 말씀을 먹는 이유는, 육신의 장막을 벗고자 함도 아니요 육신의 장막을 벗지 않으려 함도 아니라 신령한 몸으로 덧입힘을 받으려 함이다.(고후5:1-4).

그러므로 하나님께서는 죄를 범한 그들이 영생의 말씀인 생명나무 실과를 따먹고 영생하지 못하도록 막으셨던 것이다(창3:22). 이 말씀은 죄인이 영생할 수 없다는 진리를 보여주고 있다. 죄인이 영생할 수 있는 유일한 길은 예수 그리스도의 피로 지난날 지은 죄를 사함 받고(롬3:25), 예수 그리스도의 생명의 말씀을 먹고 살아가는 것이다.

영적으로 부활한 자들은 육체 안에서 영이 성장한다(고후4:16-18). 처음에는 죄 사함 받고 영생의 말씀을 먹어 영이 부활하고 그 다음에는 영이 강건해지고 그 영의 영광이 충실해지면 하나님께서 낫을 대신다(막4:26-29, 고후4:16-18). 이러한 일은 나이와 상관없이 일어나기도 한다. 하나님의 나라에서 사역자로 쓰시기 위함이다. 이와 같이 육체의 죽음은 죄와 상관없이 일어나게 되어 있는 것이지만, 범죄로 인하여 죽음을 당하는 경우도 적지 않다(고전5:5, 눅13:4…).

병에 대하여는, 주님께서 베데스다 연못가에서 38년 된 병자를 고쳐주신 후에 "보라 네가 나았으니 더 심한 것이 생기지 않게 다시는 죄를 범치 말라" 말씀하셨다(요5:14). 이 외에도 범죄로 인하여 병에 걸리거나 환난을 당하거나 죽게 되는 것에 대하여 성경은 일관성 있게 말씀하고 있다.

그러므로 대부분의 크리스천들은 이러한 성경의 말씀들에 근거하여, 그러한 일을 당할 때 스스로 죄책감에 사로잡히거나, 그러한 일을 당하는 이웃을 함부로 판단하며 심지어 정죄하는 경우가 적지 않다. 이와 반대로 죽음, 병, 환난 등의 고통은 죄와 상관이 없다고 생각하며 무시하는 이들도 적지 않다. 그러나 이러한 상반된 생각을 하는 이들 모두가 성경의 진리에 대하여 반쪽만 알고 치우쳐 있다. 죽음, 병, 환난 등은 오직 죄 때문에 일어나는 것도 아니지만, 그렇다고 죄와 상관없는 것도 아님을 깨달아야 한다.

예를 들어, 사람이 자기 힘에 겹게 애를 쓰며 살다 보면 지쳐서 쓰러지기도 하며 병에 걸리기도 한다. 이것은 상식이다. 면역력이 떨어지면 쉽게 병에 걸리고, 잔병치례가 잦다가 마침내 암에 걸리는 등 불치병이 들어 쓰러지기도 한다. 사도 바울의 동역자로 함께 수고했던 에바브로디도가 아마 과로로 쓰러지게 된 것 같은데, 그가 병들어 죽게 되었으나 하나님이 저를 긍휼히 여기셔서 회복시키셨다고 기록되어 있다(빌2:25-27).

주님께서는 나면서부터 소경된 자가 그의 부모나 그의 범죄 때문에 그렇게 된 것이 아니라 "하나님의 하시는 일을 나타내고자 하심"이라고 말씀하시고 그의 눈을 뜨게 하셨다(요9:1-3). 하나님의 명령을 따라 음란한 여인과 결혼하게 된 호세아 선지자가 당한 환난도 죄 때문이 아니다(호1:2-9). 또한 하나님의 의를 이루기 위하여 환난을 당하는 믿음의 사람들도 범죄 때문에 핍박을 받는 것이 아니다(마5:10). 진리의 말씀을 깨달아가는 사람의 삶도 또한 순탄하지 않다. 지각 즉 오감을 사용하면서 의의 말씀을 경험하며 진리를 깨달아 가고 체험하며 행하여 갈 때에, 병고나 사고에 시달리는 등 불 가운데를 지나는 것과 같은 고통과 환난의 과정을 통과하여야 하는 것도 단순히 범죄 때문이 아니다(히5:14, 사53:3).

그러므로 믿음의 사람들이 당하는 환난이나 병이나 죽음이, 어떤 원인 때문에 일어난 것인지 겉으로는 알 수가 없다. 이에 대하여 사도 바울은 "주께서 오시기까지 아무 것도 판단치 말라"고 명하고 있다(고전2:5) 크리스천들 중에 "자기가 판단 기준이 되어" 남을 함부로 비판하고 판단하거나 정죄하는 이들이 적지 않다. 그들의 마음에 판단기준이라고 굳게 믿는 성경말씀이 새겨 있을지라도, 치우친 말씀들과 부분적인 말씀들을 가지고 있는 경우가 대부분인데, 그들이 어떻게 옳게 판단할 수 있겠는가? 그러므로 함부로 판단하지 말고, 환난을 당하는 형제들을 돌아보며 위로할 뿐만 아니라, 그들이 죄를 범한 일이 있다면 온유한 심령으로 바로 잡고 자기 자신을 돌아보아 죄에 빠지지 않도록 늘 깨어 경계함이 마땅한 것이다(갈6:1, 고후1:3-11).

어떤 이들은 '모든 병'은 귀신이 들리거나 악한 영에 의하여 발생한다고 믿는다. 실제로 성경에는 귀신들려 병에 걸린 사람들의 기록이 적지 않고, 주님은 귀신을 내어 쫓음으로써 그들의 병을 고치셨다. 그리고 사도들을 비롯한 믿음의 사람들도 그와 같이 했고 해오고 있다. 그렇다고 하여 병에 걸리게 되는 것이 모두 귀신과 연관이 있다고 믿는 것은, 진리의 일부분을 보고 전체인 것으로 착각했기 때문에 잘못 깨달은 것이다. 그들은 심지어 감기 몸살에 걸리는 것도 귀신의 역사로 인한 것이라고 믿는다. 그리고 베드로의 장모가 열병에 걸려 누워 있을 때, 주님이 "열병을 꾸짖으신대 열병이 떠나고 곧 일어나 시중을 들었던" 기록을 그 근거로 삼는다(눅4:39).

만일 그렇다면, 병을 고치는 의사는 귀신을 내어 쫓는 능력을 가진 사람이라고 인정해야 하며, 약은 귀신을 내어쫓는 효험을 가졌다고 해야 할 것이니, 그들의 믿음이 잘못되었음을 알 수 있다. 귀신에 의해 병이 드는 경우 보다는 건강의 법칙을 벗어났기 때문에 병에 걸리는 경우가 더 흔하다고 할 수 있다. 하나님께서는 "내 백성이 지식이 없어서 망하는도다" 말씀하시며(호4:6), "내 백성이 무지함을 인하여 사로잡힐 것"이라고 말씀하신다(사5:13).

그러므로 진리에 대한 지식이 이 세상의 지식을 거부하지 않음을 이해해야 하며, 이 세상의 유익한 지식과 그 정보들은 소중한 것이고 때로는 영적인 진리를 깨닫는 일에 도움이 되며 무관하지 않음을 알아야 한다. 얼마든지 사람의 도움이나 그 힘으로 해결 가능한 일들을, 표적을 구하는 마음으로 하나님께 구하는 자들에게 화가 있다. 그러한 일들을 가지고 하나님의 살아 계심이나 도와주심 등을 시험해서는 아니 될 것이다.

한편, 병에 걸리거나 환난을 당하거나 가족 중 누가 죽음을 당하는 일들이 결코 우연적으로 일어나지 않음을 깨달아야 한다. 세미하신 하나님께서는 우리의 앉고 서는 것과 생각하고 말하는 것을 헤아리시는 분이시다. 그러므로 성령의 인도하심을 따라 일어나는 일에 민감할 때에 진리를 깨닫게 되고 하나님의 뜻을 알게 된다. "의인은 돋는 햇볕 같아서 점점 빛나서 원만한 광명에 이르거니와 악인의 길은 어두움 같아서 그가 거쳐 넘어져도 그것이 무엇인지 깨닫지 못하느니라" 말씀하듯이(잠4:18-19), 고통스런 일들이 발생할 때에 무엇 때문인지를 깨닫고 돌이켜야 한다.

하나님께서 깨닫고 회개할 기회를 여러 번 주심에도 불구하고 "어리석은 자들은 그대로 나아가다가 해를" 받게 된다(잠22:3). 하나님의 진리에 대한 지식과 세상의 유익한 지식이 중요함을 깨닫는 이들이 복이 있다. 나아가서 하나님의 진리의 말씀은 탁상공론이 아니며, 생명이요 능력이며 우리 인생의 전부임을 깨닫는 이들이 더욱 복이 있다.

마귀의 일을 멸하러 오신 예수 그리스도

　지금까지 우리는 육안으로는 볼 수 없고 몸으로는 겪어볼 수 없는 부활에 대하여 살펴보았다. '영의 양식'을 먹고 강건해진 사람들은 마음속에 지진과 혼란이 일어남을 겪으면서도(히12:27), '영의 부활'을 체험하며 홀연히 변화되어 있는 자신의 모습을 발견하게 되었으리라 믿는다(고후5:17).

　사람들마다 정도의 차이는 있지만 어떤 대상이나 진리나 지식 등에 대하여 선입관이나 고정관념을 가지고 있기 마련이다. 왜냐하면 이러한 것들이 만들어준 틀을 많이 가질수록 모든 것을 안정적으로 처리하거나 골치 아프지 않게 쉽게 판단하거나 말하거나 행동하는 등 삶이 편리하고 편안하거나 안전할 수 있기 때문이다.

　그리고 사람들은 이러한 이익을 외부의 어떤 도전이나, 압력, 권면, 재교육, 재훈련 등에 의하여 빼앗기고 싶어 하지 않는다. 그런데 사실, 그러한 선입관이나 고정관념에 의해 만들어진 틀은 그들이 여러모로 부족한 때에 만들어진 것들이 대부분이다. 세월이 가면서 마땅히 수정되고 변화되어야만 하는 것들이 대부분이다. 그런데도 사람들은 그 틀을 고집한다.

　그러므로 항상 깨어서, 지속적으로 드러나는 진리의 말씀과 세상의 지식과 그 체계들을 이해하고 받아들여서 자신을 발전시켜나가는 자세가 필요하다. 묵은 포도주를 싫다 하는 이들이 없으나, 새 시대에 맞는 새 포도주와 새 가죽부대를 구비해야만 영적으로나 육적으로나 살아남을 수가 있는 것이다.

영적인 진리의 세계에 있어서는 '영의 양식'을 충분히 먹고 진리를 온전히 깨달은 이들이 드물다. 그러므로 성경의 영적인 진리에 대하여, 각각 자기 나름대로의 해석을 내려 자기의 이론을 확립하고 나름대로의 어떤 틀을 만들기 십상이다. 또한 이렇게 사람들이 만든 어떤 틀을 가르치는 일이 생기고 그것에 공감하며 따르는 이들이 생겨난다. 한마디로 제각각이다.

이러한 상황에서, 하나님의 백성들은 제각각인 이러한 틀을 대할 때에 '자기의 마음'에 합한 것을 선택하게 되고, 그것들을 굳게 지키려고 한다. 이렇게 하여 갖게 된 선입관과 고정관념은 인자로 오신 예수 그리스도마저도 깨기 힘든 벽이 되었었다. 그러므로 주님도 "내가 불을 땅에 던지러 왔노니 이 불이 이미 붙었으면 내가 무엇을 원하리요"(눅12:49) 탄식하신 것이다. 이 말씀에서 '던지러'로 번역된 헬라어 '발로(βαλλω)'는 '던지다, 주다, 넣다"의 뜻을 가지고 있는데, 그 안에 '다소 격렬하게'라는 뜻이 담겨 있다. 주님께서 하나님 나라의 진리를 가르치시는 사역이 힘들었음을 보여 주는 단어다. 또한 "내가 세상에 화평을 주러 온 줄로 생각지 말라 화평이 아니요 검을 주러 왔노라"(마10:34)는 말씀 중, '주러'도 '발로(βαλλω)'를 사용했다. 물론 이 말씀들 중에 '불'이나 '검'은 말씀을 비유한 것이다.

그 당시에 지식의 열쇠를 가지고 있던(눅11:52) 율법사(율법교사)와 그들이 만든 틀을 믿고 따랐던 자들은, 주님이 던지시는 불과 칼에도 움직이려 하지 않았고 냉담했으며, 오히려 싫어하고 박해했으며 마침내 십자가에 못 박는 일을 주동했다. 역사는 지속되고 이러한 일은 지금도 반복되어 오고 있다. 그러나 이러한 모든 일도 하나님의 원대하신 계획과 섭리 가운데에 있음을 누가 알랴? 하나님은 사람들이 하나님의 뜻을 행치 못할지라도 그에 대한 대비책을 세워놓고 역사를 이끌어 가신다. 사도 바울은 하나님의 지혜와 지식에 대하여 다음과 같이 고백한다(롬11:33-36).

"깊도다 하나님의 지혜와 지식의 풍성함이여, 그의 판단은 헤아리지 못할 것이며 그의 길은 찾지 못할 것이로다 누가 주의 마음을 알았느냐 누가 그의 모사가 되었느냐 누가 주께 먼저 드려서 갚으심을 받겠느냐 이는 만물이 주에게서 나오고 주로 말미암고 주에게로 돌아감이라 그에게 영광이 세세에 있을지어다 아멘"(롬11:33-36).

예수 그리스도의 십자가의 고난은 만세 전에 미리 정하신 것이었고(고전2:7), 복음이 땅 끝까지 전파되는 것 또한 그러하며(마24:14), 그와 같이 만백성이 복음을 믿고 크리스천이 되게 하신 후에, 그들로 하여금 성령과 진리로 거듭나게 하여 하나님의 나라에 들어가도록 섭리하고 계심(마11:12)도 그러하다. 이와 같은 섭리 안에서 천국은 확장되고 유지되며, 하나님의 아들들이 '마귀의 일'을 멸하는 일에 앞장서게 됨으로써 결국 만물이 하나님께로 돌아가게 되는 것이다(롬8:19, 계6:11).

사도 요한은 그의 첫 번째 서신에서 다음과 같이 말씀하고 있다.

"죄를 짓는 자는 마귀에게 속하나니 마귀는 처음부터 범죄함이라 하나님의 아들이 나타나신 것은 '마귀의 일을 멸하려 하심'이라"(요일3:8).

그렇다. 주님께서 이 땅에 오신 목적은 마귀의 일을 멸하는 것이다. 전도하신 목적도 여기에 있다. 죄인들을 위하여 십자가에 못박혀 죽으시고 부활하신 목적도, 사망권세를 가지고 죄인을 지배하는 마귀의 일을 멸하려 하심이다.

그러므로 사망권세에서 구원받은 하나님의 백성들이 죄와 더불어 먹고 마신다면, 이는 마귀의 일을 되살리는 일이 될 뿐 아니라 마귀에게 속하게 되고 마귀의 종노릇을 하게 되는 것이다(요일3:8). 크리스천 중에 복음의 젖만 먹고 단단한 음식은 싫어함으로 오히려 마귀의 발판 구실을 하는 이들이 적지 않다. 그들의 귀에 성령의 탄식 소리가 들리지 않으며, 그 눈에 마귀의 의기양양한 모습도 보이지 않는다.

저들에게 주님의 음성을 들려주는 자가 복이 있다. "미혹되어 진리를 떠난 자를 누가 돌아서게 하면 너희가 알 것은 죄인을 미혹된 길에서 돌아 서게 하는 자가 그의 영혼을 사망에서 구원하며 허다한 죄를 덮을 것이니라"(약5:19-20).

"많은 사람을 옳은 데로 돌아오게 한 자는 별과 같이 영원토록 빛나리라"(단12:3). 할렐루야!

마귀의 일(1), 육적인 안목으로 알고 행하게 하기

이제 상식이 되어버린 말이지만 마귀의 일은 사람들로 하여금 죄를 짓게 하는 일이다.

죄를 짓게 하기 위해 마귀가 즐겨 사용하는 방법은 위장 전술이고 진리에 대한 왜곡이다. 사탄은 사람들의 마음에 감동하여 그들 속에 있는 욕심을 충동질하고 말과 행동으로 옮기게 한다. 그와 같이 할 때에 위장전술과 진리에 대한 왜곡을 사용한다.

마귀는 '말'을 그럴 듯하게 포장한다. 뱀이 하와에게 접근할 때도 이와 같은 방법을 사용했다. "선악을 알게 하는 나무의 열매를 먹어도 너희가 결코 죽지 아니하리라 너희가 그것을 먹는 날에는 너희 눈이 밝아 하나님과 같이 되어 선악을 알 줄을 하나님이 아심이니라" 말하면서 선악을 알게 하는 나무 앞으로 데리고 갔다 (창3:1-6). 하와가 "선악을 알게 하는 나무 즉 사탄을 본즉, 먹음직도 하고 보암직도 하고 지혜롭게 할 만큼 탐스럽기도" 했다(6절). 멋있고 대단하여 부러움을 한 몸에 받을 그러한 모습이었다.

"선악을 알게 하는 나무"에서 밝혔듯이 선악을 알게 하는 나무는 사탄이요, 선악과를 먹는다는 것은 선도 행하고 악도 행하게 되어 죄를 범하였다는 뜻이다. 진리를 제대로 알지 못하는 하와에게 접근하여 천사의 광명을 가장하고 비전을 보여주며 진리를 왜곡하여 죄를 범하게 하였듯이, 지금 이 시대에도 마귀의 무리들은 같은 방법으로 육신의 정욕과 안목의 정욕과 이생의 자랑을 부추기며 사람들에게 역사하고 있다. 반면에 생명나무이신 그리스도는"고운

258

모양도 없고 풍채도 없은즉 우리의 보기에 흠모할만한 것이 없어" 보인다(사53:2). 그 열매를 먹어봐야 별 것 아닌 것처럼 보일 뿐만 아니라 망할 것 같아 보인다.

에덴동산 중앙에 있었던 생명나무와 선악을 알게 하는 나무! 하나님께서 사람들에게 먹지 말라고 한 선악과는 먹음직도 하고 보암직도 하고 탐스럽기도 한 '사탄이 주는 말'이었고, 먹도록 허락된 생명나무 과실은 우리가 보기에 흠모할만한 것이 없어 보이는 '그리스도의 말씀'이었다.

그렇다. 부활하지 못한 사람들의 눈에는 선악을 알게 하는 나무와 그 열매가 좋아 보이고, 생명나무와 그 열매는 싫어 보이며 멸시의 대상이다(사53:3). 선악과를 먹으면 이 세상에서 신나고 멋지고 자랑스럽게 살 수 있을 것처럼 보이고, 생명나무 열매를 먹으면 재미도 없고 지지리 궁상을 떨면서 멸시 받으며 살 것 같아 보인다. 육적인 안목으로 볼 때에 그와 같이 보이게 되어 있는 것이다.

그러나 사실은 그 반대다. 요즈음은 여가가 많지 않지만, 본 저자는 여가를 얻게 되면 드라마 보기도 즐기며 운동도 하고 여행도 하며 취미생활을 한다. 그리고 죄에 빠져 헤매는 이들과 마귀에게 눌린 자를 치유하는 사역도 즐거움으로 행한다. 한편, 영적인 사역을 수행할 때는 일체의 것을 끊는다. 영육 간에 치우침이 없는 삶을 살되 영원한 상급이 있는 영적인 일을 우선적으로 행해야 함을 명심하며 살아가고 있다.

하나님께서 능력의 말씀으로 명하시고 약속하신다. "순종하는 자에게는 영생이, 불순종하는 자에게는 죽음이 있다"고, "사망의 길과 생명의 길이 네 앞에 놓여 있다"고, "예수 그리스도를 믿는 자에게는 영생이, 믿지 않는 자에게는 멸망이 있다"고 말씀하시며 약속해 주신 것이다.

백성이 무지하므로, "나는 너를 창조한 하나님이고 너희들의 아버지야. 어느 아버지가 아들에게 나쁜 것을 주겠나(눅11:13). 너는 아직 진리에 대하여 모르니까 아버지인 내가 하는 말을 그대로 듣고 따라오면 돼! 알겠나? 사탄의 말을 듣고 죄를 지으면 절대 안 된다. 죽게 돼. 아직까지 성령과 진리로 거듭나지 못한 네 눈에는 가치 있는 말씀이 무엇인지 아직 보이지 않고 들리지 않아. 그러니 나의 아들 예수 그리스도의 말을 들어야 한다. 그래야 너희들이 기뻐하며 보람 있게 살다가 신령한 몸을 덧입고 나 있는 곳에 올 수 있다"라고 말씀하시는 것이다.

예수 그리스도를 구세주로 시인하고 또 하나님께서 주님을 죽은 자 가운데서 살리신 것을 믿으면 구원을 얻는다(롬10:9). 그렇게 한 사람을 우리는 크리스천이라 부른다. 그러나 왜곡된 지식을 가지고 자신이 크리스천이라 믿고 살아가는 사람이 적지 않다. 예수 그리스도를 주님으로 시인할 뿐만 아니라 주님의 부활을 마음으로 믿어야 크리스천이라 말할 수 있는 것이다. "주님의 부활을 믿는가?"라는 질문에 답하지 못하는 사람들이 적지 않다. 또한 부활에 대하여도 잘못 알고 있는 경우가 적지 않다. 어찌되었든 부활을 마음으로 믿어야 의에 이르고 입으로 시인하여야 구원에 이른다(롬10:10). 왜냐하면, 주님께서 우리 범죄를 대속하기 위해 죽으시고, 의롭다 칭하여 주시기 위해 부활하셨으므로(롬4:25), 부활을 마음으로 믿는 것은 의롭다 칭함을 받는 일에 직결되고, 구원을 위한 필수 조건이 되기 때문이다.

그렇다면 크리스천이라 하여 모두 영적으로 부활하였다고 할 수 있는가? 크리스천이라 하여 모두 거듭났다고 할 수 있는가? 부활한 사람들은 어떠한가? 그들은 더 이상 모든 것을 육적으로 보지 아니하고 영적인 세계에 대하여 눈을 뜨게 되고 성령의 음성을 듣게 된 사람들이다.

그는 더 이상 예수 그리스도를 육적으로 알지 아니 한다. "그러므로 우리가 이제부터는 어떤 사람도 육신을 따라(육적으로) 알지 아니하노라. 비록 우리가 그리스도도 육신을 따라(육적으로) 알았으나 이제부터는 이같이 알지 아니하노라. 그런즉 누구든지 '그리스도 안에 있으면' 새로운 피조물이라. 이전 것은 지나갔으니 보라 새 것이 되었도다" 말씀하고 있다(고후5:16-17). 거듭난 이들에게는 더 이상 생명나무와 그 열매가 초라하거나 별 볼일 없거나 망하게 하는 대상으로 보이지 않는다. 부활한 이들에게는 주님이 힘이 없어서 십자가에 달린 인자로 보이지 않으며, 우리의 아버지요 능력의 말씀이요 영생의 말씀으로 보이게 된다(사9:6).

"그리스도 예수 안에서" 거듭난 크리스천들이 복이 있다. 그들이 '영의 양식'과 '육의 양식을 치우침 없이 먹고 살아간다면, '이 땅에서'와 '영원한 나라에서' 받을 복을 함께 누리며 청지기의 삶을 살게 되기 때문이다. 할렐루야!

마귀의 일(2), 진리의 말씀을 치우쳐서 믿게 하기

마귀의 명칭은 다양하다. 선악을 알게 하는 나무, 아침의 아들 루시퍼, 덮는 그룹, 사탄, 거짓의 아비, 귀신의 왕 바알세불, 공중의 권세 잡은 자, 어두움의 세상 주관자, 옛 뱀, 악한 자, 거짓말쟁이, 이 세상 임금, 참소하는 자 등 다양하다. 그리고 이 마귀의 명칭들은 마귀의 성품과 그 하는 일을 잘 나타내고 있다.

마귀가 하는 일 중에 가장 강력하고도 일반적인 것은 진리를 왜곡하여 말하며, 크리스천들로 하여금 좌로나 우로나 치우치게 하는 일이다.

하나님의 진리는 "철저한 모순인 것 같지만 하나가 되는 진리"를 이해해야만 온전히 깨달을 수 있다. 성경에는 서로 모순되어 보이는 말씀들이 적지 않다. 그러므로 좌로나 우로나 치우치지 않으려면, 철저한 모순인 것 같은 말씀들을 서로 짝을 맞추어 하나가 되게 하여 깨달아야 한다.

"오직 믿음으로 구원 받는다"는 말씀과(롬1:17, 10:8-13) "행함이 있는 믿음으로야 구원 받는다"는 말씀은(마7:21, 약2:14, 약20- 26) 서로 모순되어 보인다. 그러나 이 두 말씀이 하나로 함께 이해되어야 치우침이 없이 진리를 온전히 깨달을 수 있다. 성경말씀이 이와 같이 서로 모순되어 보이는 이유는 각기 그 말씀이 적용되는 대상이나 단계나 상황 등이 서로 다르기 때문이다. 어린 아이는 젖이 그 주식이 되지만 성장하여서는 밥이 그의 주식이 된다. 또한 부모가 그 자녀들이 어릴 때에는 어떤 일을 하도록 허락하다가 성장한 후에는 금하거나, 그 반대로 어릴 때는 금하다가 성장한 후에는 허락하는 것을 생각하면 이 진리를 깨닫는 데에 도움이 된다.

사탄은 사람의 욕심이나 호기심이나 그 무지함을 틈타서, 진리의 말씀 중에 어느 한편으로 치우친 부분적인 말씀을 잡고 굳세게 믿게 함으로써 실패하게 하고 죄를 범하게 한다. 예수를 믿는 사람 중에는 자기의 욕심을 만족시켜 주고 가려운 귀를 긁어줄 말씀만을 취사선택하여 믿고 자기 마음대로 신앙생활하려는 이들이 많다(딤후4:3). 자기의 욕심을 채우기 위해 자기 나름대로 조합한 말씀으로 만든 우상을 섬기는 것이다(골3:5).

예를 들어보자.

"오직 믿음으로 구원받는다"(롬1:17, 롬10:8-13). "구원은 받았다가 잃는 것이 아니다"(롬8:35-39, 요10:28-29). "예수 믿으면 심판 받지 않는다"(요5:24, 롬8:1). "하나님의 계명을 지키는 일은 쉽고 가볍다"(마11:28-30, 요일5:2-4)는 등의 말씀만을 치우쳐서 믿는 크리스천들이 적지 않다.

한편, 이러한 말씀들의 반대편에 있는 말씀은 각각 순서대로 다음과 같다. "행함이 있는 믿음으로 구원받는다"(마7:21, 약2:14, 약20-26). "구원은 완성된 것이 아니라 두렵고 떨리는 마음으로 이루어 가는 것이며 구원에서 버린 바 될 수도 있다"(빌2:12, 롬8:9, 마7:21-23, 고후3:5). "예수 믿는 자도 심판 받는다"(마25:31, 롬14:10-12, 고후5:10, 갈6:6-11, 약3:1). "하나님의 뜻을 따르는 일은 모든 일을 포기해야 할 만큼 어렵다"(마10:38-39,마22:37). 등등.

마귀가 위의 말씀 중에 "오직 믿음으로 구원받는다"는 전자의 말씀들을 치우쳐 믿게 할 경우, 마귀는 크리스천들을 젖이나 먹고 단단한 음식은 못 먹을 자들로 만들어서 결국 전쟁에 나설 수 없는 어린 아이와 같은 신앙인으로 만들어 버린다. 이러한 신앙을 가진 사람들로 하여금 완악하게 하고 하나님의 뜻을 거스려 죄를 짓게 하는 일은, 마귀에게 너무도 쉬운 일이다.

또 다른 한편으로 마귀는 "행함이 있는 믿음으로야 구원받는다"는 후자의 말씀들을 치우쳐 믿게 하여, 교만하거나 외식하거나 함부로 형제를 판단하고 정죄하는 자로 만들어서, 자기 즉 마귀의 성품을 닮은 '참소하는 자', '교만한 자', '편 가르는 자', '외식하는 자' 등으로 만들어 버린다. 이와 같이 된 사람들은 자기들만이 하나님의 백성이라고 믿고 똘똘 뭉쳐서 그들에게 동조하지 않는 자들은 모두 이방인 취급하기 일쑤다. 이와 같은 마귀의 올무에 걸려든 이들은 자신들만이 장성한 신앙인으로 믿고 있으나 스스로 속고 있는 경우가 대부분이다.

책 '성경바로알기'나 책 '열매 맺는 삶'에서 "철저한 모순인 것 같으나 온전히 하나인 진리"에 대하여 그 예를 충분히 들어 설명하고 있으므로 참조하기를 바라며, 한 가지 예만 더 살펴보기로 하자.

"나와 복음을 위하여 집이나 형제나 자매나 어머니나 아버지나 자식이나 전토를 버린 자는 금세에 있어 집과 형제와 자매와 어머니와 자식과 전토를 백배나 받되 핍박을 겸하여 받고 내세에 영생을 받지 못할 자가 없느니라" 말씀하시며(막10:29-30), "아버지나 어머니를 나보다 더 사랑하는 자는 내게 합당하지 아니하고 아들이나 딸을 나보다 더 사랑하는 자도 내게 합당하지 아니하며 또 자기 십자가를 지고 나를 따르지 않는 자도 내게 합당하지 아니하니라"(마10:37-39) 말씀하시는 주님의 말씀에 감동되어, 이것 저것 깊이 살피지 않고, 부모나 처자식을 부양하고 돌보아야 할 책임을 내려놓고, 훈련을 받거나 신학을 한 후 선교지로 떠나거나 목회에 나서는 이들이 적지 않다.

적지 않은 이들이 좋은 직장을 가지고 인정받고 안정된 생활을 하다가, 다 버리고 하나님의 종으로 나서지만, 성공적인 사역을 하는 경우가 흔치 않은 것이 현실이다. 오히려 그들이 자신들의 삶에 충실하면서 열매 맺는 삶을 살 수 있는데, 삶을 낭비하게 될 수도 있다. 그들의 헌신과 희생이 결실을 맺지 못하는 경우가 적지 않은 것이다.

혹자는 말하기를 한 생명을 천하보다 귀히 여기시는 하나님이 양적인 성공만 귀히 여기시겠느냐는 등 스스로 위로의 말을 한다. 그러나 그 때문에 나와 내 가족 그리고 주변 사람들이 당하는 희생에 견줄 수 있는지에 대하여 심각하게 고민을 했어야 하고 해야만 하는 것이다. 특히 자신이 부활한 상태가 아니라면 바람직한 양육은 불가능한 것이 진리의 법이므로(갈4:19, 눅6:39), 그러한 희생과 헌신은 허무한 결과를 낳을 수도 있음을 고려해야 한다.

그러나 그들이 진정 하나님의 사랑과 공의를 온전히 깨닫고 그리스도의 마음을 알아 성령과 진리로 거듭나게 되고, 하나님의 섭리 가운데 있다면 언젠가는 서서 담대히 하나님의 나팔을 불게 되는 날이 오게 되고 그들의 희생과 인내가 마침내 결실하게 될 수도 있다.

위의 말씀들과 짝이 되지만, 하나님의 말씀은 철저히 모순인 것 같아서 다음과 같이 치우치지 않도록 잡아주는 말씀들이 있다.

"누구든지 자기 친족 특히 자기 가족을 돌아보지 아니하면 믿음을 배반한 자요 불신자보다 더 악한 자니라"(딤전5:8) 말씀하며, "자녀들아 너희 부모를 주 안에서 순종하라 이것이 옳으니라 네 아버지와 어머니를 공경하라 이것이 약속 있는 첫 계명이니 이는 네가 잘 되고 땅에서 장수하리라"(엡6:1-3) 말씀하신다.

한편, 주님께서는 "자기 십자가를 지고 나를 따르라"고 말씀하시면서(눅14:26-27), 치우쳐서 잘못 판단하지 않도록, "너희 중의 누가 망대를 세우고자 할진대 자기의 가진 것이 준공하기까지에 족할는지 먼저 앉아 그 비용을 계산하지 아니하겠느냐 그렇게 아니하여 그 기초만 쌓고 능히 이루지 못하면 보는 자가 다 비웃어 이르되 이 사람이 공사를 시작하고 능히 이루지 못하였다 하리라" 말씀하신다(눅14:28-30). 하나님께 자신의 삶을 공적으로 헌신하여 드리고자 할 때에는 성령과 진리를 따라 심사숙고해야 함을 말씀하신 것이다.

한편 이 후자의 말씀들에 치우쳐 주님을 위해 그의 삶을 헌신해야 할 택함 받은 사람이 결단하지 못하고, 자기의 삶에 급급하여 살아간다면, '그 날'에 주님께로부터 "악하고 게으른 종"이라는 책망을 듣게 될 것이다.

그러므로 사탄의 진리 왜곡에 속아 어느 쪽으로든 삶을 낭비하게 되지 않도록, 자기에게 주어진 삶에 충실하면서 진리를 치우침 없이 깨닫고 믿음으로 행하는 이들이 복이 있다. 소명을 가지고 주님 앞에 헌신하기를 바라는 이들은 이러한 양날 검이 되는 말씀 앞에 자신을 비추어 결단하되, 성령과 진리로 거듭나고 성령과 능력이 임한 후에 결단하여 행해야 할 것이다.

이러한 점에서 사도들 특히 사도 바울은 모든 제자들에게 "치우침 없이 살아가야 할 제자도의 모범"을 보여주고 있다고 할 수 있다.

마귀의 일(3), 말씀을 거두절미하여 진리를 왜곡하기

말씀을 거두절미하여 진리를 왜곡하는 마귀의 일을 알아본다.

예를 들어서 "진리를 알지니 진리가 너희를 자유롭게 하리라"는 말씀은 크리스천이라면 대부분 익숙한 말씀이고 누구나 좋아한다. 그러나 사실은 그 앞에 있는 말씀이 제거된 상태로 알려진 것이다. 진리를 알되 "어떻게 해야 진리를 알게 되는지"를 교훈하는 앞의 말씀이 제거되었다. 마귀는 이러한 말씀들을 왜곡하여 그저 예수 믿고 성경에 밑줄 그어가면서 가끔 읽고 주일 설교 듣고 성경공부에 참석하면 진리를 알게 되고 자유하게 되는 양 착각하게 만들어, 죄를 지으면서도 부담 없이 사는 것이 자유를 누리며 사는 것인 양 믿게 할 수 있다.

그러나 앞에 있는 말씀을 찾아서 함께 보면 다음과 같다. "예수께서 자기를 믿은 유대인들에게 이르시되 너희가 내 말에 거하면 참으로 내 제자가 되고 진리를 알지니 진리가 너희를 자유하게 하리라"(요8:31-32) 진리를 알게 되는 방법과 조건을 먼저 언급하여, 어떻게 하면 진리를 알게 된다고 말씀하시고 있다. 예수 그리스도를 "주님으로 믿고 그 말씀에 거하면, 제자가 되고" 그 후에 진리를 알게 되는데, 이 진리가 우리를 자유롭게 한다고 말씀하신 것이다.

이 때 "말씀에 거한다"는, "말씀 안에 거한다"는 헬라어를 의역한 것이다. 지속적으로 강조하고 있거니와 "예수 믿고 그 말씀 안에 거한다"는 뜻은, 말씀이신 예수 그리스도 안에 거하는 삶을 의미하고, 따라서 성소 안에 거하는 삶 즉 제사장적인 삶을 사는 것을 뜻한다. 날마다 말씀 먹고 기도드리며 성령을 좇아 사는 삶을 살게 되면, 일정 기한이 지나서 제자가 되고 진리를 알게 되는데, 그 진리가 우리를 자유하게 한다는 뜻이다.

그런데 일부 몰지각한 자칭 크리스천들이 자기들이 진리를 깨달아 자유롭게 되었다면서, 예수 그리스도는 우리의 친구이기 때문에 "예수 그 친구 말이야!" 등 함부로 지칭하며, 막말을 하며 기도드려도 된다는 둥, 색욕을 좇는 일에 대하여 자유하다는 둥 음란한 행위를 일삼기도 한다. 마귀의 올무에 걸려들어 마귀의 자식이 된 상태다. 진리를 왜곡하는 마귀에게 희생된 것이다.

이와 같이 "말씀을 거두절미한다"는 뜻은 어떤 하나의 문장이나 문단이 어떠한 진리를 말할 경우, 조건이 되는 앞의 말씀을 삭제하거나 뒤에 보완하는 문장을 잘라냄으로써, 진리를 온전히 깨닫지 못하게 하는 것을 말한다. 마귀는 이와 같이 거두하거나 절미하여 말씀의 일부만을 취하여 마음 판에 새기게 한다.

무수히 많지만 한 가지만 더 살펴보자. 크리스천들이 즐겨 사용하는 말 중에 하나가 "뱀같이 지혜로우라"는 주님의 말씀이다. 뱀은 마귀를 상징한다. 그러므로 이 말씀은 "마귀처럼 지혜로우라"는 의미다. 그런데 앞뒤에 있는 말씀이 제거되고 "뱀같이 지혜로우라"는 말만 알고 있는 크리스천들은 때때로 그들이 행하는 거짓되고 의롭지 못한 언행심사 등에 대하여 가책을 느끼지 않거나 무디어진다.

예를 들어, 적당히 거짓말을 둘러 대거나, 자신이 잘못한 경우

끝까지 인정하지 않고 우겨서 책잡히지 않으려 하거나, 어떤 일에 대하여 거짓증거하거나, 하나님의 영광을 드러내고 상대방으로 하여금 예수 믿게 하기 위해서는 수단 방법을 가리지 않고 허황된 간증이나 거짓을 말해도 된다고 믿는 등, 이러한 언행이 "뱀 같은 지혜"라고 믿어 의심치 않게 된다.

이와 같이 마귀는 진리를 부분적으로 알고 있는 크리스천들로 하여금 아무 양심의 거리낌 없이, 믿음으로(?) 그러한 죄를 짓게 만든다. 이와 같이 "뱀같이 지혜로우라"는 말씀을 "사탄과 같이 되라는 말씀으로 착각한"듯한 언행을 거리낌 없이 하는 크리스천들이 적지 않은데, 이는 마귀의 간계와 술수에 넘어갔기 때문이다. 크리스천들의 본이 되신 주님께서는 결코 거짓을 말하거나 행하신 일이 없고 죄가 없으시다.

"뱀같이 지혜로우라"는 말씀의 앞 뒤 문맥을 살펴보자.

주님께서는 "보라 내가 너희를 보냄이 양을 이리 가운데로 보냄과 같도다 그러므로 너희는 뱀 같이 지혜롭고 비둘기 같이 순결하라"고 말씀하신다(마10:16). 비둘기 같이 순결하라는 것이 주님의 교훈이다. 비둘기는 거룩하신 성령의 상징이다(요1:32). 마귀와 같이 지혜로와야 하지만 죄짓지 말아야 한다고 교훈하신 것이다.

그렇다면 어떻게 해야 마귀같이 지혜로운 것인가? 마귀들이 하는 짓을 다 깨닫게 되면 마귀와 같은 지혜를 터득하게 된다. 마귀들이 하는 짓을 다 깨달았으니 마귀들에게 속거나, 죄 짓지 않게 될 수 있는 것이다. 이와 같은 지혜가 바로 '뱀 같은 지혜'인 것이다. 이리들 사이에서 양이 살아남을 수 있는 유일한 방법은, 이리들의 생각과 행태를 완전히 파악하여 그 궤계에 걸려들지 않게 되고, 함정에 빠지거나 약탈당하지 않으며, 성령의 검을 사용하여 물리치는 법을 익히는 길뿐이다.

그러므로 이와 같이 "마귀의 일을 깨닫고 마귀의 일을 멸하는 것"이 크리스천의 사명이다. 그러므로 크리스천이라면 마땅히 진리의 말씀을 온전히 배우고 익히며, 그 진리의 말씀으로 훈련 받아, 마귀의 하는 짓을 온전히 깨닫고, 그 마귀의 일을 멸하는 법을 터득해야 하는 것이다. 사탄은 반드시 하나님의 말씀을 왜곡하거나 그에 준하는 사상이나 문화 등을 총동원하여 크리스천을 시험하여 쓰러뜨리려 한다.

죄를 범하는 자는 죄의 종이 되는 것이 정한 법이므로, 죄짓지 않게 되어야 한다. 그러므로 성경은 "하나님께로부터 난 자마다 죄를 짓지 않는다"(요일3:9), "주 앞에서 점도 없고 흠도 없이 평강 가운데서 나타나기를 힘쓰라"(벧후3:14), "하늘에 계신 너희 아버지의 온전하심과 같이 너희도 온전하라"고 말씀하고 있는 것이다(마5:48).

마귀의 일을 온전히 깨닫고 죄를 짓지 않는 이들 즉, 뱀같이 지혜롭고 비둘기 같이 순결한 이들이 복이 있다.

마귀의 일(4), 마음을 완악하게 하고 죄를 범하게 하기

마귀의 일은 사람들로 하여금 돌이켜 회개하지 못하도록 그 마음을 완악하게 하는 것이다. 회개하지 않은 사람의 마음은 전쟁터와 같다. 마귀는 사람의 마음을 점령하려 한다. 마음을 점령하면 그 사람의 영혼을 사로잡아 마귀의 영토를 확장하는 격이 된다. 마귀가 자기의 마음대로 사용할 수 있는 종으로 삼을 수 있는 것이다. 이는 성령께서 크리스천들의 마음을 감화 감동하심으로 하나님의 나라가 되게 하시고, 하나님의 아들들이 되게 하사, 천국을 확장하는 일꾼으로 삼으시는 것과 별반 다르지 않다.

마귀도 그와 같은 방법으로 사람들의 마음을 사로잡아 완악하게 하고 죄를 회개하지 않게 하며, 악을 행하게 하고 죄의 종으로 삼는 것이다. 이는 탁상공론이 아니며, 실제적인 일이다. 악한 사람일지라도 극악무도한 범죄를 저지르는 것은 대단히 어려운 일이지만, 마귀가 그 마음을 사로잡아 그의 완악한 마음을 부추기게 되면, 부지불식간에 흉악한 범죄도 저지르게 되는 것이다.

완악한 사람들의 마음은, 성령께서 선한 일을 위하여 감동하시기가 매우 힘들게 되어 있다. 그 마음에 성령이 감동할 터가 별로 없기 때문이다. 한편 죄인들의 마음은 마귀가 감동할 터가 충분함으로 사탄의 발판이 된다. 따라서 택함 받지 못한 백성들에게 복음을 전하여 회개케 하는 일은 매우 어려운 일인 것이다.

그러므로 그들에게 필요한 것은 사람이 직접 전하는 육성이나 글이나 영상으로 하나님의 진리를 전하는 일이다. 여기에 다양한 방법을 통한 전도의 필요성이 대두되는 것이며, 인내를 가지고 그들의 삶을 이해하며 그들의 입장이 되고 진심으로 그들의 영혼을 사랑하게 되어야 열매를 거둘 수 있는 것이다(고전9:20-23). 그들의 마음이 세속에 물들어 있기 때문에, 성령과 진리로 거듭난 사람이 성령과 능력을 충만히 받아 믿음으로 행하지 않고는 결코 바람직한 결과를 얻을 수 없다(눅17:6, 행10:38, 고전9:19-27).

그러나 창세전에 택함 받은 백성들은 대부분 너무도 쉽게 예수를 믿게 된다(행13:48, 요6:44…). 그런데 문제는 그 다음에 발생한다. 세속적인 삶을 여전히 버리지 않은 채 신앙 생활하는 크리스천들이 문제가 된다. 예수 믿은 후에도 여전히 속에는 음란과 도적질과 살인과 간음과 탐욕과 악독과 속임과 음탕과 흘기는 눈과 훼방과 교만과 어리석음 등 악한 생각이 살아 있고(막7:21-23), 독한 시기와 다툼이 있고(약3:14), 거리낌 없이 음행과 더러운 것과 호색과 우상숭배와 술수와 원수를 맺는 것과 분쟁과 분냄과 당 짓는 것과 분리함과 이단과 투기와 술 취함과 방탕함과 그와 같은 것들(갈5:19-21)을 저지르는 삶을 청산하지 않는 사람들이 문제가 되는 것이다.

이와 같이 예수를 믿은 후에도 여전히 죄를 짓고 방황하며, 더러움을 청산하지 못하는 이유는 육신의 정욕이나 안목의 정욕이나 이생의 자랑을 온전히 버리지 못했기 때문이다. 하늘에 있는 것을 사모하고 위엣 것을 생각하는 것이 아니라, 땅의 것을 추구하며 욕심을 버리지 못하기 때문에, 대단히 혼미한 삶을 살 수밖에 없다.

이러한 때에 마귀가 하는 일이 있는데, 선도 행하고 악도 행하는 이와 같은 자들을 도와주는 일이다. 일례를 들어, 죄에서 벗어나지 못하고 있지만 신앙생활을 열심히 하려는 어떤 크리스천들에게, 마귀가 천사의 광명을 가장하여 꿈이나 이상을 보여주며 도와준다면, 그들은 하나님이 도와주시는 것으로 착각하게 됨으로써 마귀에게 속한 죄의 종 된 상태에서 벗어날 생각을 할 수 없게 된다. 이와 같이 지금까지 살펴온 대로 마귀의 일은 사람들을 기만하여 죄의 종 되게 하여 자기에게 속하게 하려는 것이다. 할 수 있는 대로 택하신 자까지 미혹한다고 성경은 말씀하고 있다.

다른 예를 들어보자. 모든 더러움을 그대로 간직한 채, 예수 믿고 교회에 열심히 출석하며 외적으로 경건의 모양을 갖추고 사는 어떤 크리스천이 있다고 가정해 보자. 그는 육신의 정욕이나 안목의 정욕이나 이생의 자랑에 빠져 있고 속에는 모든 악한 생각이 그대로 남아 있다. 그가 믿는 대상은 분명히 예수 그리스도다. 그런데 정확히 표현하자면, 그가 믿는 주님은 그가 나름대로 상상하여 만든 '우상 예수'에 불과하다. 그가 믿는 우상 예수는 자기가 원하는 대로 움직여 주고 도와주고 안심시켜 준다. 집에서나 새벽기도에 나가서 사업이 잘되게 해달라고 열심히 기도 드렸더니 사업이 아주 잘 된다. 돈으로 모든 것을 누리게 된다. 그런데 하나님께서 그를 회개하게 하시기 위해 그의 건강을 잃게 하신다. 그는 자기가 신앙생활을 잘못해서 병이 걸린 것 같다고 생각하고 회개한다면서 기도드린다. 그러나 가슴을 찢는 회개가 아니다. 병 낫고 싶어서 경건을 내세운 것뿐이다. 그러다 하나님의 은혜(?)로 신유의 은사를 받았다 하는 사람에게 죄를 회개하라는 가르침도 없이 병 고침을 받는다. 하나님의 살아계심에 감격한다. 그러나 만약 그 후에도 그가 여전히 죄 가운데서 벗어나지 못하고 있다면, 누구의 도움을 받고 있는지 의심해 보아야 마땅한 것이다. 마귀는 그러한 자를 여러 모양으로 도울 수 있는 능력이 있기 때문이다.

소위 "잘 나가는 사람, 만사형통하고 있는 사람들" 중에는 불행하게도 "완악한 사람"들이 대부분이다. 그들은 결코 그들이 물들어 있는 육신의 정욕이나 안목의 정욕이나 이생의 자랑을 버리지 않을 뿐 아니라, 버리게 되면 무미건조한 삶을 살게 될까 봐 두려워한다. 그들을 향해 주님은 다음과 같이 말씀하신다.

"이사야의 예언이 그들에게 이루어졌으니 일렀으되 너희가 듣기는 들어도 깨닫지 못할 것이요 보기는 보아도 알지 못하리라 이 백성들의 마음이 완악하여져서 그 귀는 듣기에 둔하고 눈은 감았으니 이는 눈으로 보고 귀로 듣고 마음으로 깨달아 돌이켜 내게 고침을 받을까 두려워함이라 하였느니라"(마13:14-15)

누가 두려워한다는 뜻인가? 완악한 자들이다. 자기들이 고침을 받게 되면 오히려 원치 않는 삶을 살게 될까 두려워한다는 말씀이다. 마귀의 올무에서 벗어나는 이들이 복이 있다.

마귀의 일(5), "인간이 어떻게…할 수 있나?" 말하게 하기

"인간이 어떻게 죄짓지 않고 살 수 있나?", "인간이 어떻게 진리를 온전히 알 수 있나?", "인간이 어떻게 온전할 수 있는가?", "인간이 어떻게 거짓말하지 않고 살 수 있나?", "인간이 어떻게 먹지 않고 살 수 있나?", "인간이 어떻게 죽지 않고 살 수 있나?", "인간이 어떻게 환난을 당하지 않고 살 수 있나?"…등등. 마귀의 일은 모든 사람들이 "인간이 어떻게 …할 수 있나?"라고 말하게 하는 것이다. 그런데 놀랍게도 대부분의 사람들이 이와 같은 말에 공감하며, 또 당연한 사실로 시인하고 받아들이거나 말한다.

그러나 성경은 다음과 같이 말씀하고 있다.

"하나님께로부터 난 자마다 죄를 짓지 아니한다"(요일3:9, 요일5:18, 참조; 요8:34).

"진리를 알지니 진리가 너희를 자유케 하리라"(요8:32). "주께서 나를 아신 것 같이 내가 온전히 알리라(고전13:12)".

"하늘에 계신 너희 아버지의 온전하심과 같이 너희도 온전하라"(마5:48).

"하나님이 내가 거짓말 아니하는 것을 아시느니라"(고후11:31). "모든 거짓말하는 자들은 불과 유황으로 타는 못에 참예하리니 이것이 둘째 사망이라"(계21:8).

"사람이 떡으로만 살 것 아니요 하나님의 입으로부터 나오는 모든 말씀으로 살 것이라"(마4:4).

"살아서 나를 믿는 자는 영원히 죽지 아니하리라"(요11:26,8:51).

"사람이 내 말을 지키면 죽음을 영원히 보지 아니하리라"(요8:51).

"나의 거룩한 산 모든 곳에서 해 됨도 없고 상함도 없을 것이니 이는 물이 바다를 덮음같이 여호와를 아는 지식이 세상에 충만할 것임이니라"(사11:9, 사65:19)

이러한 말씀들이 모든 크리스천이 먹고 믿어야 할 진리임에도 불구하고, 깊이 생각하지 않고, 오히려 마귀가 주는 말들 즉 거짓말을 스스럼없이 듣고 그 거짓말들을 시인하며 말하곤 한다. 앞에 열거한 "인간이 어떻게…할 수 있나?"하는 말은 모두 다 마귀의 거짓말이다.

한편, 아이러니컬하게도 사실 모든 사람은 무의식중에 자신이 하나님의 아들이며 신적 존재인 것처럼 믿고 무엇이든 할 수 있다 믿는 듯하다(행17:28). 자기 자신이 아무리 부족한 것처럼 생각될지라도, 완벽한 것처럼 보이는 아무개 바로 그 사람이 되고 싶어 하지는 않는다. 자기 자신은 그대로 살아 있고, 타인들이 가진 완벽하고 좋아 보이는 것들만 더 가지고 싶은 것이 모든 사람들의 마음이다. 이와 같이 대부분은 무의식중에 자존감을 가지고 살아가며 무엇이든 할 수 있다는 잠재의식을 가지고 있다.

그러나 실생활에 부딪히면 여지없이 나약해져서 "인간이 어떻게…할 수 있나?" 또는 "인간이기 때문에…" 등등 스스로 위로하거나 변론하며, 죄의 종이 되어 버린 자신을 깨닫지 못한 채 살아가고 있다. 예수 그리스도께서는 "하나님의 말씀을 받은 사람들을 신(神, gods)"이라고 하는 성경의 말씀을 그대로 인증하신다(요10:35, 시82:6). 그리고 사도 바울은 "하나님의 영으로 인도함을 받는 그들은 곧 하나님의 아들이라" 말씀하고 있고(롬8:14,롬9:26, 요일 3:1), 신약뿐만 아니라 구약성경에서도 하나님을 믿는 사람들을 '하나님의 아들들(자녀들)'이라고 말씀하고 있다.(신14:1,호1:10) 짐승의 새끼는 짐승이요 사람의 새끼는 사람이며 하나님의 아들은 하나님일 수밖에 없다. 물론 피조물로서의 하나님들(神, gods)이다. 그러므로 주님께서 "부활 때에는 하나님의 아들들(자녀들)이며 천사들과 동등하다"고 말씀하시는 것이다(눅20:36). 이와 같은 연고로 주변 사람들로부터 어떠한 평가를 받고 있든지 모든 사람들은 "언제나 자기 자신"이고 싶은 것이다.

그런데도, 자신이 하나님의 아들이라는 잠재의식을 가지고 자유하기를 바라는 사람들이 마귀에게 속고 있다. 아담 이후로부터 사람들은 마귀의 거짓말에 속아 "어떻게 인간이 …할 수 있나?", "인간이기 때문에…"를 반복하며 살아오게 된 것이다. 그러므로 사도 바울은 "모든 사람이 죄를 범하였으매 하나님의 영광에 이르지 못하였다"고 말씀하고 있다(롬3:23).

하나님의 분명한 진리는 이렇다. 모든 사람은 "예수 안에 거하여 살아갈 때에 모든 진리를 알 수 있게 되며, 죄를 짓지 않게 되고, 거짓말하지 않고 살게 되며, 인내로써 온전케 되며, 육의 양식뿐 아니라 영의 양식을 먹고 살게 되며, 때가 되면 이 땅에서도 환난이 없이 살게 되고, 육체의 장막이 무너질 때 마지막 환난을 당하지만 죽음을 보지 않고 신령한 몸을 입고 천국으로 들림 받게 된다. 이러한 말씀들이 거짓말이 아니요 그리스도 예수 안에 있는 참된 진리인 것이다. 이러한 진리는 결코 허황된 탁상공론이 아니요 하나님께서 우리에게 주신 약속의 말씀이다. 그러므로 이러한 말씀들을 믿고 부활을 목표로 살아가는 모든 이들은 그 약속의 말씀들을 이 땅에서와 영원한 천국에서 누리며 살게 되는 것이다. 천지만물을 창조하신 하나님께서 살아계셔서 당신의 백성들과 거처를 함께 하시기 때문이다.

모든 진리를 알 수 있게 된다는 말은 "모든 성경 말씀에 대한 '지식'을 알게 된다"는 말과는 다르다. 우리로 하여금 죄와 상관없이 자유롭게 살게 하는 진리를 온전히 알게 된다는 뜻이다.

성경말씀에 대한 '지식'을 어찌 다 알 수 있겠는가? 우리의 기억력에 한계가 있으며 모든 성경의 '지식'을 안다고 해서 온전한 진리가 깨달아지는 것도 아니다. 마귀의 일을 온전히 깨닫고 죄를 분별할 수 있는 진리, 그리고 하나님의 말씀을 온전히 깨닫고 순종함으로 선을 행할 수 있는 진리이면 온전하고 족한 것이며, 그리고 할 수 있다면 이웃에게 이 진리의 지식을 전하여 하나님의 백성으로 거듭나게 할 만큼의 진리의 지식이면 금상첨화인 것이다.

책 2권이 나올 때까지 일용할 양식을 날마다 먹고, 이 책을 여러 번 정독함으로써, 이웃들에게 전도할 수 있을 정도로 성장하는 이들이 복이 있다. 때가 되면 책 2권이 출간될 것이다. 다음에 출간될 책에서 우리는, 예수 안에 거하여 살며, 우리가 물리쳐야 할 구체적인 죄가 무엇인지 그리고 죄가 아닌 것은 무엇인지, 주님의 몸 된 교회의 지체로서 크리스천이 지키고 행해야 하는 일이 무엇인지, 그리고 그리스도 예수 안에서 우리가 누리게 될 자유와 공의와 사랑, 그리고 영적으로나 육적으로나 치우침이 없이 누리는 복된 삶과 그것을 이루기 위한 구체적인 가르침이 무엇인지, 천년왕국의 삶이 무엇을 말하는지를 살펴보게 될 것이다.

제 2권에서 살펴볼 구체적인 가르침을 하나만 예를 들어 보자.

성경은 지속적으로 거짓말하지 말라고 말씀하고 있다. 심지어 거짓말하는 자들은 심판 날에 불과 유황으로 타는 못에 던져질 것이라고 말씀하고 있다(계21:8)

거짓말하지 말라는 것은 진리에 대하여 또는 진실에 대하여 거짓을 말하지 말라는 뜻이다. 거짓된 진리를 말하거나 거짓증거 하는 자들은 죽을 수밖에 없다. 거짓말은 헬라어로 '돌로스(δολος)'인데 '간교한 속임수, 교활, 계교' 등의 뜻이 있다. 어떤 이들은 신앙 간증하거나 말씀을 전하면서 거짓말하는 경우도 있는데 이는 죄악이다. 로마서 3:7에 "나의 거짓말로 하나님의 참되심이 더 풍성하여 그의 영광이 되었다면 어찌 죄인처럼 심판을 받으리요"라는 말씀을 거두절미하고 받아들여서, 신앙 간증하거나 말씀을 전할 때에 거짓말하는 사람들도 있다. 그러나 8절에 "어떤 이들이 우리가 이런 말을 한다고 하니 그들은 정죄 받는 것이 마땅하도다" 말씀함으로써 이러한 거짓말은 죄악임을 경계하고 있다. 또한 자기 욕심을 위하여 거짓말하는 것도 죄악이다(약1:15, 26).

그런데 다음과 같은 경우에는 어떻게 할 것인가?

어떤 남자가 결혼 전에 동거한 여자가 있었다. 사정이 있어서 그 남자는 사귀던 여자와 헤어진 후 해외에 사는 다른 여자와 결혼하고 열심히 신앙생활하며 인정받는 장로가 되었다. 그는 회개한 후 거듭났고, 그의 아내에게 과거를 고백하려고도 생각해 보았으나 그의 아내가 이러한 과거를 이해할만한 신앙을 가지고 있지 않음을 고려하여 과거를 고백하지 않은 채 30여 년의 세월이 흘렀다. 그리고 그들 사이에 낳은 아이들도 잘 성장하여 성인이 되었다.

그러던 어느 날, 그의 아내가 누군가로부터 자기 남편이 결혼했었다는 소문을 듣게 되었다. 그 아내는 거듭나지 못한 신앙인이었고 그 소문을 지난날 일어난 과거로 덮어 두려 하지 않았다. 결국 그녀는 유부남과 결혼한 격이 되었다고 자존심이 상했다며 사실 여부를 확인하기 위해 시누이에게 전화를 걸었다. 그의 여동생은 평소에 거짓말을 하지 않는 크리스천이었는데, 올케의 갑작스런 확인 질문에 당황하여 아무 대답도 못하고 결국 모두 다 곤란한 처지에 빠지게 되었다. 그 이후에 그들에게 어떤 일이 일어났는지 모른다. 물론 그 남자는 마땅히 겪어야 할 환난의 과정을 거치게 된 것인지 모른다. 그러나 저자는 그 여동생이 이 경우에 "그런 일은 없었다"고 단호하게 거짓을 말할 수 있었더라면, 모두에게 도움이 되었으리라 생각한다. 상황윤리를 말하자는 것이 아니다.

정직이 최고의 선행 중에 하나지만 "피치 못할 거짓말"도 있음을 논하려는 것이다. 만일 누군가 이러한 거짓말에 대하여 정죄하려 한다면, 안식일에 불치의 병을 고치신 주님을 비방한 외식하는 바리새인과 다를 바가 없지 않겠는가? 하나님께서 그 여동생을 정죄하지 아니하실 수도 있기 때문이다(롬8:1-2).

"인간이 어떻게 …할 수 있나?" 또는 "인간이기 때문에…" 라는 말을 버리고 "내게 능력 주시는 자 안에서 내가 모든 일을 할 수 있다!" 말하는 이들이 복이 있다(빌4:13).

마귀의 일을 멸하는 일에 동참하는 이들이 복이 있다

앞에서 마귀의 일을 5가지로 대별하여 살펴보았다. 그러나 그 외에도 마귀는 어두움을 빛이라 하며 빛을 어두움이라 하거나, 선을 악이라 하고 악을 선이라고 하는 등 크리스천들의 마음을 혼미케 한다. 또한 마귀를 따르는 거짓 선지자와 그 무리들은 할 수만 있다면 택하신 백성일지라도 유혹하여 세상풍속을 좇게 함으로써 마귀를 따르게 하려하고 있음을 책 2권에서 더욱 더 자세하고 깊이 있게 살펴볼 것이다.

세상의 풍속을 좇고 있는 하나님의 백성들을 회개케 하여 구원하는 일이 곧 마귀의 일을 멸하는 일 중에 으뜸이다. 그러므로 주님께서는 "차라리 이스라엘 집의 잃어버린 양에게로 가라"고 말씀하신 것이다(마10:6). "이스라엘의 잃어버린 양"은 그 시대의 유대인들 중에 믿음을 버린 자들을 의미하지만, 뿐만 아니라 지금의 크리스천들에게도 그대로 적용되는 말씀이다. 그러므로 하나님께서는 각 세대마다 하나님의 나팔소리를 그들에게 들려줌으로써, 마귀의 어두움의 권세를 깨뜨리고 나올 수 있도록 섭리하고 계신다.

하나님의 나팔소리는 거듭나지 못한 자들에게는 들리지 않는다. 그들은 그들의 육체의 고막을 통해 들리는 소리만을 들을 수 있다. 그러므로 이 시대에 풀어주시는 생명의 말씀 즉 예수 그리스도의 음성을 듣고 먼저 문을 열어 영접한 부활의 사람들이 이 일을 감당해야만 하는 것이다. 주님께서 하늘 보좌에서 권능의 홀을 내어 보내사 의의 군사들을 모집하신다. 주님께서는 "너희는 넉 달이 지나야 추수할 때가 이르겠다 하지 아니하느냐 그러나 나는 너희에게 이르노니 너희 눈을 들어 밭을 보라 희어져 추수하게 되었도다” 말씀하신다(요4:35).

모두가 주님의 군사로 나설 수는 없다. 주님의 백성들 중에 자격이 있는 자만이 군사로 충성할 수 있다. 우리는 “선한 일을 행하기 위하여” 부름을 받고 구원을 얻었다. 그러므로 크리스천으로서 선한 일을 하는 것은 무엇보다도 귀한 일이다.

그렇다면 선한 일은 무엇이며 어떻게 해야 하는가?

먼저는 자기 자신을 단련하는 일이다. 영적으로 무장하지 않는다면 선한 일을 하는 것은 매우 힘들다. 그러나 언제 영적으로 온전히 무장될지 모르는데 그 때까지 기다리라는 말인가? 그렇다면 선하다고 생각되는 작은 일부터 시작해보라. 그와 같이 행할 때에 영적인 기쁨이 충만케 되고 감사가 넘치게 된다. 그런데 문제는 그렇게 하다 보면 이용을 당하거나 속기도 하고 손해도 보며 위험에 빠지게 되기도 한다. 그리고는 얼마 되지 않아 선한 일을 중단하게 되는 상태에 빠지게 되고 자조적인 말을 하며 주저앉게 된다.

그러므로 진리의 말씀으로 훈련 받은 후 성령의 인도함을 받지 않고서, 세상에서 선을 행한다는 것은 대단히 어려운 일인 것이다. 세상에서 자신을 단련하여 죄를 짓지 않으면서 선을 행하기 위해서는 먼저 성령과 진리로 거듭나야 한다. 무엇이 옳고 그른지를 분별할 수 없는 사람들로 하여금 세상에서 선을 행하게 하려 한다면, 어린 아이들을 강도들이 들끓는 마을에 들여보내는 것과 무엇이 다르겠는가?

그러므로 우선적인 선한 일은 자기 자신이 하나님 앞에 서는 일이다. 우리 "예수 진리 훈련원"은 이러한 목적으로 1992년에 조직이 없이 예수 그리스도의 말씀 안에 설립되었으며, 보이지 않게 지금까지 훈련 받아 왔고, 이제 세상을 향하여 선한 일을 할 때가 된 것이다. 주님께서는 "보라 내가 너희를 보냄이 양을 이리 가운데로 보냄과 같도다 그러므로 너희는 뱀 같이 지혜롭고 비둘기 같이 순결하라"고 말씀하신다(마10:16). 하나님의 양떼들은 마귀들이 하는 일을 깨닫지 못한 채 세상으로 나가서는 안 되는 것이다.

두 번째 단계는 세상으로 나가는 일이다. 세상의 소금과 빛이 되어야 한다. 세상의 소금이 되어 세상을 썩게 만드는 마귀의 일을 멸하는 일에 앞장서야 한다. 그리고 세상의 빛이 되어 그 빛을 세상에 비취게 하여 세상 사람들이 우리의 선한 행실을 보고 하나님 아버지께 영광을 돌리게 해야 한다(마5:13-16). 그리고 영혼들을 추수하게 되어야 한다.

주님께서 하신 말씀을 다시 한 번 묵상해 보자.

"(35)너희는 넉 달이 지나야 추수할 때가 이르겠다 하지 아니하느냐 그러나 나는 너희에게 이르노니 너희 눈을 들어 밭을 보라 희어져 추수하게 되었도다 (36)거두는 자가 이미 삯도 받고 영생에 이르는 열매를 모으나니 이는 뿌리는 자와 거두는 자가 함께 즐거워하게 하려 함이라 (37)그런즉 한 사람이 심고 다른 사람이 거둔다 하는 말이 옳도다 (38)내가 너희로 노력하지 아니한 것을 거두러 보내었노니 다른 사람들은 노력하였고 너희는 그들이 노력한 것에 참여하였느니라"(요4:35-38)

크리스천들은 추수 때 즉 예수 그리스도께서 재림하실 때가 '넉 달'은 지나야 할 것으로 알고 믿고 있다. 그러나 실상은 바로 어제 추수했고, 오늘 추수하고 있으며, 내일도 추수하게 되는 것이 주님께서 가르쳐주신 진리의 말씀이다. 주님께서는 각 세대마다 항상 세상에 두루 임하고 계시기 때문이다. 36절에 거두는 자가 이미 삯도 받고 영생에 이르는 열매를 모으고 있다는 말씀이 그러한 뜻을 뒷받침 한다. 37-38절의 말씀과 같이 이제 예진원은, 이미 복음을 들고 노고한 믿음의 선진들이 뿌려놓은 것을 거두는 일을 하게 될 것이다.

누가 하나님나라 확장과 유지의 사명을 감당할 것인가?

누가 진리를 떠난 자들을 돌아서게 할 것인가?(약5:19-20). 많은 사람을 옳은 데로 돌아오게 한 자는 해와 같이 달과 같이 별과 같이 영원토록 비취리라!(단12:3).

걸어서 천국까지(1)

천국까지 가는 길은 멀고도 험하다. 그런데 천국까지는 걸어서 가야 한다. 그 길이 협착하기 때문이다. '협착하다'는 말은 공간이 매우 좁다는 뜻이다. 주님께서는 "좁은 문으로 들어가라 멸망으로 인도하는 문은 크고 그 길이 넓어 그리로 들어가는 자가 많고 생명으로 인도하는 문은 좁고 길이 협착하여 찾는 자가 적음이라" 말씀하신다(마7:13-14). 누군가 주님께 질문했다. "주여 구원을 받는 자가 적으니이까?" 주님이 대답하신다. "좁은 문으로 들어가기를 힘쓰라 내가 너희에게 이르노니 들어가기를 구하여도 못하는 자가 많으리라"(눅13:23-24).

그렇다. 천국에 이르는 길은 좁고 험하다. 그리고 걸어서 가야 한다. 어떤 이들은 그 천국에서 멀지 않고 어떤 이들은 천국에서 너무 멀리 떨어져 있다. 주님께서는 진리의 기초를 터득하고 있는 서기관을 향하여 "네가 하나님의 나라에서 멀지 않도다" 말씀하셨다. 그 서기관은 주님께서 부활에 관한 사두개인들의 질문에 잘 대답하신 줄을 알고 "모든 계명 중에 첫째가 무엇입니까?" 물었고(막12:18-28), 주님께서는 다음과 같이 대답하신다.

"첫째는 네 마음을 다하고 목숨을 다하고 뜻을 다하고 힘을 다하여 주 너의 하나님을 사랑하라 하신 것이요 둘째는 네 이웃을 네 몸과 같이 사랑하라 하신 것이라 이보다 더 큰 계명이 없느니라"(막12:30-31).

이와 같은 주님의 가르침에 대하여 그 서기관이 "마음을 다하고 지혜를 다하고 힘을 다하여 하나님을 사랑하는 것과 이웃을 제 몸과 같이 사랑하는 것이 전체로 드리는 모든 번제물과 기타 제물보다 나으니이다" 대답할 때, 주님께서 "네가 하나님의 나라에 멀지 않도다" 말씀하셨다. 그렇다. 성경의 모든 교훈이 "하나님을 사랑하고 네 이웃을 사랑하라"는 말씀으로 요약된다. 이렇게 "진리의 근본"을 깨달은 이들은 참으로 하나님의 나라에 가까운 것이다. 그러나 어떻게 사랑한다는 것인가? 하나님의 법 즉 진리를 알아야 올바로 사랑할 수 있는 것이다. 부모가 자기 자녀를 사랑하고 자녀가 자기 부모를 사랑한다고 해도 하나님의 법대로 사랑할 수 없다면, 바람직하지 못한 결과를 낳을 수 있는 것과 다르지 않다. 예를 들어 부모가 자기 자녀를 사랑하는 마음에 그 자녀가 원하는 모든 것을 들어주며 방임하여 키운다면, 바람직하지 못한 아이로 성장할 수밖에 없다.

주님께서는 "새 계명을 너희에게 주노니 '서로' 사랑하라 '내가 너희를 사랑한 것 같이' 너희도 서로 사랑하라" 말씀하신다(요 13:34). 주님은 당신의 모친과 그 동생들이 찾아왔을 때 "누가 내 모친이며 동생들이냐 누구든지 하나님의 뜻대로 행하는 자가 내 형제요 자매요 모친이니라" 말씀하셨고(막3:33-35), 당신의 혈육이라고 하여 얽매이지 않았으나, 십자가에서 죽으시기 전에 요한에게 그의 모친을 부탁하셨다.

한편, 주님은 십자가에 당신을 못질하고 그의 옷을 제비 뽑아 나누고 있는 군병들을 위하여 "저희를 사하여주옵소서 자기의 하는 것을 알지 못함이니이다" 기도드리셨으나, 외식하는 서기관과 바리새인 등을 향하여는 "독사의 새끼들, 마귀의 자식들"이라고 욕하셨다. 언뜻 보면 냉정한 사랑인 것 같지만, 주님의 사랑은 "공의와 함께 하는 사랑"이다.

공의가 없는 사랑이 온전할 수 없고, 사랑이 없는 공의가 홀로 완전할 수 없다. 죄를 용서하지 않는 사랑이 온전할 수 없으나, 죄를 방임하는 사랑 또한 온전한 사랑이 아니다. 우리는 주님이 사랑하신 것처럼 우리도 '서로' 사랑해야 한다. 일방통행적인 사랑이 아니라 '서로' 사랑해야 한다. 일방통행 식의 사랑은 자칫 마귀의 이용거리요 조소거리요 함정이며 먹잇감이 될 수도 있음을 명심해야 한다.

어떤 방식으로든 주님의 사랑에 대한 계명을 마음에 두고 있는 사람들은 "하나님의 나라에서 멀지 않다." 사랑은 율법의 완성이며 마침이 되기 때문이다(롬13:10). 이제 그들에게 필요한 것은 마귀의 일을 멸할 수 있는 진리를 배우고 익히는 일이다. 한마디로 마귀의 일은 사람들로 하여금 죄짓게 해서 자기의 종을 삼는 일이다. 이러한 마귀의 일을 진멸하려면, 죄를 짓지 않는 성결함이 있어야 하고 마귀의 지혜를 온전히 깨우치고 자신을 화염검화해야 함을 명심해야 한다.

사탄의 생태를 완전히 파악한 후에 내려치는 성령의 검이 마귀의 일을 멸하며, 마귀에게 눌린 자를 고칠 수 있다. 그와 같이 되도록 온갖 영적인 전투에서 인내로 싸워 백전노장이 되어가며 걸어서 천국까지 이르는 이들이 복이 있다.

조급해 하지 말라. 한 걸음 한 걸음 믿음의 발걸음을 옮기며 인내를 가지고 좁은 길을 걸어 가자. 조급한 자는 백전백패다(잠언 29:20, 잠21:5).

자기 자신의 그릇을 깨닫고 지나치게 생각하지 말라. 왕이 되고자 하는 자는 왕도 아니며, 왕의 자격도 없다. 남을 섬기고자 하는 자만이 왕으로 인치심을 받게 된다.

걸어서 천국까지 이르는 자가 복이 있다.

걸어서 천국까지(2) 나는 날마다 죽노라

"형제들아 내가 그리스도 예수 우리 주 안에서 가진 바 너희에 대한 나의 자랑을 두고 단언하노니 <u>나는 날마다 죽노라</u> 속지 말라 악한 동무들은 선한 행실을 더럽히나니 <u>깨어 의를 행하고 죄를 짓지 말라</u> 하나님을 알지 못하는 자가 있기로 내가 너희를 부끄럽게 하기 위하여 말하노라"(고전15:31, 33-34).

사도 바울은 위와 같이 말하면서 부활에 대하여 설명하기를 "죽지 않으면 살지 못한다" 즉 "죽음이 곧 부활"이라고 말씀하고 있다(35-36절). 그렇다면 "날마다 죽는다"는 말은 "날마다 부활한다"는 뜻과 같다. 다시 말해서 뒤에 언급하고 있는 대로 "깨어 의를 행하고 죄를 짓지 않는 삶"을 의미한다. 죽은 상태도 아니며 잠자는 상태도 아니라 늘 깨어 있어야 눈으로 보고 귀로 듣기 때문에 죄를 범하지 않게 된다는 말이다

그러므로 부활하여 '살아서' 주님을 믿었던 사도 바울도 "누구든지 선 줄로 생각하는 자는 넘어질까 조심하라"(고전10:12), "내가 달음질하기를 향방 없는 것 같이 아니하고 싸우기를 허공을 치는 것 같이 아니하며 내가 내 몸을 쳐 복종하게 함은 내가 남에게 전파한 후에 자신이 도리어 버림을 당할까 두려워함이로다" 고백하고 있다(고전9:26-27).

하물며 이제 하나님의 나라에 "응애!" 하고 태어난 지 얼마 되지 않아 제대로 걷지도 못하는 어린 아이가 뛰겠다고 하고 마치 모든 것을 다 아는 양 남을 판단하거나 가르치려고 하는 등 나서려 한

다면, 들짐승들이 즐거워하게 된다. 외식하는 자들은 엎어지고 넘어지는 그를 비웃게 될 것이고, 마침내 그는 주저앉게 될 것이다.

성경의 진리를 깨닫고 그 말씀으로 체질화하며 청년이 되고 군사가 되어 하나님의 전신갑주를 입기까지는 오랜 세월이 걸리게 됨을 명심해야 한다. 의의 말씀을 경험해 가며, 오감을 사용함으로 선악을 분변하게 되어 죄를 짓지 않게 되도록 최선을 다하는 삶을 살아야 한다. 그리고 뱀의 생태를 완전히 파악하고 뱀의 지혜를 터득하여 마귀의 일을 멸할 수 있는 방법을 익히게 되기까지는, 묵묵히 선을 행하며 늘 깨어서 예수 그리스도 안에 거하여 살아가야 한다. 넘어지고 엎어질지라도 일어나서 천국에 오르기까지 걸어서 가야 함을 잊지 말아야 한다. 좁고 험한 길을 걸어 좁은 문을 통과하면 시온의 대로가 펼쳐진다는 사실을 명심하여(시84:5), 아무리 어렵고 힘들어도 끝까지 인내하며 천국을 향해 걸어가는 이들이 복이 있다. 때로 넘어지고 엎어질지라도 그들은 중보자이신 예수 그리스도 안에서 이미 정죄함을 받지 않는 상태에 있기 때문에 담대하게 전진할 수 있다(롬8:1-2, 참조;요일2:1).

히브리서12:22-29에서는 걸어서 천국에 다다른 이들에게 교훈하는 말씀이 나온다. 천천히 정독해 보자.

"(22)너희가 이른 곳은 시온산과 살아 계신 하나님의 도성인 하늘의 예루살렘과 천만 천사와 (23)하늘에 기록된 장자들의 모임과 교회와 만민의 심판자이신 하나님과 및 온전하게 된 의인의 영들과 (24)새 언약의 중보자이신 예수와 및 아벨의 피보다 더 나은 것을 말하는 뿌린 피니라 (25)너희는 삼가 말씀하신 이를 거역하지 말라 땅에서 경고하신 이(모세)를 거역한 그들이 피하지 못하였거든 하물며 하늘로부터 경고하신 이(예수 그리스도)를 배반하는 우리일까 보냐 (26)그 때에는 그 소리가 땅을 진동하였거니와 이제는 약속하여 이르시되 내가 또 한 번 땅만 아니라 하늘도 진동하리라 하셨느니라 (27)이 또 한 번이라 하심은 진동하지 아니하는 것을 영존하게 하기 위하여 진동할 것들 곧 만들어진 것들이 변동될 것을 나타내심이라 (28)그러므로 우리가 흔들리지 않는 나라를 받았은즉 은혜를 받자 이로 말미암아 경건함과 두려움으로 하나님을 기쁘시게 섬길지니 (29)우리 하나님은 소멸하는 불이심이라"(히12: 22-29)

22절에 '너희가 이른 곳'이라는 말에서, '이르다, 다가오다'의 뜻을 가진 헬라어 '프로세르코마이(προσερχομαι)'의 완료 시제형을 사용하고 있다. 이 땅에 있는 하나님의 백성이 '이미' 하늘에 이르러 있다는 비유의 말씀이다. 또한 "허물로 죽은 우리를 그리스도와 함께 살리셨고 또 함께 일으키사 그리스도 예수 안에서 함께 하늘에 앉히셨다"고 말씀하고 있어서(엡2:6), 예수 그리스도 안에서 "이 땅에 이루어진 하나님의 나라"에 사는 백성들에 대하여 비유적으로 언급하고 있다. 그리고 하나님의 백성에게 권면하기를 "위엣 것을 찾으며 위엣 것을 생각하라"고 말씀하면서 "땅에 있는 지체를 죽이라 곧 음란과 부정과 사욕과 악한 정욕과 탐심이니 탐심은 우상숭배니라" 말씀하고 있다(골3:1-5). 그들은 '살아서' 믿는 자들로서 이미 하늘에 오른 사람들이므로 "살아서 나를 믿는 자는 영원히 죽지 아니하리라" 하신 대로 둘째 사망의 권세를 이긴 사람들이다.

25절에서 27절까지의 말씀도 앞에서 이미 여러 모로 살펴본 대로 '육의 양식'과 '영의 양식'을 비교하는 말씀이다. '육의 양식'은 땅에서 경고하신 이 즉 모세가 준 것이며 땅을 진동하는 수준이었고 "변동할 수밖에 없이 만들어진 것들"이었다(히10:9,8:8-13).

그러나 '영의 양식'은 하늘로부터 경고하신 이 즉 예수 그리스도께서 주신 것이며, 땅뿐만 아니라 하늘도 진동케 하고, 변할 수밖에 없는 "인간이 만든 계명들과 교훈들"을 바로잡는, 변동 없고 영존하는 '생명의 말씀'인 것이다. 25절에는 율법을 거역한 자도 보응을 피할 수 없었는데, 하물며 영생의 말씀을 거역한 자들이 받을 형벌이 어떠하겠는가 말씀하고 있다(히2:2-3).

28-29절에 "우리가 흔들리지 않는 나라를 받았은즉 은혜를 받자 이로 말미암아 경건함과 두려움으로 하나님을 기쁘시게 섬길지니 우리 하나님은 소멸하는 불이심이라" 말씀하고 있는 대로, 화염검화 되어 하나님의 나라를 유업으로 받은 이들은 하나님을 경외하는 마음으로 절대로 죄를 짓지 말고, 하나님을 기쁘시게 해드려야 한다. 그리고 그 날 즉 육체의 장막이 무너지는 날에 '소멸하는 불'이 그 공력을 시험할 때에도 해를 받지 않고(고전3:13-15), 영광의 신령한 몸을 덧입을 수 있도록 늘 깨어서 살아가야 한다(고후5:1-4). 날마다 죽고 날마다 부활하는 삶을 사는 이들이 복이 있다. 할렐루야!

◆ 끝맺는 글 ◆

이 책에서 전하고자 하는 요점은 "좌로나 우로나 치우치지 말고 예수 그리스도 안에 거하여 살라"는 것입니다. 구약의 말씀들은 "육적인 안목에서 바라보고 기록한 영적인 말씀"이라고 할 수 있고, 신약의 말씀들은 "영적인 안목에서 바라보고 기록한 영적인 말씀"이라고 할 수 있습니다. '영적인 말씀'이라 함은 구약과 신약 모두가 하나님의 감동으로 기록되었음을 뜻합니다. 그러나 율법을 비롯한 구약은 대부분 육적인 안식을 추구하게 하는 '육의 양식'이며, 신약은 영원한 안식, 즉 영생을 추구하게 하는 '영의 양식'이 대부분임을 본문에서 살펴보았습니다.

모세의 율법을 추구하며, 육신의 정욕이나 안목의 정욕이나 이생의 자랑을 버리지 못하고 죄를 범한 자들은 다 죽었으나, 예수 그리스도의 영의 양식 즉 생명의 말씀을 믿고 따른 이들은 죽음을 보지 않고 천국으로 들림 받고 있습니다. 이것이 성경이 말씀하고 있는 진실입니다.

혹, 외식하는 자들은 이 책의 말씀을 함부로 비판하며, 이단이니 사이비니 하면서 정죄할 충동을 느낄지 모릅니다. 그러나 삼가해야 할 것이고 자기 자신을 돌아보아 예수 그리스도의 참된 가르침을 깨달아야 할 것입니다.

구약도 하나님의 백성들에게 성결과 거룩을 강조하지만 대부분은 육적인 차원입니다. 그러나 신약의 모든 말씀은 우리의 영과 혼과 몸이 점도 없고 흠도 없이 주님 앞에 살라는 가르침으로 채워져 있습니다. 한편 마귀의 일은 사람들의 마음에 마귀의 씨 즉 그 가르침을 심어 세상풍속을 좇아 육체의 정욕이나 안목의 정욕이나 이생의 자랑에 빠져 살게 하며, 사람들로 하여금 죄를 범하게 함으로써 죄의 종 삼는 일에 집중되어 있음을, 신약의 말씀이 강조하며 지속적으로 경계하고 있습니다.

주님께서 이번에 분명하고 알기 쉽게 가르쳐 주신 진리를 정리하면 다음과 같습니다.

예수 믿고 사는데 겉으로 보아 아무 일도 이루지 못하고 사는 것처럼 보이는 사람일지라도 죄를 짓지 아니하며 하나님의 말씀으로 인하여 자기를 부인하는 삶을 산 이들은 하나님께 정죄함을 받지 아니하며, 홀연히 육체의 장막이 무너질 때 영광의 신령한 몸을 입고 부활하게 됨으로써 죽음을 보지 않고 천국에 들림 받게 됩니다. 그러나 한편 예수 믿고 화려한 삶을 살며 많은 것을 성취하며 사는 것처럼 보이는 사람일지라도 외식하거나 육체의 정욕이나 안목의 정욕이나 이생의 자랑에 취하여 산 사람은 불 가운데 얻는 구원을 얻게 된다는 것입니다. 이것이 참된 진리입니다.

부디 모든 크리스천들이 이 시대에 풀어 가르쳐 주시는 예수 그리스도의 음성을 듣게 되시기를 바랍니다. 회개해야 하는 이들은 그 음성을 듣고 돌이켜 마음의 문을 열고 영접하게 되기를 기도드리며, 하나님의 나팔소리를 기다려온 이들은 예진원의 일에 동참하며 합력하여 선을 이루게 되시기를 예수 그리스도의 이름으로 하나님께 기도드립니다.

이 말씀에 대하여 반론을 가진 이들은 때가 되면 기독교의 각

매스컴이 동원된 가운데 저자와 함께 토론장에서 만나게 될 것입니다. 부디 하나님 앞에서 선한 양심을 회복하고 자기를 부인함으로써 만왕의 왕 예수 그리스도의 백성들로 거듭나게 되시기를 바랍니다.

또한 이 책을 읽은 모든 크리스천들이 주님의 몸 된 교회를 지키기 위해 솔선수범하며 선을 행하고 교회의 개혁을 소망하며 인내로서 기도드리고 영적으로나 육적으로나 치우침 없는 삶을 살아 열매 맺는 삶을 살게 되시기를 바라며, 예수 그리스도의 은혜가 늘 함께 하시기를 기도드립니다.

'2012년 3월 18일 오전 11:01에 94세를 일기로 잠드신 아버지 한 장로님과 믿음이 더욱 강건해 지신 어머니 김선애 권사님, 동역자 오 종석 목사님, 그리고 형제자매들, 나와 함께 음부에까지 내려가면서도 믿음을 잃지 않은 아내 경숙과 어려운 가운데서도 용기와 믿음을 잃지 않고 잘 자라서 책을 쓰는데 도움을 준 지혜와 조카 은애, 교정을 도와 준 아우 인천과 조카 이 형준, 나의 곁에서 고난을 함께 견뎌준 조카 김 창열과 믿음의 아들 유 경호 군과 그 아내, 그리고 나를 아는 모든 이들과 함께, 책 '걸어서 천국까지'의 출판을 기뻐하며, 함께 걸어서 천국에 이르고 이 땅에서 천년왕국의 삶을 누리게 되기를 기도드립니다. 할렐루야!

워싱턴에서 자비량 전도인, 한 건산 드림

참조문헌과 웹싸이트

◉ King James Version Bible
◉ New King James Version Bible
◉ 한글개역성경
◉ 한글개역개정성경
◉ 뉴톰슨 주석성경
◉ 스테판 원어성경 . 원어성경원 간 1990.
◉ 제프리 브라밀리(Geoffrey W. Bromiley) 편역, '신약성서 신약사전(킷텔원어사전)' 요단출판사, 1990.
◉ 레온 하르트 고펠트(L. Goppelt), '모형론(TYPOS)', 새순출판사, 1987.
◉ 리처드 도킨스(Richard Dawkins), '만들어진 신(THE GOD DELUSION), 김영사, 2007.
◉ 리처드 도킨스(Richard Dawkins), '이기적인 유전자(The Selfish Gene)', 을유문화사, 2006
◉ 마틴 리스(Martin Rees), '여섯 개의 수(Just Six Number)', 사이언스북스, 2006
◉ 마이클 베히(Michael Behe), '다윈의 블랙박스(Darwin's Black Box)' 풀빛, 2001 환원 불가능한 복잡성: 47-79 쪽(제 2장 너트와 볼트) 참조.
◉ 윌리엄 뎀스키(William A. Dembski), '지적 설계(Intelligent Design)', 서울대학교 창조과학연구회, 2002

◉ 창조과학회편, '진화는 과학적 사실인가?', 한국창조과학회 출판부, 1990.

◉ Frank Morison, 'WHO MOVED the STONE', Zondervan, 1987.

◉ www.en.wikipedia.org/wiki/Drake_equation(드레이크 방정식에 대하여)

◉ www.reasons.org (Huge Ross에 대하여)

◉ www.sciencemag.org/content/210/4472/883.citation으로 들어가서 "Extract"를 클릭.(1980진화론자 시카고 회의의 결과보고 원문)

걸어서 천국까지

한건산 지음

초판 1쇄 / 2012. 4. 12.

발행처 / 예진원
발행인 / 오종석
등록일자 / 1992. 10. 10
등록번호 / 제 396-1992-000087호
주소 / (410-754) 경기도 고양시 일산동구 중산동 1802번지
입금계좌 / 하나은행 784-910073-90307(오종석)
전화 / 031-975-5730, 070-4155-5730
문의 / E-mail:

값 11,500원

ISBN 978-89-968782-0-9